대문자	소문자	발음 / 명칭	발음
A	a	[aː]	아
Ä	ä	[ɛː] / A-Umlaut	에
B	B	[beː]	베
C	c	[tseː]	체
D	d	[deː]	데
E	e	[eː]	에
F	f	[ɛf]	에프
G	g	[geː]	게
H	h	[haː]	하
I	i	[iː]	이
J	j	[jɔt]	요트
K	k	[kaː]	카
L	l	[ɛl]	엘
M	m	[ɛm]	엠
N	n	[ɛn]	엔

대문자	소문자	발음 / 명칭	발음
O	o	[o:]	오
Ö	ö	[ø:] / O-Umlaut	외
P	p	[pe:]	페
Q	q	[ku:]	쿠
R	r	[ɛr]	에르
S	s	[ɛs]	에스
	ß	[ɛstsét]	에스체트
T	t	[te]	테
U	u	[u:]	우
Ü	ü	[y:] / U-Umlaut	위
V	v	[faʊ]	파우
W	w	[ve:]	베
X	x	[iks]	익스
Y	y	[ýpsilɔn]	윕실론
Z	z	[tset]	체트

초보자를 위한 컴팩트

독일어 단어

초보자를 위한 컴팩트

독일어 단어

오민정 엮음 · Julia Buchholz 감수

Vitamin

비타민북 Book

　　독일은 경제 강대국으로서 국민총생산 (GDP) 순위 세계 4위를 기록하고 있습니다. 그리고 2014년에 영국 브랜드파이낸스에서 발표한 국가 브랜드 가치에서 미국, 중국에 이어 세계 3위를 차지하였습니다. 또한, 세계무역기구(WTO)에서 발표한 무역 통계에서 2014년 상품 교역 최대 수출국 3위라는 입지를 확고히 하였습니다. 우리는 이러한 독일의 경제력을 간과하여서는 안 됩니다. 독일은 우리에게 하나의 큰 시장이 될 수 있기 때문입니다. 시장을 잘 개척하고 확대해 나가기 위해서, 독일이라는 나라의 경제, 문화, 사회, 역사 분야의 다양한 연구가 필요합니다. 이러한 연구 과정에서 독일어는 필수적입니다.

　　한국인으로서 독일어를 배우는 과정에는 많은 어려움이 따릅니다. 그 어려움에 직면할 때마다 우리는 비인기 언어를 배우는 것에 시간을 낭비하고 있다고 느끼며, 쉽게 포기하기도 합니다. 그러나 독일어는 많은 잠재력을 가지고 있는 여러분에게 앞으로 새로운 가능성을 열어줄 수단이 되어줄 것입니다. 흔히 '준비된 자만이 기회를 얻는다'라고 합니다. 처음 독일어를 접하고 이 책을 만나는 여러분! 앞으로 여러분에게 다가올 기회를 위해 독일어라는 디딤돌을 잘 마련하시길 바랍니다.

　　이 책에서는 초보자를 위한 독일어 학습에 꼭 필요한 독일어 기본 단어들을 독일어-한국어, 한국어-독일어로 파트를 나누어 정리하였습니다. 외국어 학습에서 가장 중요한 것은 '언어 학습을 위해 얼마만큼의 시간을 투자하였느냐'입니다. 학습 시간과 어학 실력은 비례합니다. 컴팩트 독일어 사전은 휴대하기 편하게 제작되었으므로, 언제 어디서든 사전을 펼쳐 단어를 익히는 연습을 하신다면 조금 더 효과적으로 독일어를 익힐 수 있을 것입니다.

'시작이 반이다'라는 말이 있습니다. 이미 반을 시작하신 많은 분들이 포기하지 않고 끝까지 독일어를 정복하시길 바랍니다. 끝으로 이 책의 감수를 맡아주신 Julia Buchholz 선생님과 시간에 쫓기면서도 여유를 잃지 않으셨던 비타민북 편집장님께 감사의 인사를 드립니다.

오민정

목차

독일어 + 한국어 단어

한국어 + 독일어 단어

부록 | 기본 용어

1 모음

1) 단모음

a	[a:]	아	der Aal [a:l] 알 뱀장어
	[a]		der Apfel [ápfl] 아플 사과
e	[e:]	에	die Ebene [é:bənə] 에버너 평야, 평지
	[ɛ]		die Ebbe [ébə] 에버 썰물, 간조
i	[i:]	이	der Igel [í:gl] 이글 고슴도치
	[i]		das Ideal [ideá:l] 이데알 이상, 최고의 모범
o	[o:]	오	oben [ó:bn] 오븐 위에
	[ɔ]		das Obdach [ɔ́pdax] 업다흐 안전한 장소, 피난처
u	[u:]	우	die U-Bahn [ú:ba:n] 우반 지하철
	[u]		der Umbau [úmbau] 움바우 개축, 개조

2) 변모음 : '··'은 움라우트라고 하며, 모음에 '··' 기호가 붙어 소리가 변하는 현상

ä	[ɛ:]	애	die Affäre [afɛ́:rə] 아페러 용건, 사건
	[ɛ]		das Äffchen [ɛ́fçn] 에프흔 꼬마 원숭이, 장난꾸러기
ö	[ø:]	외	Öde [ǿdə] 외더 거친, 황량한
	[œ]		öffentlich [œ́fntliç] 외픈트리히 공공연한, 공개적인
ü	[y:]	위	übel [ý:bl] 위블 역겨운, 불쾌한
	[ʏ]		überdüssig [ý:bərdrʏsiç] 위버드뤼시히 싫증난, 넌더리나는

3) 이중모음

ai, ay ei, ey	[ai]	아이	der Mai [mai] 마이 5월
au	[au]	아우	der Bauch [baux] 바우흐 배, 복부
eu äu	[ɔy]	오이	euch [cyç] 오이히 그대들을, 너희들을
ie	[i:]	이	Sie [zi:] 지 당신은, 당신을
	[iə]	이어	die Familie [fami:liə] 파미리어 가족

2 자음

1) 단자음

b	[b]	단어의 처음, 모음 앞	das Bad [ba:t] 바트 목욕
	[p]	단어의 끝, 자음 앞	das Obst [o:pst] 오프스트 과일
d	[d]	단어의 처음, 모음 앞	der Dank [daŋk] 당크 감사, 답례
	[t]	단어의 끝, 자음 앞	der Freund [frcynt] 프로인트 친구
g	[g]	단어의 처음, 모음 앞	der Gast [gast] 가스트 손님
	[k]	단어의 끝, 자음 앞	der Berg [bɛrk] 베르크 산
h	[h]	단어나 음절의 처음	das Haus [haus] 하우스 집, 주택
	[:]	모음 + h	die Ehe [e:ə] 에어 결혼, 혼인
j	[j]	j 는 한글의 ㅇ과 유사	die Jacke [jákə] 야커 윗옷, 재킷
s	[z]	모음 앞	sauber [zaubɐ] 자우버 깨끗한, 청결한
	[s]	단어 끝, 자음 앞	die Maus [maus] 마우스 쥐, 생쥐

	[f]	고유어	der Vater [fáːtɐ] 파터 아버지
v	[v]	외래어	die Vase [váːzə] 바저 꽃병
w	[v]		der Wald [valt] 발트 숲, 수풀
z	[ts]		die Zeit [tsait] 챠이트 시간

2) 복자음

ck	[k]		das Glück [glʏk] 그뤼크 행운
dt, th	[t]		die Stadt [ʃtat] 슈타트 도시 das Theater [teáːtɐ] 테아터 극장
ch	[x]	· a, o, u, au+ch der Bach [bax] 바흐 시내	
	[ç]	· 그 이외의 모음, 자음+ch die Technik [téçnɪk] 테히닉 기술, 공학	
	[k]	· 라틴어 계통 das Chaos [káːɔs] 카오스 혼돈, 무질서	
	[ʃ]	· 불어 계통 der Chef [ʃɛf] 쉐프 우두머리, 장	
chs	[ks]		sechs [zɛks] 젝스 6(의)
ds	[ts]		abends [aːbn̩ts] 아븐츠 저녁에, 밤에
ts	[ts]		nichts [nɪçts] 니히츠 아무것도 없는
tz	[ts]		der Platz [plats] 플라츠 장소, 광장

-tion	[tsióːn]	die Generation [genəratsioːn] 게네라치온 세대	
-sion	[zioːn]	die Dimension [diménzioːn] 디멘지온 영역, 차원	
-ig	[-iç]	단어 끝, 자음 뒤	billig [bílɪç] 비리히 값이 싼
	[k]	단어의 끝에서 모음 뒤	der Teig [taik] 타이크 반죽
ng	[ŋ]	die Kleidung [kláidʊŋ] 클라이둥 옷, 복장	
nk	[ŋk]	die Bank [baŋk] 방크 은행	
pf	[pf]	der Kopf [kɔpf] 코프 머리, 두부	
qu	[kv]	die Qual [kvaːl] 크발 아픔, 고통	
ss, ß	[s]	der Pass [pas] 파스 여권, 좁고 험한 길 der Fuß [fuːs] 푸스 발	
sp-	[ʃp-]	단어의 처음, 음절의 처음	der Spaß [ʃpaːs] 슈파스 농담, 해학
st	[ʃt-]		die Steuer [ʃtcýɐ] 슈토이어 세금, 핸들들
sch	[ʃ]	das Schiff [ʃɪf] 쉬프 배, 선박	
tsch	[tʃ]	deutsch [dcytʃ] 도이취 독일의	

◆ 명사 Nomen

- **성**(Genus) : 남성(Maskulinum), 여성(Femininum),
  중성(Neutrum)
- **수**(Numerus) : 단수(Singular), 복수(Plural)
- **격**(Kasus) : 1격/주격(Nominativ), 2격/소유격(Genitiv),
  3격/여격(Dativ), 4격/목적격(Akkusativ)

* 독일어 명사는 항상 대문자로 쓴다.
  명사 앞에 쓰여진 der, das, die는 명사의 성을 나타낸다.
  der는 남성, das는 중성, die는 여성을 의미한다.

1 명사의 성

- 자연성이 그대로 명사의 성이 되기도 한다.

  예 der Vater, die Mutter

- 대부분의 경우 각각의 명사들이 고유한 성을 가지기 때문에
  성을 예견할 수 없다. 하지만 어미에 따라 구분되기도 한다.

	어미에 따른 구분	예
남성	-er, -ling, -är/-or/-ör/-ier/-eur, -ent/-and/-ant/-ient, -ig/-ich,-mus	Bru**der**, Schmetter**ling**, Mo**tor**, Stud**ent**, Hon**ig**, Organis**mus**
여성	-e, -in, -heit/-keit/-igkeit, -ei, -schaft, -ion, -ung, -tät, -ik, -ur	Tasch**e**, Schüler**in**, Krank**heit**, Büche**rei**, Wissen**schaft**, **Nation**, **Lösung**
중성	-chen/-lein, -um, -nis, -ment, -o/-eau, -en (동사의 명사화)	Mäd**chen**, Dat**um**, Zeug**nis**, Testa**ment**, Kino, Lesen

② 명사의 수

독일어 명사의 복수형 어미는 5가지 유형으로 구분된다.

· Ø(어미 없음), E(어미 -e), R(어미 -er), N(어미 -(e)n), S(어미 -s)

· 모음 a, o, u, au의 경우 ä, ö, ü, äu로 변모음(Umlaut)이 되기
  도 한다.(N, S 변화 제외)

	어미	예	특징
Ø	– (+Umlaut)	der Schüler, die Schüler der Bruder, die Brüder	* 특히 -er로 끝나는 남성명사
E	–e (+Umlaut)	das Brot, die Brote die Hand, die Hände	* 특히 남성, 중성명사 * 1음절 여성명사, 변모음
R	–er (+Umlaut)	das Kind, die Kinder der Mann, die Männer	* 특히 중성명사 * 여성명사는 해당 없음
N	–(e)n	die Frau, die Frauen die Tomate, die Tomaten	* 특히 여성명사 * 변모음은 일어나지 않음
S	–s	das Auto, die Autos das Handy, die Handys	* a, i, o, u로 된 외래어 * 변모음은 일어나지 않음

◆ **단수로만 사용되는 명사들**(Singularetantum)

고유명사, 집합명사, 물질명사, 추상명사는 항상 단수로 사용된
다. 하지만 예외적으로 세부적인 의미를 나타내고자 할 때에는
복수가 형성될 수 있다. 예 die Post, das Obst

◆ **복수로만 사용되는 명사들**(Pluraletantum)

지시하는 대상이 복수의 사람이나 사물, 개념 등을 나타내기
때문에 항상 복수로 사용된다.

예 die Eltern, die Leute, die Ferien

독일어
+
한국어 단어

| 독일어 필수 단어 |

A

ab	압	분리되어, 벗어나서
abbiegen	압비겐	구부러지다, 구부리다

Ich bog nach rechts ab.
나는 방향을 오른쪽으로 꺾었다.

Abbildung	압빌둥	예 삽화, 일러스트
abbrechen	압브레헨	부러뜨리다, 철거하다

Die Messerspitze brach ab.
칼끝이 부러졌다.

abdrehen	압드레헨	(스위치, 마개 등) 비틀어 잠그다
Abend	아븐트	남 저녁, 밤

Heute Abend treffe ich meinen Freund.
오늘 저녁에 남자 친구와 만나기로 했다.

Abendessen	아븐트에센	중 저녁 식사, 회식
Abenteuer	아븐토이어	중 (사랑의) 모험
aber	아버	하지만, 그러나, 다만
Aberglaube	아버글라우베	남 미신,

Das ist ein verbreiteter Aberglaube.
그것은 널리 알려진 미신이다.

abfahren	압파렌	(탈것으로) 운반해내다; 출발하다

Der Zug fährt gleich ab.
기차는 곧 출발한다.

Abfahrt	압파르트	예 출발, 발차, 출항

Abfall	압팔	웹 쓰레기, 폐기물
abfallen	압팔른	떨어지다, 하락하다
	Der Zementmörtel fällt von der Wand ab. 시멘트 모르타르가 벽에서 떨어진다.	
abfliegen	압플리근	날아가다, 이륙하다
	Der Vogel fliegt ab. 새가 날아간다.	
Abflug	압플룩	웹 이륙, 출발
Abgabe	압가베	예 (상품 등) 인도, 제출
Abgas	압가스	중 배기가스
abgeben	압게벤	제출하다, 넘겨주다
	Ich habe meinen Mantel in der Garderobe abgegeben. 나는 나의 외투를 보관소에 맡겼다.	
abgehen	압게헨	떠나다, 그만두다
abgeschlossen	압게쉬로센	고립된
Abgrund	압그룬트	웹 심연, 나락의 끝
abhalten	압할텐	방해하다, 만류하다
Abhandlung	압한드룽	예 논문
Abhang	압항	웹 경사면
abhängen	압헹언	~에 의존하다, ~에 좌우되다
abhängig	압행기히	의존된, 종속적인
	Er ist von seinen Eltern finanziell abhängig. 그는 경제적으로 그의 부모님께 의존하고 있다.	

A

abheben	압헤븐	들어내다, (돈을) 인출하다
abholen	압홀렌	받으러 가다, 받아오다, 데리러가다
		Wann soll ich Sie abholen? 제가 당신을 언제 모시러 갈까요?
Abitur	아비투어	图 졸업시험 겸 대학입학시험
Abkommen	압코멘	图 협정
Abkürzung	압퀴르충	阅 단축, 생략
ablaufen	압라우펜	흘러가다; 출발하다
		Alles ist gut abgelaufen. 모든 것이 잘 진행되었다.
ablegen	압레겐	(옷을) 벗다, (습관을) 버리다, 고치다
ablehnen	압레넨	거절하다, 거부하다
		Er lehnt den Vorschlag höflich ab. 그는 그 제안을 정중하게 거절했다.
abmachen	압마헨	없애다, 제거하다
Abmachung	압마훙	阅 협정, 계약
abmelden	압멜든	전출[퇴거 탈퇴] 신고를 하다
abnehmen	압네멘	떼어내다, 제거하다
Abneigung	압나이궁	阅 혐오, 반감
Abonnement	아보느망	图 정기 회원권, 정기 구독
abrechnen	압레히넨	빼다, 제하다, 결산하다
Abreise	압라이제	阅 여행을 떠남, 출발
abreisen	압라이젠	여행을 시작하다

	Wir reisen morgen ab. 우리는 내일 여행을 떠난다.	
Absage	압자게	여 거절, 거부
absagen	압자겐	중지하다, 취소하다
	Er hat meinen Besuch abgesagt. 그는 나의 방문을 취소했다.	
Absatz	압자츠	남 단락, 절, 행갈이
abschalten	압샬텐	스위치를 끄다
Abschied	압쉬트	남 이별, 해임
abschließen	압쉬리센	자물쇠를 잠그다, 끝내다
Abschluss	압쉬루스	남 종료, 졸업시험
abschneiden	압쉬나이든	절단하다, 떼어내다
Abschnitt	압쉬니트	남 (문장) 단락, (법령)장
abschreiben	압쉬라이벤	베껴 쓰다, 표절하다
absehen	압제엔	예측하다
Absender	압젠더	남 발신인
absetzen	압제첸	벗다, 떼다; 내리다, 해임하다
	Du kannst mich am Bahnhof absetzen. 나를 역에다 내려줘요.	
Absicht	압지히트	여 의도, 생각
	Er hat alles mit Absicht gemacht. 그는 모든 것을 고의로 했다.	
absolut	압졸루트	절대적인, 제한 없는
Abstand	압쉬탄트	남 거리, 간격

absteigen	압쉬타이겐	(탈것에서) 내리다, 내려오다
abstimmen	압쉬티멘	투표하다, 표결하다
abstrakt	압스트락트	추상적인, 개념적인
Abteilung	압타일룽	⑲ 분류, 구분
abtreten	압트레텐	퇴장하다
abtrocknen	압트로크넨	말리다, 물기를 닦다
abwärts	압베르츠	아래쪽으로, 이하로

Kinder von 5 Jahren abwärts
5세 이하의 어린이

abwaschen	압바쉔	씻어내다
Abwechs[e]lung	압베크스[세]룽	⑲ 교체, 변화
abwechseln	압베크세른	교대하다, 바꾸다

Die beiden wechseln sich bei der
Arbeit ab.
그 둘은 일터에서 교대한다.

| **abwesend** | 압베젠트 | 부재의, 결석한 |

Er ist öfters abwesend.
그는 툭하면 결석한다.

abziehen	압치엔	뽑아내다, 철수하다
ach	아흐	(비명, 놀람, 흥분) 앗!
Achse	아흐제	⑲ 회전축, 차축
Achsel	아흐젤	⑲ 어깨
acht	아흐트	8

acht	아흐트	8, 8번 (카드)
achten	아흐텐	존경하다, 존중하다
Achtung	아흐퉁	예 주의, 조심
achtzehn	아흐첸	쥐 18, 18번째
achtzig	아흐치히	쥐 80
Acker	아커	남 농경지, 밭
Adel	아델	남 귀족, 고귀함
Ader	아더	예 혈관, 엽맥, 소질
Adler	아들러	남 독수리
Adresse	아드레세	예 주소, 인사말
Affe	아페	남 원숭이, 놈, 녀석
ahnen	아넨	예감하다
ähnlich	엔리히	비슷한, 유사한

Sie sehen sich einander sehr ähnlich.
그들은 서로 정말 닮았다.

Ahnung	아눙	예 예감, 희미한 예측

Ich habe keine Ahnung.
나는 전혀 아는 바가 없다.

Ahorn	아호른	남 단풍나무
Aids hat keinen Artikel	에이즈	에이즈, 후천성면역결핍증
Akademie	아카데미	예 학술원, 전문대학
akademisch	아카데미쉬	대학의, 현실성 없는

Akt	악트	답 행위
Akte	악테	여 서류, 문서
Aktie	악티에	여 주식
	Wie stehen die Aktien? 요즘 경기가 어떻습니까?	
aktuell	악투엘	현재의, 최신의
Akzent	악첸트	답 악센트, 강세
Alarm	알람	답 경보, 비상사태
albern	알번	어리석은, 유치한
Album	알붐	중 앨범
Alkohol	알코홀	답 알코올
alkoholfrei	알코홀프라이	알코올이 들어 있지 않은
	Das ist ein alkoholfreies Bier. 그것은 무알콜 맥주이다.	
all	알	모든, 전부
allein	알라인	혼자만의, 단독으로
allerdings	알러딩스	다만, 그렇지만
allerlei	알러라이	여러 가지의
allgemein	알게마인	일반적인, 보편적인
allmählich	알메리히	차츰, 서서히
Alltag	알탁	답 평일, 평범한 날
allzu	알추	너무나

die Alpen	알펜	몡 **알프스산맥**
Alphabet	알파베트	즁 **알파벳, 자모**
als	알스	(~할) 때, ~보다

Er ist jünger als ich. 그는 나보다 젊다.

also	알조	**그래서, 결국**
alt	알트	**나이 먹은, 늙은**
der Altar	알타르	남 **제단**
Alte[r]	알테	남 여 **노인, 고령자**
Alter	알터	즁 **나이, 연령, 노년**
alternativ	알터나티프	**양자택일의, 대안이 되는**
Altertum	알터툼	즁 **고대**
altmodisch	알트모디쉬	**유행에 뒤진, 시대에 뒤진, 낡은**

Die Kleidung ist altmodisch.
그 옷은 유행에 뒤쳐졌다.

Ameise	아마이제	여 **개미**

Die Ameisen mit Flügeln sind Männchen.
날개가 있는 개미는 수개미이다.

Amerika	아메리카	**미국, 아메리카 대륙**
Amerikaner	아메리카너	남 **미국인,**
Ampel	암펠	여 **교통 신호등**
Amt	암트	즁 **공직, 관직, 임무**
amüsieren	아뮈지어은	**즐겁게 하다**

an	안	쩐 (공간) ~에서, (시간) ~에; ~에 대하여
	ein Brief an meinen Vater 아버지께 드리는 편지	
Analyse	아날류제	여 분석, 분해
analysieren	아날류지어른	분석(분해)하다
anbeten	안베텐	숭배하다, 열애하다
anbieten	안비텐	(음식, 의자 등을) 권유하다
	Er bot mir seinen Platz an. 그는 나에게 그의 자리를 내주었다.	
Anblick	안블릭	남 보는 일, 관람
Andacht	안다흐트	여 기도, 경건한 마음
Andenken	안덴켄	중 추억, 기념
ander	안데르	그 외의, (한 쌍 중) 다른 하나의
ändern	엔던	바꾸다, 변경하다
	Er hat seine Meinung geändert. 그는 그의 생각을 바꾸었다.	
anders	안더스	다른 방식으로, 다르게
Änderung	엔더룽	여 변경, 수정
andeuten	안도이텐	암시하다, 슬쩍 비치다
Anekdote	아넥도테	여 일화
anerkennen	안에어케넌	인정하다, 승인하다
Anfall	안팔	남 발작, (감정의) 폭발
Anfang	안팡	남 처음, 시작, 최초

anfangen	안팡언	**시작하다, 착수하다**
Anfänger	안펭어	🔵 **초보자, 미경험자**
	ein Kurs für Anfänger 초보자를 위한 코스	
anfangs	안팡스	**처음엔**
anfassen	안파센	**손대다, 만지다**
Anfrage	안프라게	🔴 **조회, 문의, 질문**
Angabe	안가버	🔴 **주장, 보고, 기재**
angeben	안게븐	**신고하다, 진술하다**
angeblich	안게브리히	**자칭의, 명목상의**
Angebot	안게봇	🟢 **신청, 제안**
angehen	안게엔	**관계하다, 공격하다**
Angehörige[r]	안게회리게	🔵🔴 **친족, 친척**
Angel	앙얼	🔴 **낚싯대, 낚싯줄**
Angelegenheit	안겔레겐하이트	🔴 **사항, 용건**
angeln	안겔른	**낚시하다**
angenehm	안게넴	**유쾌한, 기분 좋은**
angesichts	안게지히츠	🔵 **~에 직면하여, ~을 앞에 두고**
Angestellte[r]	안게쉬텔터	🔵🔴 **종업원, 직원**
angreifen	안그라이펜	**공격하다, 격하게 비난하다**
	Er hat planlos angegriffen. 그는 계획 없이 공격하였다.	

Angriff	안그리프	남 공격, 습격, 비판
Angst	앙스트	여 불안, 걱정
	Hab keine Angst! 두려움을 버려!	
ängstlich	엥스트리히	불안한, 겁나는
anhaben	안하벤	입고 있는
anhalten	안할텐	멈추다, 중지시키다
Anhang	안항	남 부록, 보유(補遺)
Anhänger	안헹거	남 신봉자, 지지자
Anker	앙커	남 닻
Anklage	앙클라게	여 고소, 비난
anklagen	안클라겐	고소하다, 호소하다
ankommen	안코멘	도착하다
	Wir sind in Frankfurt angekommen. 우리는 프랑크푸르트에 도착하였다.	
ankündigen	안퀸디겐	예고하다, 알리다
Ankunft	안쿤프트	여 도착 (시간)
Anlage	안라게	여 (공공)시설, 설비,
Anlass	안라스	남 계기, 동기
anlegen	안레겐	할당하다, (옷을) 걸치다
anmachen	안마헨	고정시키다, (불을) 붙이다
anmelden	안멜덴	신고하다, 신청하다

sein Kind beim Arzt anmelden
아이의 진찰 예약을 하다

Anmeldung	안멜둥	여 통고, 신청
Anmerkung	안메르쿵	여 (보조적) 의견[설명], 주석
Anmut	안무트	여 우아함, 고상함, 사랑스러움
anmutig	안무티히	우아한, 고상한, 사랑스러운
Annahme	안나메	여 접수, 채용, 추측
annehmen	안네멘	수락하다, 받아들이다
Annonce	아농세	여 (신문, 잡지) 광고
anonym	아노늄	익명의, 이름을 모르는
Anordnung	안오르드눙	여 지시, 명령
anpassen	안파센	적합하게 하다, 맞추다
anreden	안레덴	말을 걸다
anregen	안레겐	말을 꺼내다, 제기하다
Anruf	안루프	남 전화, 통화
anrufen	안루펜	전화 걸다, (누구를) 부르다
Ansage	안자게	여 통고, (프로그램의) 안내
ansagen	안자겐	안내 방송하다, 예고하다
Ansager	안자거	여 아나운서, 사회자
Ansatz	안자츠	남 시작, 발단, 징조
anschaffen	안샤펜	사들이다, 조달하다

anschauen	안샤우엔	(찬찬히) 쳐다보다
Anschauung	안샤우웅	옌 견해, 관찰
Anschein	안샤인	뒙 외모, 모습
anscheinend	안샤이넨트	보기에 ~같은, 외견상
Anschlag	안슐라크	뒙 두드림, 때림, 게시
anschlagen	안슐라겐	때리다, 게시하다, 상처 입히다
anschließen	안슐리센	(사슬로) 연결하다, 접속하다

Wie schließe ich einen Laptop ans Internet an?
노트북을 어떻게 인터넷에 연결합니까?

Anschluss	안슐루스	뒙 접속, 연결

den Anschluss verpasst haben
(여성이) 결혼 기회를 놓치다

anschnallen	안슈날렌	(쇠쇠로) 고정시키다
Anschrift	안슈리프트	옌 (수신인의) 주소,
ansehen	안제엔	(의식하고) 보다, 간주하다
ansetzen	안제첸	할당하다, 설치하다
Ansicht	안지히트	옌 의견, 견해, 풍경
Ansprache	안슈프라헤	옌 인사말, (간단한) 식사(式辭)
ansprechen	안슈프레헨	말을 걸다, 요청하다

Jemand hat mich auf der Straße angesprochen.
누군가 나에게 길에서 말을 걸었다.

Anspruch	안슈프루흐	남 (권리의) 요구, 청구권
Anstalt	안슈탈트	여 공공시설
Anstand	안슈탄트	남 예의범절, 예의 바름
anständig	안슈텐디히	예의 바른, 행실이 바른
anstatt	안슈타트	전 ~대신에
anstecken	안슈텍큰	(핀으로) 꽂다, 붙이다; (반지를) 끼다
anstellen	안슈텔른	채용하다, 기대어 세워놓다
Anstoß	안슈토스	남 가볍게 부딪침, 찔러 움직이게 함
anstoßen	안슈토센	(가볍게) 찌르다, 계기를 주다
anstrengen	안슈트렝언	(신경을) 긴장시키다, 긴장하다
anstrengend	안슈트렝언트	피곤하게 하는, 고된
Anstrengung	안슈트렝궁	여 노력, 고생, 피로
Anteil	안타일	남 할당, 지분, 몫
Antenne	안테네	여 안테나, 더듬이
antik	안틱	고대의, 그리스 로마 시대의; 고전적인
Antike	안티커	여 고대, 고대 미술품
Antrag	안트라크	남 제안, 신청
Antrieb	안트리프	남 (탈것의) 추진장치, 작동
Antwort	안트보르트	여 회답, 답신

Keine Antwort ist auch eine Antwort.
무응답도 일종의 응답이다.

antworten	안트보르텐	대답하다, 회답하다
anvertrauen	안페어트라우엔	맡기다, (마음을) 털어놓다
Anwalt	안발트	📷 변호사
anweisen	안바이젠	지시하다, 명령을 내리다
Anweisung	안바이중	📷 지시, 명령

Wir haben strikte Anweisung
weiterzuarbeiten.
우리는 계속해서 일을 하라는 엄격한 지시를 받았다.

anwenden	안벤든	사용하다, 이용하다
Anwendung	안벤둥	📷 사용, 응용, 적용
anwesend	안베젠트	출석한, 마침 그 자리에 있는
Anzahl	안찰	📷 (약간의) 수
Anzeige	안차이게	📷 광고, 공고
anziehen	안치엔	(옷을) 입다, 입히다

Was soll ich heute anziehen?
오늘은 뭘 입지?

Anzug	안추크	📷 정장, 수트
anzünden	안췬덴	(불을) 붙이다
Apfel	압펠	📷 사과(나무)
Apfelsaft	압펠자프트	📷 사과 주스
Apfelsine	압펠지네	📷 오렌지(나무)
Apotheke	아포테케	📷 약국

Apparat	아파라트	냄 장치, 일상 기구, 기관
Appetit	아페티트	냄 식욕
Aprikose	아프리코제	예 살구
April	아프릴	냄 4월
Äquator	에크바토어	냄 적도
Arabien	아라비엔	아라비아(반도)
Arbeit	아르바이트	예 근무, 공부, 작업
	zur Arbeit gehen 출근하다	
arbeiten	아르바이텐	일하다, 공부하다
Arbeiter	아르바이터	냄 노동자, 작업원
Arbeitgeber	아르바이트게버	냄 고용자, 경영자
Arbeitnehmer	아르바이트네머	냄 피고용인, 종업원
arbeitslos	아르바이츠로스	일이 없는, 실업 상태의
Arbeitslose[r]	아르바이츠로제	냄 예 실업자, 일이 없는 사람
Architekt	아르히텍트	냄 건축가, 건축기사
arg	아르크	나쁜, 부정한, 심한
Argentinien	아르겐티니엔	아르헨티나
Ärger	에르거	냄 분노, 불쾌
ärgerlich	에르거리히	불쾌한, 화내는
	Die Situation war ärgerlich. 이 상황이 불쾌했다.	

ärgern	에르건	화나게 하다, 상처 주다
Argument	아구멘트	중 근거, 논거
arm	아름	가난한, 부족한
Arm	암	남 팔, 촉수, 지류
Armband	암반트	중 팔찌
Armbanduhr	암반투어	여 손목시계
Arme[r]	아르메	남 여 가난뱅이, 빈곤한 사람
Armee	아르미	여 육군, 군대
Ärmel	에르멜	남 소매
ärmellos	에르믈로스	민소매의
Armut	아르무트	여 빈곤, 가난, 부족
arrangieren	아란지런	수배하다, 준비를 갖추다
arrogant	아로간트	거만한, 오만한
Art	아르트	여 방법, 예의, 성질
artig	아르티히	얌전한, 품행이 좋은
Artikel	아르티켈	남 기사, 논문
Artz	아르츠트	남 의사
	Ich muss zum Artz gehen. 병원에 가 봐야겠어.	
Asche	아쉐	여 (타고 남은) 재, 잔돈
Asiate	아지아트	남 아시아인

Asien	아지엔	아시아 대륙
Assistent	아시스텐트	남 (대학, 병원 등의) 조수
Astronomie	아스트로노미	여 천문학
Ast	아스트	남 나뭇가지
Asyl	아쥘	중 수용(보호)시설
Atem	아템	남 호흡, 숨
Atlantik	아틀란틱	남 대서양
atmen	아트멘	호흡하다

Sie atmen flach. 당신은 얕은 숨을 쉰다.

Atmosphäre	아트모스페레	여 대기, 분위기
Atom	아톰	중 원자
Aubergine	오베르지네	여 가지
auch	아우흐	~와 같이, ~도

Das denke ich auch.
저도 그렇게 생각해요.

auf	아우프	~의 위에(접촉한 상태로)
aufbewahren	아우프베바렌	보관하다
aufbrechen	아우프브레헨	강제로 열다, (표면을) 파헤치다
Aufenthalt	아우펜트할트	남 체류(기간)
auffallen	아우프팔렌	눈에 띄다
auffällig	아우프펠리히	눈에 띄는, 기묘한

	Der Gitarrist spielt sehr auffällig. 저 기타 연주자 연주 솜씨가 화려하다.	
auffassen	아우프파쎈	이해하다
Auffassung	아우프파쑹	여 견해, 해석, 이해력
auffordern	아우프포르던	요구하다, 부탁하다, 재촉하다
Aufforderung	아우프포르데룽	여 요구, 청구, 권유
aufführen	아우프퓌렌	공연하다, 상연하다
Aufführung	아우프퓌룽	여 상연, 상영, 연주
Aufgabe	아우프가베	여 과제, 임무, 숙제, 연습문제
aufgeben	아우프게벤	위탁하다, 부과하다, 포기하다
aufgehen	아우프게엔	(해가) 뜨다, (꽃이) 피다, 열리다
	Die Sonne geht auf. 해가 뜬다.	
aufhalten	아우프할텐	말리다, 저지하다
aufheben	아우프헤벤	들어올리다, 일으키다
aufhören	아우프회렌	끝나다, 멈추다
	Der Regen hört nicht auf. 비가 그치지 않는다.	
aufklären	아우프클레런	해석하다, 밝혀지다
aufkommen	아우프코멘	생기다, 일어나다, 퍼지다
Auflage	아우프라게	여 (서적의) 판, (신문의) 발행 부수
auflösen	아우프뢰젠	녹이다, 해소하다, 풀다
aufmachen	아우프마헨	열다, 개점하다

aufmerksam	아우프메르크잠	주의 깊은, 친절한
Aufmerksamkeit	아우프메르크잠카이트	예 주의, 배려, 친절
Aufnahme	아우프나메	예 수용, 채용, 접대
aufnehmen	아우프네멘	들어올리다, 착수하다
aufpassen	아우프파센	주의하다, 조심하다
aufräumen	아우프로이멘	정리하다, 정돈하다
aufrecht	아우프레흐트	똑바른, 정직한
aufregen	아우프레겐	흥분시키다, 흥분하다

sich wegen einer Lappalie aufregen
사소한 일로 성내다.

aufregend	아우프레겐트	흥분시킬 만한, 매력적인
aufrichtig	아우프리히티히	솔직한, 정직한, 성실한
Aufsatz	아우프자츠	남 작문, 논문

Es ist nicht so leicht, einen guten
Aufsatz zu schreiben.
좋은 논문을 쓰는 것은 쉽지 않다.

aufschieben	아우프쉬벤	(회의 등을) 연기하다, (문을 당겨서) 열다
aufschlagen	아우프쉬라겐	때려서 깨다, 다치게 하다
aufschreiben	아우프쉬라이벤	적어두다, 메모하다, 기입하다
Aufsicht	아우프지히트	예 감독, 감시원
Aufstand	아우프슈탄트	남 반란, 봉기
aufstehen	아우프슈테엔	일어나다, 기상하다, 봉기하다

aufsteigen	아우프쉬타이겐	오르다, 올라가다
aufstellen	아우프쉬텔렌	(제자리에) 두다, 설치하다
aufstoßen	아우프쉬토쎈	(문을) 밀어서 열다
auftauchen	아우프타우헌	떠오르다, (돌연) 나타나다
Auftrag	아우프트락	冏 임무, 의뢰, 발주
auftreten	아우프트레텐	등장하다, (공식적으로) 나타나다
aufwachen	아우프바헨	눈을 뜨다, 자각하다
Aufwand	아우프반트	冏 소비, 소모, 경비
aufwärts	아우프베르츠	위로, 올라서
aufwenden	아우프벤덴	(돈, 노력을) 들이다, 소비하다
aufziehen	아우프치엔	(깃발, 돛을) 끌어올리다, (커튼을) 열다
Aufzug	아우프축	冏 엘리베이터, 행진, 퍼레이드
Auge	아우게	㭗 눈, 눈동자, 눈매, 시력

Was die Augen sehen, glaubt das Herz.
백문이 불여일견

Augenblick	아우겐블리크	冏 순간, 잠깐
augenblicklich	아우겐블리클리히	즉석의, 일시적인
August	아우구스트	冏 8월

Im August fahre ich nach Deutschland.
8월에 나는 독일에 간다.

aus	아우스	안에서 밖으로(out of), ~출신의(from)

Ich komme aus Seoul.
나는 서울 출신이다.

ausbilden	아우스빌덴	교육하다, 양성하다
Ausbildung	아우스빌둥	직업 교육, 양성, 연수
ausborgen	아우스보르겐	빌리다, 빌려주다
ausbrechen	아우스브레헨	(전쟁, 재해가) 발생하다, (환성이) 터지다
ausbreiten	아우스브라이튼	펼치다, 펼쳐 보이다, 펴다
ausdehnen	아우스데넨	연장하다, 확장하다
Ausdruck	아우스드룩	🔲 (언어) 표현, 표현법
ausdrücken	아우스드뤼켄	(기분을) 표명하다, (과즙을) 짜내다
Ausfahrt	아우스파르트	🔲 (탈것의) 출발, 출항
ausfallen	아우스팔렌	(치아, 모발이) 빠지다, 탈락하다
Ausflug	아우스플룩	🔲 하이킹, 소풍
Ausfuhr	아우스푸어	🔲 수출(품)
ausführen	아우스퓨런	(놀러) 데려가다
ausführlich	아우스퓨어리히	상세한, 자세한
ausfüllen	아우스퓰런	(틈을) 메우다, (공간을) 막다
Ausgabe	아우스가베	🔲 지출, 지급
Ausgang	아우스강	🔲 출구, 변두리
	Ich warte auf dich am Ausgang. 나는 출구에서 너를 기다린다.	
ausgeben	아우스게벤	지출하다, 한턱 내다
ausgehen	아우스게엔	외출하다, 나가다

ausgeschlossen	아우스게슈로센	불가능한, 있을 수 없는
ausgezeichnet	아우스게차이히넷	발군의, 뛰어난
ausgleichen	아우스글라이헨	균등하게 만들다(되다)
aushalten	아우스할텐	견디다, 참다
auskommen	아우스코멘	사이 좋게 지내다, 그럭저럭 꾸려나가다
Auskunft	아우스쿤프트	예 정보, 안내소
Ausland	아우스란트	중 외국, 해외
der Ausländer	아우스렌더	외국인
ausländisch	아우스렌디쉬	외국의, 외국산의
auslassen	아우스라센	생략하다, 건너뛰다
ausmachen	아우스마헨	(불, 등, 스위치를) 끄다
Ausnahme	아우스나메	예 예외

Keine Regel ohne Ausnahme.
예외 없는 규칙은 없다.

auspacken	아우스팍켄	포장을 풀다, 꺼내다
ausrechnen	아우스레흐넨	계산하여 풀다, 산출하다
Ausrede	아우스레데	예 핑계, 구실
ausreichen	아우스라이헨	충분하다, 족하다
ausreichend	아우스라이헨트	충분한, 괜찮은
ausruhen	아우스루엔	쉬게 하다, 휴식하다
Aussage	아우스자게	예 발언, 진술

A

aussagen	아우스자겐	증언하다, 진술하다
ausschalten	아우스샬튼	스위치를 끄다, 배제하다
	Schalt das Licht aus! 전등을 꺼라.	
ausschließen	아우스슐리센	잠가 버리다, 배제하다
ausschließlich	아우스슐리스리히	배타적인, 단독의
Ausschuss	아우스슈스	🔵 위원회, 투매품
aussehen	아우스제엔	(~처럼) 보이다, (기대하며) 지켜보다
	Du siehst gut aus. 너는 멋져 보인다.	
Aussehen	아우스제엔	🟡 외모, 모습
außen	아우쎈	밖에, 외부로
außer	아우써	~의 밖에, ~의 범위 밖에
äußer	오이써르	외부의, 외부로부터의, 외국의
außerdem	아우써뎀	그밖에, 거기에 더하여
außerhalb	아우써할프	~의 밖에, 외부에
äußerlich	오이써리히	외부의, 외면의
äußern	오이썬	말로 나타내다, 진술하다
außerordentlich	아우써오르덴트 리히	정상이 아닌, 이상한
äußerst	오이써스트	가장 외부의, 최후의
	bis zum Äußersten gehen 마지막 카드를 쓰다.	
aussetzen	아우스제첸	(위험에) 내맡기다, 방치하다, 풀어주다

Aussicht	아우스지히트	예 전망, 조망, 예측
Aussprache	아우스슈프라헤	예 발음, 토의
aussprechen	아우스슈프라헨	발음하다, 진술하다
ausstehen	아우스슈테엔	미해결 상태로 두다
aussteigen	아우스슈타이겐	내리다, 하차하다
ausstellen	아우스슈텔렌	진열하다, 전시하다
Ausstellung	아우스슈텔룽	예 진열, 전시, (증명서의) 발행
aussuchen	아우스주헨	찾아내다, 골라내다
Austausch	아우스타우쉬	남 교환, 교체
austauschen	아우스타우셴	교환하다, 교체하다
Australien	아우스트랄리엔	호주
austreten	아우스트레텐	탈퇴하다, 누출하다
ausüben	아우스위벤	수행하다, 경영하다
Auswahl	아우스발	예 선택
auswärts	아우스베르츠	밖에서, 밖으로
Ausweg	아우스베크	남 출구, 타개책
Ausweis	아우스바이스	남 증명서, 증거, 여권
auswendig	아우스벤디히	암기하여
auszeichnen	아우스차이히넨	~에게 수여하다, 돋보이게 하다
ausziehen	아우스치엔	(옷을) 벗기다, 벗다

Auszubildende[r]	아우스추빌덴데	남 여 **훈련생, 견습생**
Auszug	아우스추크	남 **발췌, 요약, 퇴장**
Auto	아우토	중 **자동차**
Autobahn	아우토반	여 **아우토반 (독일의 고속도로)**
Automat	아우토마트	남 **자동판매기**
automatisch	아우토마티쉬	**자동식의, 기계적인**
	eine automatische Reaktion 무의식적인 반응	
Autor	아우토어	남 **저자, 작가**
Autorität	아우토리테트	여 **권위, 위신, 권위자**
Autounfall	아우토운팔	남 **교통사고**

A
B
C
D
E
F
G
H
I
J
K
L
M

B

Baby	베이비	图 아기, 독립적이지 못한 사람
Bach	바흐	남 개울, 시내, 흐름
Backe	박케	여 뺨
backen	박켄	굽다, 구워지다
Bäckerei	벡케라이	여 빵집, 빵공장

Wo ist die Bäckerei?
그 빵집이 어디에 있습니까?

Bad	바트	图 목욕, 목욕물
Badeanzug	바데안축	남 수영복

Ich habe meinen Badeanzug nicht dabei.
수영복을 안 가져왔네.

baden	바덴	목욕하다, 헤엄치다
Badewanne	바데바네	여 욕조
Badezimmer	바데치머	图 욕실
Bahn	반	여 (개척된) 길, 진로, 차선
Bahnhof	반호프	남 역, 정류장

Am Bahnhof wimmelte es von vielen
Menschen.
역은 사람들로 북적대고 있었다.

Bahnsteig	반슈타이크	남 플랫폼
bald	발트	잠시 후, 곧, 쉽게

Balkon	발콘	답 발코니
Ball	발	답 공, 볼, 슛
Ballon	발롱	답 (열)기구
Bambus	밤부스	답 대나무
Banane	바나네	여 바나나
Band	반트	답 (서적) 권, 인연, 굴레
bange	방어	불안한, 걱정스러운
Bank	방크	여 벤치, 의자, 작업대, 은행
Bar	바르	여 술집, 바
bar	바르	현금의, 명백한
Bär	베어	답 곰
Bargeld	바르겔트	중 현금
Bart	바르트	답 수염, 열쇠의 걸림쇠
Baseball	베스볼	답 야구
Basis	바지스	여 기초, 토대
Basketball	바스켓발	답 농구
basteln	바스텔른	(취미로) 조립[공작]하다, 손으로 만들다
Batterie	바테리	여 건전지, 배터리, 기계 세트
Bau	바우	답 건설, 건축, 건조
Bauch	바우흐	답 배, 복부, 위

bauen	바우엔	세우다, 건설하다
Bauer	바우어	뗌 농민, 농사꾼

Mein Vater ist Bauer.
우리 아버지는 농부야.

Baum	바움	뗌 나무, 수목

Er ist stark wie ein Baum.
그는 나무처럼 아주 튼튼하다.

Baumwolle	바움볼레	에 면, 솜
beabsichtigen	베압지히티겐	의도하다
beachten	베아흐텐	주의를 기울이다, 조심하다
Beamte[r]	베암테	뗌 공무원, 관리
beanspruchen	베안슈프루헨	요구하다, 청구하다
beantragen	베안트라겐	제안하다, 신청하다
beantworten	베안트보르텐	대답하다, 답장을 보내다
bearbeiten	베아르바이텐	가공하다, 손질하다
beben	베벤	흔들리다, 진동하다
Becher	베혀	뗌 컵, 잔

Ich habe die Milch in einen Becher gegossen.
나는 우유를 컵에 따랐다.

Becken	벡켄	중 세면대, 싱크대
bedanken	베당켄	감사하다
Bedarf	베다르프	뗌 필요, 수요

bedauerlich	베다우어리히	유감스러운, 안타까운
bedauern	베다우어른	유감스럽게 생각하다, 후회하다
bedecken	베덱켄	덮다, 덮어 감추다
bedenken	베덴켄	숙고하다, 고려에 넣다
bedeuten	베도이텐	의미하다, 나타내다
bedeutend	베도이텐트	중요한, 저명한
Bedeutung	베도이퉁	예 의미, 의의, 가치
bedienen	베디넨	봉사하다, 돌보다, 대응하다
Bedienung	베디눙	예 서비스, 봉사, 돌봄, 점원
Bedingung	베딩궁	예 조건, 전제
	unter der Bedingung, dass~ ~라는 조건으로	
Bedürfnis	베뒤르프니스	중 욕구, 요구, 필요
beeilen	베아일렌	서두르다
beeinflussen	베아인플루쎈	영향을 미치다
beenden	베엔덴	마치다, 끝내다
Beere	베레	예 장과(漿果:딸기, 포도 따위)
befallen	베팔렌	(질병, 슬픔이) 덮치다
befangen	베팡언	기가 죽은, 편견을 가진, 둘러싸다.
Befehl	베펠	남 명령, 지휘권
befehlen	베펠렌	명령하다

befestigen	베페스티겐	고정시키다, 묶어두다
befinden	베핀덴	(특정 장소[상태]에) 있다, 생각하다
befördern	베푀르던	운송하다, 송달하다, 나아가게 하다
befreien	베프라이언	해방시키다, 자유롭게 하다
befriedigen	베프리디겐	(욕구를) 충족시키다
befriedigend	베프리디겐트	만족할 수 있는, 괜찮은

Das Ergebnis ist befriedigend.
그 결과는 만족스럽다.

| **begabt** | 베갑트 | 재능 있는, 타고난 |
| **Begabung** | 베가붕 | 옛 천부의 재능(을 타고난 사람) |

Was ist deine spezielle Begabung?
너의 특별한 재능은 무엇이니?

begeben	베게벤	가다, 부임하다
begegnen	베게그넨	~와 조우하다
Begegnung	베게그눙	옛 만남, 조우
begeistern	베가이스턴	감격시키다
die Begeisterung	베가이스테룽	감동, 감격, 열광
Beginn	베긴	남 시작, 처음, 발단
beginnen	베기넨	시작하다, 시작되다
begleiten	베글라이텐	동행[동반]하다, 바래다주다
begraben	베그라벤	매장하다, 묻어버리다
Begräbnis	베그렙니스	중 매장, 장례식

begreifen	베그라이펜	이해하다
begreiflich	베그라이프리히	이해할 수 있는, 타당한
begrenzen	베그렌첸	경계를 만들다, 제한하다
Begriff	베그리프	남 개념, 관념, 상상
begründen	베그륀덴	정당화하다, 근거를 들다
begrüßen	베그뤼센	인사하다, 인사말을 건네다
Begrüßung	베그뤼숭	여 인사, 환영
behaglich	베하글리히	쾌적한, 기분 좋은
behalten	베할텐	보유하다, 잃지 않다
Behälter	베헬터	남 그릇, 수납 가구
behände	베헨데	민첩한, 기민한
behandeln	베한데른	다루다, 치료하다
Behandlung	베한들룽	여 취급, 대우, 치료
behaupten	베하웁텐	주장하다, (입장을) 견지하다
Behauptung	베하웁퉁	여 주장, 언명, 유지
beherrschen	베헤르쉔	지배하다, (마음을) 차지하다
behilflich	베힐플리히	도움이 되다
behindern	베힌던	방해하다
Behörde	베회르데	여 관청, 당국
behüten	베휘텐	지키다, 보호하다

bei	바이	~의 옆에, ~의 근교에, ~에 있어서
beibringen	바이브링엔	(사람에게 ~을) 가르치다
beide	바이데	양쪽, 둘 다
Beifall	바이팔	남 박수, 찬성, 동의
beige	베저	베이지색
Beilage	바이라게	여 첨부, 동봉, 부록
Bein	바인	중 다리, 발

Du hast sehr lange Beine!
너는 롱다리를 가졌구나!

beinah[e]	바이나[에]	거의, 가까스로
Beispiel	바이슈필	중 예, 실례, 견본, 모범

zum Beispiel 예를 들면

beißen	바이센	물다, 깨물려고 하다
Beitrag	바이트라크	남 공헌, 기여, 이바지
bejahen	베야엔	긍정하다, 찬성하다
bekannt	베칸트	널리 알려진, 저명한

Will Smith ist ein bekannter
Schauspieler.
윌 스미스는 유명한 배우이다.

Bekannte[r]	베칸테	남 여 지인, 아는 사람
Bekanntschaft	베칸트샤프트	여 면식, 교제, 지인, 친구
bekennen	베케넨	(잘못을) 인정하다, (신앙을) 고백하다

Bekenntnis	베켄트니스	중 (신앙) 고백, 표명
bekleiden	베클라이덴	(지위를) 차지하다, 옷을 입히다
bekommen	베코멘	받다, 입수하다, 실현하다
bekümmern	베퀴먼	걱정시키다, 괴롭히다
beladen	베라덴	(탈것에) 싣다
belasten	벨라스텐	부담(하중)을 주다
belästigen	벨레스티겐	괴롭게 하다, 귀찮게 하다
belebt	벨레프트	활기 있는, 생생한
belegen	벨레겐	덮다, 깔다
beleidigen	벨라이디겐	모욕하다, 불쾌감을 주다
beleuchten	벨로이히텐	밝게 하다, 조명을 비추다, 해명하다
belieben	벨리벤	마음에 들다, 선호하다
beliebt	벨리프트	인기 있는, 평판이 좋은
bellen	벨렌	(짐승이) 짖다, 심한 기침을 하다
belohnen	벨로넨	보답하다, 대가를 치르다
Belohnung	벨로눙	여 보답, 보수
bemerken	베메르켄	눈치 채다, 인정하다
Bemerkung	베메르쿵	여 발언, 의견
bemühen	베뮈엔	고생하다, 노력하다, 수고를 끼치다
Bemühung	베뮈웅	여 노력, 진력

benehmen	베니멘	행동하다, 처신하다, 빼앗다
beneiden	베나이덴	부러워하다, 질투하다
	Ich beneide sie. 그가 부럽구나.	
benötigen	베뇌티겐	필요로 하다
benutzen	베누첸	사용하다, 이용하다
Benzin	벤친	중 가솔린, 벤진
beobachten	베오바하텐	관찰하다, 지켜보다
bequem	베크벰	쾌적한, 편리한
beraten	베라텐	충고(조언)하다
berechnen	베레히넨	산정하다, 견적을 내다
berechtigen	베레히티겐	권리(자격)를 주다
beredt	베레트	의미심장한, 웅변의
Bereich	베라이히	남 지역, 구역, 범위
bereit	베라이트	준비가 된, 기꺼이 ~할 마음이 있는
bereiten	베라이텐	(누구에게) ~을 준비하다
bereits	베라이츠	이미, 벌써
	Ich habe bereits ausgegessen. 나는 이미 다 먹어 버렸다.	
bereuen	베로이엔	후회하다, 유감으로 생각하다
Berg	베르크	남 산, 언덕, 대량
Bericht	베리히트	남 보고, 기사, 리포트

berichten	베리히텐	~에 관해 보고하다, 설명하다
Berlin	베를린	**베를린, 독일의 수도**
der Berliner	베를리너	**베를린 시민**
berücksichtigen	베뤼크지히티겐	**(남을) 고려하다, 존중하다**
Beruf	베루프	冏 **직업, 천직**
	Was sind Sie von Beruf? 어떤 일을 하십니까?	
beruflich	베루플리히	**직업(상)의**
	Was macht er beruflich? 그는 직업상 무슨 일을 합니까?	
berufstätig	베루프스테티히	**직업에 종사하고 있는**
beruhen	베루엔	**~에 근거하다**
beruhigen	베루이겐	**침착하게 하다, 안심시키다**
berühmt	베륌트	**유명한, 고명한**
berühren	베뤼렌	**접하다, 만지다, 언급하다**
beschädigen	베쉐디겐	**망가뜨리다, 손상을 가하다**
beschäftigen	베쉐프티겐	**말려들다, 종사하다**
beschäftigt	베쉐프티히트	**고용되어 있는**
Beschäftigung	베쉐프티궁	阅 **직업, 일, 취업**
Bescheid	베샤이트	冏 **정보, 소식, 대답, 통보**
bescheiden	베샤이덴	**조심하는, 얌전한, 불충분한**
Bescheinigung	베샤이니궁	阅 **(문서의) 증명, 증명서**

beschleunigen	베슈로이니겐	빠르게 촉진하다
beschließen	베슈리센	(숙고하여) 결심[결의]하다
Beschluss	베슈루스	남 결정, 의결
beschränken	베슈렝켄	제한하다
beschreiben	베슈라이벤	묘사하다, 기술하다
Beschreibung	베슈라이붕	여 기술, 묘사, 서술
Beschwerde	베슈베어더	여 불평, 고생, 괴로운 사정
beschweren	베슈베렌	불평을 말하다
beschwören	베슈뵈렌	진실이라고 맹세[서약]하다
beseitigen	베자이티겐	제거하다, 정리하다, 죽이다
Besen	베젠	남 빗자루, 브러시
besetzen	베제첸	(시간, 장소를) 차지하다, (좌석을) 잡아두다
besetzt	베제츠트	(전화) 통화 중인, 자리가 다 찬
besichtigen	베지히티겐	구경하다, 견학하다

Wir haben viele Museen besichtigt.
우리는 많은 박물관을 구경했다.

besiegen	베지겐	(~에게) 이기다, 극복하다
Besitz	베지츠	남 점유(물), 재산, 소유
besitzen	베지첸	소유하고 있는, 갖추고 있는
Besitzer	베지처	남 소유자, 오너
besonder	베존더	특별한, 특이한, 뛰어난

besonders	베존더스	**특히, 그중에서도**
besorgen	베조르겐	**입수하다, 조달하다, 마련하다**

Können Sie mir jeden Morgen eine deutsche Zeitung besorgen?
당신은 매일 아침 나에게 독일 신문을 마련해 줄 수 있습니까?

besprechen	베쉬프레헨	**협의하다, 상담하다**
Besprechung	베쉬프레흉	예 **상담, 협의; 비평**
besser	베서	**더 좋은, 더 뛰어난, 상류의**

Das wird nicht einfach besser.
금방 좋아질 수는 없지요.

bessern	베썬	**더 좋아지다, 개선되다, 향상되다**
Besserung	베쎄룽	예 **개선, 개량, 회복**
best	베스트	**가장 좋은, 최선의, 최적의**
beständig	베스텐디히	**안정된, 불변의**
Bestandteil	베쉬탄트타일	남 **구성 요소, 성분, 부품**
bestätigen	베스테티겐	**확인하다, 증명하다**
Bestechung	베스테훙	예 **뇌물**
Besteck	베스테크	중 **(1인분) 나이프, 포크, 스푼 세트**
bestehen	베스테엔	**있다, 존재하다, 존속하다**
bestellen	베스텔렌	**주문하다, 불러내다**

Möchten Sie bestellen?
주문하시겠어요? (식당에서)

Bestellung	베스텔룽	예 **주문, 예약**

bestimmen	베스티멘	결정하다, 지정하다
bestimmt	베스팀트	일정한, 특정의; 확실히
Bestimmung	베스티뭉	예 결정, 규칙; 사명
bestrafen	베스트라펜	처벌하다, 페널티를 주다
Besuch	베주흐	남 구경, 방문, 참가자
besuchen	베주헨	방문하다, 만나러 가다, 왕진가다

Morgen besuche ich meinen Onkel.
내일 나는 나의 삼촌을 만나러 간다.

Besucher	베주허	남 방문자, 손님, 관객
beteiligen	베타일리겐	참가하다, 관여하다
beten	베텐	기도하다, 기도문을 소리내어 말하다
betonen	베토넨	강조하다, 악센트를 주다
Betonung	베토눙	예 강조, 중시, 역설
betrachten	베트라흐텐	천천히 바라보다, 관찰하다
beträchtlich	베트레히트리히	상당한, 무시할 수 없는
Betrag	베트라크	남 금액
betragen	베트라겐	(금액, 거리가) ~에 달하다, 되다
betreffen	베트레펜	관계하다, 해당하다
betreiben	베트라이벤	일을 하다, 행하다, 경영하다
betreten	베트레텐	들어가다, 발을 들여놓다
Betrieb	베트리프	남 기업, 회사, 공장; 조업

Betriebsrat	베트립스라트	🔲 경영협의회
Betrug	베트룩	🔲 사기
betrügen	베트뤼겐	속이다, 사기치다
	Ich betrüge meine Freundin. 나는 나의 여자 친구를 속인다.	
betrunken	베트룽켄	술에 취한
	Gestern Abend war ich sehr betrunken. 어젯밤에 나는 술에 많이 취해 있었다.	
Bett	베트	🔲 침대; 이불
betteln	베텔른	구걸하다, 조르다
Bettler	베틀러	🔲 거지, 걸인
Bettzeug	베트초이크	🔲 침구류
beugen	보이겐	구부리다, 굽히다; 굴복시키다
beunruhigen	베운루이겐	불안하게 하다, 걱정시키다
beurteilen	베우어타일렌	판단하다, 평가하다
Beutel	보이텔	🔲 자루, 주머니; 지갑
Bevölkerung	베푈케룽	🔲 인구, 전주민
bevor	베포어	(~하기) 전에 (before), ~하지 않는 동안
bewachen	베바헨	감시하다; 경호하다
bewaffnen	베바프넨	무장시키다
bewahren	베바렌	지키다, 보호하다
bewähren	베베렌	유효[적합]하다고 인정받다

bewegen	베베겐	움직이다, 이동시키다
beweglich	베베글리히	가동하는, 이동 가능한; 활발한
Bewegung	베베궁	예 운동, 움직임, 작동
Beweis	베바이스	남 증거, 증명, 표시

Es gibt viele Beweise.
여러 증거들도 있잖아.

beweisen	베바이젠	증명하다, 증거로 내밀다
bewerben	베베르벤	신청하다, 지원하다, 응모하다
Bewerbung	베베르붕	예 지원, 지망, 신청; 구혼
bewohnen	베보넨	~에 살다
Bewohner	베보너	남 주민, 거주자
bewundern	베분더른	감탄하다, 찬사를 보내다
bewusst	베부스트	의식하는, 자각하는, 알고 있는
Bewusstsein	베부스트자인	중 의식, 자각
bezahlen	베찰렌	지불하다
Bezahlung	베찰룽	예 지불; 보수, 임금
bezeichnen	베차이히넨	명명하다, 부르다
Bezeichnung	베차이히눙	예 명칭, 기호, 표시
beziehen	베치엔	깔다, 펴다; 옮기다, 이주하다
Beziehung	베치훙	예 관계, 교류, 연고
beziehungsweise	베치웅스바이제	또는, 혹은; 자세히 말하자면

Bezirk	베치르크	뗩 구역, 지구
Bezug	베추크	뗩 베갯잇, 커버, (침구 따위) 시트; (악기) 줄의 한 벌
Bibel	비벨	예 성경
Bibliothek	비블리오테크	예 도서관; 장서
	Ich gehe zur Bibliothek. 나는 도서관에 간다.	
biegen	비겐	구부리다, 완곡시키다
Biene	비네	예 (꿀)벌
Bier	비어	중 맥주
bieten	비텐	제공하다, 내밀다, 나타내다
Bikini	비키니	뗩 비키니
Bild	빌트	중 그림, 회화, 사진
bilden	빌덴	형태를 만들다, 이루다
Bildschirm	빌트쉬름	뗩 화면, 디스플레이
Bildung	빌둥	예 형성, 발생; 교육
Billiard	빌야르트	중 당구
	Er spielt gern Billiard. 그는 당구를 즐긴다.	
billig	빌리히	값싼, 저렴한
binden	빈덴	묶다, 잇다, 결부시키다
Bindung	빈둥	예 묶기, 결합; 속박
binnen	비넨	~이내에, ~안에

Biografie	비오그라피	졩 전기(문)
Biologie	비올로기	졩 생물학
biologisch	비올로기쉬	생물학의
Birne	비르네	졩 서양배; 백열전구
bis	비스	(공간, 정도) ～까지, (시간) ～까지는
	Bis später! 이따가 봐!	
bisher	비스헤어	지금까지, 오늘까지
bisschen	비스헨	약간, 소량
Bitte	비테	졩 부탁, 요망
bitte	비테	부디, 제발; ～해 주세요
bitten	비텐	부탁하다, 간청하다; 초대하다
bitter	비터	쓰다; 괴로운, 심한
Blase	블라제	졩 물집
blasen	블라젠	(바람이) 불다; (입으로) 바람을 불어넣다
blass	블라스	창백한, 핏기가 없는; 희미한
Blatt	블라트	졩 잎, 종이
blau	블라우	파란, 청색의(blue)
Blech	블레히	졩 양철, 얇은 금속판, 생철판
Blei	블라이	졩 납
bleiben	블라이벤	(장소에) 머무르다, 체류하다; 지속되다

bleich	블라이히	(얼굴이) 창백한
Bleistift	블라이쉬티프트	🔲 연필

Ich habe keinen Bleistift.
내게 연필이 한 자루도 없네.

blenden	블렌덴	눈부시게 하다, 현혹시키다
Blick	블릭	🔲 시선, 눈매

sich auf den ersten Blick (in jm.)
verlieben
첫눈에 반하다

blicken	블릭켄	보다, 쳐다보다
blind	블린트	눈이 안 보이는, 시각장애의, 맹목적인
Blitz	블리츠	🔲 번개, 전광
blitzen	블리첸	반짝이다, 플래시를 터뜨리다, 번개가 치다
Block	블록	🔲 (돌, 금속의) 덩어리, 블록
blond	블론트	금발의

Sie hat blonde Haare.
그녀는 금발 머리이다.

bloß	블로스	노골적인, 벌거벗은, 그저 ~에 불과한
blühen	블뤼엔	꽃이 피다; 번성하는
Blume	블루메	🔲 꽃, 화초
Bluse	블루제	🔲 블라우스, (전투복) 상의
Blut	블루트	🔲 피, 혈액; 혈통
Blüte	블뤼테	🔲 꽃, 사랑스러운 것; 전성기

bluten	블루텐	출혈하다, 큰돈을 지출하다
Blütenblatt	블뤼텐블라트	중 꽃잎
Blütenknospe	블뤼텐크노스페	여 꽃봉오리
Blütenstaub	블뤼텐슈타웁	남 꽃가루
Blutfluß	블루트플루스	남 출혈
blutig	블루티히	혈액의, 피비린내나는
Boden	보덴	남 땅, 토지, 기반
	Der Boden wird immer mehr verschmutzt. 토양이 점점 오염되고 있다.	
Bogen	보겐	남 곡선, 호; 활
Bohne	보네	여 콩
bohren	보렌	(구멍을) 파다, 뚫다; 찌르다
Bombe	봄베	여 폭탄
	Das Essen ist eine Kalorienbombe. 이 음식은 칼로리 폭탄이다.	
Bonbon	봉봉	남 사탕, 캔디
Boot	부트	중 작은 배, 보트
Bord	보르트	남 널빤지; 선실, 뱃전
böse	뵈제	나쁜, 사악한, 불쾌한
Bote	보테	남 심부름꾼, 사자, 사환
Botschaft	보트샤프트	여 (중요한) 통지, 알림
Botschafter	보트샤프터	남 대사

Bowling	볼링	중 볼링
Boxen	복슨	중 권투
Brand	브란트	남 화재, 불, 불타는 것
Brasilien	브라질리엔	브라질
braten	브라텐	(음식을) 굽다, 볶다, 튀기다
Braten	브라텐	남 불고기, 불고기용 고기
Brauch	브라우흐	남 풍습, 관습
brauchen	브라우헨	필요로 하다; 소비하다

Es braucht Zeit und Geduld.
시간과 인내가 필요하다.

brauen	브라우엔	양조하다
braun	브라운	갈색의, 볕에 탄
Braut	브라우트	여 신부, 새색시
Bräuligam	브로이티감	남 신랑, 약혼사
brav	브라프	얌전한, 품행이 단정한
BRD	베에르데	여 독일연방공화국 (Bundesrepublik Deutschland)
brechen	브레헨	부수다, 깨다, 골절하다
Brei	브라이	남 죽, 죽 같은 것
breit	브라이트	폭이 넓은; 지루한
Breite	브라이테	여 폭, 가로
Bremse	브렘제	여 브레이크, 제동장치

bremsen	브렘젠	브레이크를 걸다, 제한하다
brennen	브레넨	불타다, 연소하다; 뜨겁게 비추다

Meine Haut brennt. 내 피부가 탔어.

Brett	브레트	图 나무판, 체스판
Brief	브리프	旨 편지, 서간

Der Brief ist angekommen.
그 편지가 도착했다.

Briefkasten	브리프카스텐	旨 우편함; 투고란
Briefmarke	브리프마르케	예 우표
Brieftasche	브리프타쉐	예 지갑
Briefträger	브리프트레거	旨 우편집배원
Briefumschlag	브리프움쉬라크	旨 봉투
Brille	브릴레	예 안경
bringen	브링언	가져오다(가다), 초래하다
Brot	브로트	图 빵, 생활의 양식

Brot ist viel gesünder als gedacht.
빵은 생각했던 것보다 아주 건강하다.

Brötchen	브뢰첸	图 작은 빵, 롤빵
Bruch	브루흐	旨 파손, 붕괴, 절단
Brücke	브뤼케	예 다리, 교량
Bruder	브루더	旨 형제, 동료

Mein Bruder mag keinen Curryreis.
내 동생은 카레라이스를 싫어해.

Brunnen	브루넨	冒 우물, 샘
Brust	브루스트	예 가슴, 흉부, 유방
brutal	브루탈	잔혹한, 야만적인
Bubikopf	부비코프	冒 단발머리
Buch	부흐	중 책, 서적; 장부
buchen	부헨	예약하다, 기장하다
Buchhalter	부흐할터	冒 회계사
Buchhandlung	부흐한들룽	예 서점, 책방
Büchse	뷔크세	예 캔, 통조림, 원통형 케이스
Buchstabe	부흐슈타베	冒 문자, 자모음
buchstabieren	부흐슈타비렌	철자를 말하다
Bucht	부흐트	예 만(灣), 후미
bücken	뷔켄	(몸을) 구부리다, 움츠리다
Buddhismus	부디스무스	冒 불교
Bude	부데	예 이동 판매대, 매점, 간이 숙소
Bügel	뷔겔	冒 옷걸이, 행거
bügeln	뷔겔른	다리미질을 하다
Bühne	뷔네	예 무대, 극장
bummeln	부멜른	(터벅터벅) 걷다, 게으름피우다

Ich bin im Park gebummelt.
나는 공원을 어슬렁거렸다.

Bund	분트	남 연합, 동맹
Bundeskanzler	분데스칸츨러	남 (독일, 오스트리아의) 연방수상
Bundesland	분데스란트	중 연방국의 주(州)
Bundesminister	분데스미니스터	남 연방장관
Bundespräsident	분데스프레지덴트	남 연방대통령
Bundesrat	분데스라트	남 (독일의) 참의원; (스위스의) 연방 내각
Bundesrepublik	분데스레프블리크	여 연방공화국
Bundestag	분데스탁	남 연방의회
Bündnis	뷘트니스	중 동맹, 협정
bunt	분트	색을 입힌, 다채로운, 다양한
	Das Bild ist bunt. 그 그림은 알록달록하다.	
Burg	부르크	여 성, 성채
Bürger	뷔르거	남 시민, 국민
	Alle Bürger mögen Fussball. 전국민이 축구를 좋아한다.	
bürgerlich	뷔르거리히	시민(계급)의, 국민의
Bürgermeister	뷔르거마이스터	남 시장(mayor)
Bürgersteig	뷔르거슈타이크	남 보도(步道)
Büro	뷔로	중 사무실, 회사
Bursche	부르쉐	남 젊은이, 소년
Bürste	뷔르스테	여 브러시, 솔

bürsten	뷔르스텐	솔질을 하다
Bus	부스	🔵 버스
Busch	부쉬	🔵 관목; 수풀, 밀림
Busen	부젠	🔵 (여자의) 가슴, 흉부
Bushaltestelle	부스할테스텔레	🔴 버스정류장
Buße	부세	🔴 속죄, 참회
büßen	뷔센	보상하다, 속죄하다
Büstenhalter	뷔스튼할터	🔵 브래지어
Butter	부터	🔴 버터

A
B
C
D
E
F
G
H
I
J
K
L
M

| 독일어 필수 단어 |

C

Cafe	카페	중 다방, 카페
Camping	캠핑	중 캠핑(생활)
CD	체데	여 시디
CD-ROM	체데롬	여 시디롬
Chance	샨세	여 기회, 호기, 찬스
Charakter	카락터	남 성격, 성질, 인격
Charm	샤름	남 매력
Chef	셰프	남 팀장, 상사
Chemie	헤미	여 화학
Chili	칠리	남 고추
China	히나	중국
Chinakohl	히나콜	남 배추
Chinese	히네제	남 중국인
chinesisch	히네지쉬	중국의, 중국인의
Chirurgie	히루르기	여 외과
Chor	코어	남 합창단; 합창(곡)
Christ	크리스트	남 기독교인
Christentum	크리스텐툼	중 기독교(신앙)

christlich (Adj.)	크리스트리히	**기독교의, 기독교적인**

Ich bin in einer christlichen Familie aufgewachsen.
나는 기독교 가정에서 성장하였다.

Chrysantheme	크뤼잔테메	예 **국화**
Club	클루프	남 **클럽, 동호회(=Klub)**
Computer	콤퓨터	남 **컴퓨터, 전자계산기**
Couch	카우치	예 **소파**
Cousin	쿠젱	남 **남자 사촌**
Cousine	쿠지네	예 **여자 사촌**
Creme	크림	예 **크림; 가장 좋은 부분, 상류사회**

D

da	다	거기에(서); 여기에(서); 저기에(서); 그때
dabei	다바이	그 옆(근처)에; 그때
Dach	다하	㊥ 지붕, 집; 머리
dadurch	다두르히	거기를 통하여, 그렇게 해서
dafür	다퓌어	그러기 위해, 그 대신

Ich bin dafür. 나는 그것에 찬성한다.

dagegen	다게겐	거기에 대항하여, 거기를 향해

Ich bin dagegen. 나는 그것에 반대한다.

daheim	다하임	자택(고향)에서
daher	다헤어	거기에서; 이쪽으로
dahin	다힌	거기로, 저쪽으로
dahinter	다힌터	그 뒤에
damals	다말스	당시, 그 무렵

Damals war ich acht Jahre alt.
그 당시 나는 8살이었다.

Dame	다메	㊐ 부인, 여성
damit	다미트	그와 동시에; 그것으로
Damm	담	㊚ 댐, 제방

dämmern	데먼	(주위가) 밝아지다, 동트다, 땅거미지다
Dämmerung	데메룽	옝 황혼, 새벽
Dampf	담프	镸 증기, 김, 안개, 연기
dämpfen	뎀펜	끄다, 누그러뜨리다
danach	다나하	(시간) 그 후에, (공간) 그 뒤에
daneben	다네벤	그 옆에; 그와 동시에
Dank	당크	镸 감사 인사, 사례
dankbar	당크바르	고맙게 생각하다, 감사하다
danke	당케	고맙습니다.
danken	당켄	감사하다, 감사하고 있는
dann	단	그 후에, 그리고 나서; 그 경우

Dann helfe ich dir. 그러면 내가 도와줄게.

daran	다란	거기에, 거기에 접하여
darauf	다라우프	그 위에, 그 위로; 그 후에
daraus	다라우스	그중에서, 거기에서
darin	다린	그 안에, 그 점에서
Darm	다름	镸 장, 내장
darstellen	다르슈텔른	묘사하다, 표현하다
darüber	다뤼버	그 위에, 겹쳐서, 그보다 더
darum	다룸	그 주위에, 거기를 돌아, 거기를 피하여

darunter	다룬터	그 밑에, 그 이하로
das	다스	그; 이; 저; ~라는 것
dass	다스	~라는(것), 그 결과, 그를 위해
Datum	다툼	중 날짜, 연월일
Dauer	다우어	여 지속 시간, 기간
dauern	다우언	계속[지속]되다, 오래 가다

Wie lange dauert es?
얼마나 시간이 걸리니?

dauernd	다우언트	영속적인, 지속적인
Daumen	다우멘	남 엄지

Ich drücke dir die Daumen.
나는 너를 응원할게.

davon	다폰	거기에서, 거기에 관하여
davor	다포어	그 앞쪽에, 그 이전에
dazu	다추	그쪽으로, 그러기 위해
dazwischen	다츠비쉔	그 중간에, 그 사이로

Dazwischen gibt es nichts.
그 사이에는 아무것도 없다.

Deck	데크	중 갑판
Decke	덱케	여 덮는 이불, 모포
Deckel	덱켈	남 뚜껑, 표지
decken	덱켄	덮다, 씌우다, 지키다
dehnen	데넨	뻗다, 펼치다

dein	다인	너의, 당신의
Dekoration	데코라치온	예 장식
Demokratie	데모크라티	예 민주주의(국가)
demokratisch	데모크라티쉬	민주주의의, 민주주의적인
Demonstration	데몬스트라치온	예 시위, 데모
Demut	데무트	예 겸손, 겸허
demütig	데뮈티히	겸손한, 겸허한
demütigen	데뮈티겐	모욕하다, 굴욕을 주다
denkbar	뎅크바르	생각할 수 있는, 있을 수 있는
denken	뎅켄	생각하다, 사고하다
Denkmal	뎅크말	중 기념비, 기념 건조물
denn	덴	왜냐하면 ~때문이다; 도대체; 그러면
		Was soll ich denn machen? 그럼 내가 어떡하지?
dennoch	데노흐	그럼에도 불구하고
der	데어	그; 이; 저
derb	데어프	튼튼한, 완고한, 거친
derjenige	데어예니게	그, 그것, 그 사람
Dermatologie	데르마톨로기	예 피부과
derselbe	데어젤베	동일한, 같은 사람
deshalb	데스할프	그러니까, 그래서

Dessert	데세르트	图 디저트
desto	데스토	더욱 더, 한층 더
	Je mehr, desto besser. 많으면 많을수록 좋다.	
deswegen	데스베겐	그래서, 그렇기 때문에
deuten	도이텐	해석하다
deutlich	도이틀리히	확실한, 명백한
	Sagen Sie es deutlich 명확하게 말해 주세요.	
deutsch	도이취	독일의, 독일인의
Deutsch	도이취	图 독일어
Deutsche[r]	도이체	님 예 독일인
Deutschland	도이칠란트	독일
Devise	데비제	예 외환; 표어, 슬로건
Dezember	데쳄버	님 12월
Diamant	디아만트	님 다이아몬드
Diät	디에트	예 (환자용) 특별식, 식이요법
dich	디히	du의 4격
dicht	디히트	밀집된, 빽빽한
Dichte	디히테	예 두께
Dichter	디히터	님 시인, 작가
Dichtung	디히퉁	예 문예, 문학작품

A
B
C
D
E
F
G
H
I
J
K
L
M

dick	딕	뚱뚱한, 두꺼운, 과장된,
Dickdarm	딕다름	🔲 대장(大腸)
Dieb	딥	🔲 도둑, 절도범
dienen	디넨	근무하다, 복무하다
Dienst	딘스트	🔲 근무, 업무, 당번
Dienstag	딘스탁	🔲 화요일(Di.)
Dienstzeit	딘스트차이트	🔲 근무시간
Diesel	디즐	🔲 경유
dieser	디저	이것; 이 사람, 이
	Dieser Stuhl ist groß. 이 의자는 크다.	
diesmal	디즈말	이번엔
Dimension	디멘지온	🔲 차원, 치수, 규모
Ding	딩	🔲 사물, 용건; 녀석; 거시기
Diplomat	디플로마트	🔲 외교관, 협상을 잘하는 사람
diplomatisch	디플로마티쉬	외교적인, 외교의
direkt	디렉트	똑바른, 직진의; 직접적인
Direktor	디렉토어	🔲 관리자, 사장, ~장
Dirigent	디리겐트	🔲 지휘자
Dirndl	디른들	🔲 여성 전통 의상(원피스 모양)
Diskussion	디스쿠시온	🔲 토론, 논의

diskutieren	디스쿠티렌	**토론하다**
	Wir diskutieren über das Thema. 우리는 그 주제에 대하여 토론한다.	
Disziplin	디스치플린	阅 **규율; 과목**
Division	디비지온	阅 **나누기, 나눗셈**
doch	도흐	**그러나, 그럼에도 불구하고, 어차피**
Dock	도크	중 **부두**
der Doktor	독토어	阅 **박사, 의사**
Dolch	돌히	남 **단검, 나이프**
Dolmetscher	돌메처	남 **통역사**
Dom	돔	남 **대성당**
Donner	도너	남 **천둥(소리), 큰 환성**
	Donner und Doria! 아이쿠! 저런!	
donnern	도넌	**천둥이 치다, 큰소리가 나다**
Donnerstag	도너스탁	남 **목요일(Do.)**
Donut	도나트	남 **도넛**
doppel	도플	**이중의, 두 배의**
doppelt	도펠트	**2배의, 이중적인**
Dorf	도르프	중 **마을**
Dorn	도른	남 **(식물의) 가시, 고난**
dort	도르트	**거기, 저기**

Dose	도제	예 (덮개가 있는) 작은 용기
Dozent	도첸트	남 강사
Drache	드라헤	남 (전설의) 용
Draht	드라트	남 철사, 전선
Drama	드라마	중 드라마, 연극, 극적인 사건
	Mein Drama beginnt gleich. 드라마 할 시간이네.	
drängen	드렝언	억지로 떠밀다, 강제로 이동시키다
draußen	드라우센	밖에서, 실외에서
Dreck	드렉	남 오물, 쓰레기, 찌꺼기, 똥
drehen	드레엔	돌리다, 회전시키다
drei	드라이	3
Dreieck	드라이에크	중 삼각형
dreißig	드라이씨히	30
	Er ist dreißig Jahre alt. 그는 30살이다.	
dreist	드라이스트	낯 두꺼운, 낯을 가리지 않는
dreizehn	드라이첸	13
dringen	드링언	밀고 나아가다, 관철하다
dringend	드링언트	긴급한, 절박한
drinnen	드리넨	실내에, 국내에
dritt	드리트	제3의, 세 번째의

Droge	드로게	예 약종(藥種), 약품, 마약
Drogerie	드로게리	예 약국
drohen	드로엔	위협하다, (위험이) 박두하다
drucken	드루큰	인쇄하다
drücken	드뤼큰	밀다, 밀어부치다, 압박하다
Drucksache	드룩자허	예 인쇄물
du	두	너, 당신

Was denkst du? 무슨 생각해?

Duft	두프트	님 (상쾌한) 향기, 냄새
dulden	둘든	허용하다, 묵인하다, 참다
dumm	둠	어리석은, 바보 같은; 불쾌한
dumpf	둠프	둔한, 멍한; 곰팡내나는
dunkel	둥클	어두운, 진한
dünn	뒨	마른, 여윈, 희박한

Sie ist sehr dünn.
그녀는 아주 말랐다.

Dünndam	뒨다름	님 소장(小腸)
Dunst	둔스트	님 증기, 안개, 연무
durch	두르히	~을 통하여, 통과하여
durchaus	두르히아우스	완전히, 결단코
durcheinander	두르히아이난더	뒤섞여, 뒤죽박죽이 되어; 제정신이 아닌

	Ich bin total durcheinander. 나는 뒤죽박죽 엉망이야.	
durchfallen	두르히팔렌	떨어지다, 낙제하다, 실패하다
durchführen	두르히퓔렌	실행하다, 개최하다
durchgehen	두르히게엔	통과하다, 뚫고 지나가다
Durchschnitt	두르히쉬니트	🔲 평균, 평범
durchschnittlich	두르히쉬니틀리히	평균적인, 평범한
durchsichtig	두르히지히티히	투명한, 깨끗한, 명백한
dürfen	뒤르펜	~해도 좋다(may); (정중한 요청)~해 주시겠습 니까?
dürftig	뒤르티히	초라한, 빈약한
dürr	뒤르	건조한, 불모의
Dürre	뒤레	🔲 가뭄, 건조
Durst	두르스트	🔲 갈증(thirst)
durstig	두르스티히	목마른, 갈증 나는
Dusche	두쉐	🔲 샤워
duschen	두쉔	샤워하다
düster	뒤스터	어둡고 쓸쓸한, 우울한
Dutzend	두첸트	🔲 다스(12개)
duzen	두첸	자네라고 부르다, 반말하다

Ebbe	에베	예 간조, 썰물
eben	에븐	방금, 바로 지금; 평평한
Ebene	에베네	예 평야, 평면; 수준
ebenfalls	에벤팔스	똑같이, 마찬가지로
ebenso	에벤조	완전히 똑같이
echt	에히트	진짜의, 순수한

Ist das ein echter Diamantring?
이거 진짜 다이아몬드 반지 맞니?

Ecke	에케	예 모퉁이, 구석, 각
edel	에델	뛰어난, 고상한
Effekt	에펙트	남 효과, 작용, 효율
egal	에갈	마찬가지의, 아무래도 상관없는

Es ist mir egal. 나는 아무래도 상관없어.

Egoismus	에고이스무스	남 이기주의
egoistisch	에고이스티쉬	이기적인
Ehe	에에	예 결혼(생활), 부부관계
ehe	에에	~하기 전에, ~하지 않는 한
eher	에어	더 이전에, 더 일찍

Ehering	에어링	団 결혼반지
Ehre	에레	예 명예, 자존심, 경의
ehren	에렌	존경하다, 경의를 표하다
ehrgeizig	에어가이치히	공명심이 강한, 야심만만한
ehrlich	에얼리히	정직한, 신용할 수 있는
Ei	아이	중 알, 계란
Eid	아이트	団 선언, 서약
Eifer	아이퍼	団 열중, 흥분, 의욕
Eifersucht	아이퍼주흐트	예 질투, 시기
eifersüchtig	아이퍼쥐히티히	시기심이 많은, 질투하는
eifrig	아이프리히	열심히 하는, 열중한
eigen	아이겐	자기 자신의, 전용의, 타고난
Eigenschaft	아이겐샤프트	예 성질, 특성, 자격
eigentlich	아이겐틀리히	본래의, 실제의, 진짜의; 사실은, 결국은
Eigentum	아이겐툼	중 소유물, 재산, 소유권

Der Rechtsanwalt hat ziemlich viel Eigentum.
그 변호사는 재산이 상당히 많다.

Eile	아일레	예 서두르는 것, 서두름

Eile mit Weile! 급할수록 천천히!

eilen	아일렌	서두르다, 서둘러 가다

Eimer	아이머	남 양동이, 통
ein	아인	어떤, ~라는 것, 하나의
einander	아이난더	서로
Einbahnstraße	아인반쉬트라쎄	여 일방통행로
einbilden	아인빌든	착각하다; 자부하다; 상상하다
eindeutig	아인도이티히	뚜렷한, 명백한
Eindruck	아인드룩	남 인상, 감상
eineinhalb	아인아인할프	1과 1/2
einfach	아인파흐	소박한, 단순한, 쉬운

Tabletten sind einfach einzunehmen.
알약은 먹기가 편해요.

Einfahrt	아인파르트	여 (차를) 타고 들어옴; 입항; 입구, 현관
Einfall	아인팔	남 착상, 생각, 아이디어
einfallen	아인팔렌	생각해내다; 무너지다; 침입하다
Einfluss	아인플루스	남 영향, 세력
Einfuhr	아인푸어	여 수입(품)
einführen	아인퓌렌	수입하다, 도입하다
Einführung	아인퓌룽	여 초보, 첫걸음; 도입, 채용
Eingang	아인강	남 입구, 시작; (우편물의) 도착
eingehen	아인게엔	(우편물이) 도착하다; (남에게) 이해되다
Einheit	아인하이트	여 통일, 일치, 정리

einig	아이니히	일치된, 동의한
einige	아이니게	약간의, 몇 개의
einigermaßen	아이니거마쓴	어느 정도, 다소; 상당히
Einkauf	아인카우프	閉 쇼핑, 구입
einkaufen	아인카우픈	쇼핑하다, 사들이다

Ich gehe zum Einkaufen.
나는 쇼핑을 간다.

Einkommen	아인코멘	国 수입, 소득
einladen	아인라든	초대하다, 꼬시다

Ich lade dich ein.
나는 너를 초대한다. (내가 살게.)

Einladung	아인라둥	예 초대(장), 적재
einlegen	아인레근	집어넣다, 투입하다,
einmal	아인말	한 번; 언젠가, 장래에
einnehmen	아인네멘	돈을 벌다, (세금을) 징수하다; 복용하다
einpacken	아인파큰	싸다, 포장하다
einrichten	아인리히튼	정리하다; 꾸미다, 설계하다
Einrichtung	아인리히퉁	예 정리, 정돈; 설립, 개점
eins	아인스	1
einsam	아인잠	외로운, 쓸쓸한; 오직 하나의

Das ist einsame Spitze.
그것은 출중하게 멋지다.

einschalten	아인샬튼	켜다, 스위치를 넣다

	Schalt das Radio ein! 라디오를 켜라!	
einschlafen	아인쉴라픈	잠들다, 영면하다; 마비되다
einschlagen	아인쉴라근	때려 부수다, 깨뜨리다
einschließen	아인쉴리쎈	감금하다, 가두다, 포위하다
einschließlich	아인쉴리쓸리히	~을 포함하여
einschränken	아인쉬렝크	제한하다, 억제하다
Einschreiben	아인슈라이븐	图 등기
einsehen	아인제엔	이해하다, (잘못을) 인정하다
einseitig	아인자이티히	한쪽만의, 일방적인
einsetzen	아인제첸	넣다, 끼워넣다, 임명하다
Einsicht	아인지히트	回 인식, 통찰, 이해
einst	아인스트	이전; 장래, 언젠가
einsteigen	아인슈타이겐	타다, 탑승하다
einstellen	아인슈텔른	넣다, 집어넣다; 고용하다
der Einstellungstest	아인슈텔룽스테스트	回 면접시험
eintreffen	아인트레펜	도착하다; 적중하다
eintreten	아인트레튼	(건물, 조직에) 들어가다; 시작되다
Eintritt	아인트리트	图 입장, 입회, 가입
Eintrittskarte	아인트리츠카르테	回 입장권
einverstanden	아인페어슈탄든	동의하는, 양해하는

Einwand	아인반트	남 항의, 반론
Einwohner	아인보너	남 주민, 거주자
Einwohner-meldeamt	아인보너멜데암트	중 주민등록과
einzahlen	아인찰렌	예금하다, 불입하다, 송금하다
		Ich zahle Geld auf mein Konto ein. 나는 나의 통장에 돈을 입금한다.
Einzelheit	아인첼하이트	여 개별 사항, 상세 목록
einzeln	아인첼른	개별적인, 하나하나의
einziehen	아인치엔	입장하다, 침투하다
einzig	아인치히	유일한, 오직 하나의
Eis	아이스	중 얼음, 스케이트 링크
Eisen	아이즌	중 철, 철분, 쇠사슬
Eisenbahn	아이즌반	여 철도(노선)
eisern	아이전	철제의, 쇠와 같은; 비정한, 냉혹한
eisig	아이지히	얼음처럼 차가운, 몹시 추운
eitel	아이텔	허영심이 많은, 우쭐한
Ekel	에켈	남 욕지기, 혐오, 분노
ekelhaft	에켈하프트	욕지기 나는, 불쾌한
elastisch	엘라스티쉬	탄력 있는, 융통성 있는
Elefant	엘레판트	남 코끼리
elegant	엘레간트	품위 있는, 단정한, 우아한

elektrisch	엘렉트리쉬	전기의
Elektrizität	엘렉트리치테트	예 전기

Wenn die Elektrizität nicht erfunden
worden wäre...
만일 전기가 발명되지 않았다면….

Element	엘레멘트	중 요소, 성분, 원소
elementar	엘레멘타르	기본적인, 초보적인, 근본적인
elend	엘렌트	비참한, 서글픈, 빈약한
elf	엘프	11
Ellbogen	엘보겐	남 팔꿈치
Ellipse	엘립제	예 타원형; 생략
Eltern	엘터른	예 부모

Meine Eltern sind vorgestern nach
Paris geflogen.
우리 부모님은 그저께 파리로 여행을 가셨다.

E-mail	이메일	예 이메일
Empfang	엠프팡	남 접수, 수령, 수신
empfangen	엠프팡언	받아들이다, 맞이하다
der Empfänger	엠프펭거	수신인
empfänglich	엠프펭리히	민감한, (영향을) 받기 쉬운
Empfehlung	엠프펠룽	예 추천, 권유
empfehlen	엠프펠렌	권하다, 추천하다
empfinden	엠프핀덴	~라고 생각하다, 느끼다

empfindlich	엠프핀틀리히	민감한, 느끼기 쉬운, 고감도의
die Empfindung	엠프핀둥	감각, 감정
empören	엠푀렌	화나게 하다, 분개시키다
emsig	엠지히	부지런한, 근면한
Ende	엔데	匽 종말, 끝, 죽음
	Ende gut, alles gut. 끝이 좋으면 다 좋다.	
enden	엔덴	끝나다, 죽다
endgültig	엔트퀼티히	최종적인, 결정적인
endlich	엔틀리히	마침내, 결국
	Endlich hebt das Flugzeug ab. 드디어 비행기가 이륙하려나 봐.	
Energie	에네르기	囡 정력, 활력, 에너지
eng	엥	타이트한, 빡빡한; 친근한
Engel	엥겔	匰 천사 (같은 사람)
England	엥글란트	영국
Engländer	엥글렌더	匰 영국인
Englisch	엥리쉬	匽 영어
englisch	엥리쉬	영국인의, 영어의
der Enkel	엥클	손자, 자손 (남)
entbehren	엔트베렌	그리워하다, ~없이 지내다
entdecken	엔트덱큰	발견하다

Ente	엔테	예 오리
entfalten	엔트팔텐	(접은 것을) 펴다, (꽃이) 피다
entfernen	엔트페어넨	제거하다, 멀리하다
entfernt	엔트페르른트	멀리 떨어진, 거리가 있는

Mein Haus liegt weit entfernt von
Seoul.
우리 집은 서울에서 멀리 떨어져 있다.

Entfernung	엔트페어눙	예 거리, 간격; 제거
entfliehen	엔트플리엔	달아나다, 탈출하다
Entführung	엔트퓌룽	예 유괴
entgegen	엔트게겐	~에 반하여
entgegenkommen	엔트게겐코멘	찾아오다, 마중 나가다, 양보하다
enthalten	엔트할텐	포함하다, 함유하다
entlang	엔틀랑	(공간적) ~을 따라 (along)
entlassen	엔틀라쎈	떠나게 하다, 해방하다, 해고하다
entnehmen	엔트네멘	떼어내다; 알아채다
entsagen	엔트자겐	포기하다, 그만두다
entscheiden	엔트샤이덴	결정하다, 판결을 내리다

Dafür habe ich mich schon
entschieden.
그것에 대하여 나는 이미 결정을 내렸다.

entscheidend	엔트샤이덴트	결정적인
Entscheidung	엔트샤이둥	예 결정, 결심, 결단

entschließen	엔트슐리쎈	결심을 굳히다
entschlossen	엔트쉴로쎈	결심한, 결연한
Entschluss	엔트쉴루스	📖 결심, 결단
entschuldigen	엔트슐디겐	사과하다, 사죄하다
Entschuldigung	엔트슐디궁	여 변명, 핑계, 해명
entsetzen	엔트젯첸	깜짝 놀라게 하다
entsetzlich	엔트젯츨리히	무서운, 어찌할 수 없는, 굉장한
entsprechen	엔트슈프레헨	상응하다, 일치하다, 부합되다
entsprechend	엔트슈프레헨트	적합한, 부합된
entstehen	엔트슈테엔	발생하다, 생기다
enttäuschen	엔트토이쉔	기대를 저버리다, 실망시키다
	Er hat mich enttäuscht. 그는 나를 실망시켰다.	
enttäuschend	엔트토이쉔트	실망시키는
enttäuscht	엔트토이쉬트	실망한
Enttäuschung	엔트토이슝	여 실망, 낙담, 환멸
entweder	엔트베더	(뒤에 오는 oder와 함께 둘 또는 그 이상 중에서 하나를 택하다)
	Entweder oder! 양자택일해!	
entwickeln	엔트비켈른	발전하다, 성장하다
Entwicklung	엔트비클룽	여 발전, 성장

Entwurf	엔트부르프	問 설계, 밑그림, 초안
entzücken	엔트취큰	황홀하게 하다, 매료시키다
entzünden	엔트췬든	불을 붙이다, (감정을) 자극시키다
entzwei	엔트츠바이	부서진, 고장난
Enzyklopädie	엔취클로페디	여 백과사전
Epoche	에포허	여 시기, 시대
er	에어	그것, 그 남자

Er ist nett. 그는 친절하다.

Erbe	에르베	중 유산
erben	에르벤	상속하다, 물려받다
erblicken	에르블리큰	찾아내다, 관찰하다
Erdbeben	에르트베벤	중 지진
Erdbeere	에르트베레	여 딸기
Erde	에르데	問 지구, 세계, 대지, 이승

unter der Erde liegen 지하에 잠들다

Erdgeschoss	에어트게쇼스	중 (건물의) 1층
Erdnuß	에르트누스	여 땅콩
Erdteil	에르트타일	問 대륙
ereignen	에어아이그넨	일어나다, 발생하다
Ereignis	에어아이그니스	중 사건, 발생한 일

erfahren	에어파렌	알다, 알게 되다, 경험하다
Erfahrung	에어파룽	예 경험

Erfahrung ist die Mutter der Weisheit.
경험은 지혜의 어머니이다.

erfinden	에어핀든	발명하다, 고안하다
Erfindung	에어핀둥	예 발명(품), 고안
Erfolg	에어폴크	남 성과, 성공
erfolgen	에어폴겐	일어나다, 생기다
erfordern	에어포르던	필요로 하다
erfreuen	에어프로이엔	기쁘게 하다
erfrischen	에어프리션	신선하게 하다, 힘이 나게 하다
Erfrischung	에어프리슝	예 원기 회복, 기분 전환, 가벼운 음식
erfüllen	에어퓔렌	채우다; (임무를) 수행하다, 달성하다
ergänzen	에어겐첸	보충하다, 보완하다
ergeben	에어게븐	결과로 생기게 하다, 이루다; 증명하다
Ergebnis	에어겝니스	중 결과, 성과, 해답
ergreifen	에어그라이픈	붙잡다, 장악하다
erhalten	에어할튼	받다, 얻다; 보존하다

Wir haben Ihren Brief erhalten.
우리는 당신의 편지를 받았습니다.

erheben	에어헤븐	올리다, (불만 의견을) 올리다, (요금을) 징수하다
erheblich	에어헤블리히	상당한, 중대한

erholen	에어홀른	회복하다, 휴양하다
Erholung	에어홀룽	예 회복, 휴식, 휴양
erinnern	에어인넌	생각나게 하다

Tulpen erinnern mich an die Niederlande.
튤립 하면 네덜란드가 떠오른다.

Erinnerung	에어인네룽	예 기억, 추억; 경고, 주의
erkälten	에어켈튼	감기 걸리다
erkältet	에어켈텟	감기에 걸린

Ich bin erkältet.
나는 감기에 걸렸다.

Erkältung	에어켈퉁	예 감기
erkennen	에어케는	식별하다, 인식하다
Erkenntnis	에어켄트니스	예 식별, 이해, 통찰력
erklären	에어클레른	설명하다, 이해하다
Erklärung	에어클레룽	예 해설, 해석, 설명
erkundigen	에어쿤디겐	문의하다, 물어서 알다
erlangen	에어랑언	손에 넣다, 도달하다
erlauben	에어라우벤	허가하다, 허용하다
Erlaubnis	에어라우프니스	예 허가, 허락

Wir brauchen kein Erlaubnis.
우리는 허가가 필요하지 않다.

| **erläutern** | 에어로이턴 | 해설을 넣다, 주석을 추가하다 |

erleben	에어레벤	경험하다, 체험하다
Erlebnis	에어레프니스	중 경험, 체험
erledigen	에어레디겐	정리하다, 처리하다
erleichtern	에어라이히턴	경감시키다, 쉽게 하다
erlernen	에어레르넨	학습하다, 습득하다
erlöschen	에어뢰쉔	(불이) 꺼지다, (활동이) 멈추다
ernähren	에어네렌	영양을 공급하다, 키우다
erneuern	에어노이언	새롭게 하다, 갱신하다
erneut	에어노이트	새로운, 갱신된
Ernst	에른스트	남 성실, 진심, 심각
ernst	에른스트	진지한, 심각한
ernsthaft	에른스트하프트	진지한, 심각한, 본심의
Ernte	에른테	여 수확(물), 소득, 수익

Ohne Saat keine Ernte.
뿌리지 않은 씨앗은 열리지 않는다.

ernten	에른튼	수확하다, 성과를 올리다
erobern	에로번	정복하다, 공략하다
eröffnen	에어외프넨	열다, 개시하다
erörtern	에어외르턴	논하다, 토의하다
erraten	에어라튼	짐작하다, 알아맞히다
erregen	에어레겐	흥분시키다, (성적으로) 도발하다

erreichen	에어라이흔	도달하다, 시간에 맞추다, 연락이 닿다.

In wenigen Minuten erreichen wir BuSan.
잠시 후에 우리는 부산에 도착합니다.

Ersatz	에어자츠	廿 대리, 대용, 후보 선수
Ersatzteil	에어자츠타일	中 예비 부품
erscheinen	에어샤이넨	나타나다, 출석하다
Erscheinung	에어샤이눙	廿 출현, 현상, 외견, 환영
erschöpfen	에어쇠프펜	기진맥진하게 하다, 녹초가 되게 하다
erschrecken	에어쉬레큰	놀라다, 놀라게 하다
erschüttern	에어쉬턴	흔들다, 충격(감동)을 주다
ersetzen	에어제첸	~을 대신하다, 교체하다
erst	에르스트	최초, 첫 번째
erstaunen	에어슈타우넨	놀라게 하다
erstaunlich	에어슈타운리히	놀랄 만한, 굉장한
erstens	에어스텐스	우선, 첫째로, 우선은

Erstens möchte ich ein Brot essen.
우선 나는 빵을 먹고 싶어.

ertragen	에어트라겐	견디다, 감수하다

Ich kann ihn nicht mehr ertragen.
나는 그를 더 이상 감당할 수 없어.

ertrinken	에어트링켄	익사하다
erwachen	에어바흔	눈을 뜨다, 자각하다, 소생하다

erwachsen	에어박슨	자라다; 생기다, 일어나다
Erwachsene[r]	에어박세네	남여 성인, 어른
erwähnen	에어베넨	언급하다,
erwarten	에어바르튼	기다리다, 기대하다

Sie erwartet ein Baby.
그녀는 임신 중이다.

Erwartung	에어바르퉁	여 기대, 예상
erweisen	에어바이즌	(호감, 존경을) 나타내다; 증명하다
erweitern	에어바이턴	넓히다, 확장하다
erwerben	에어베르벤	(토지, 주거를) 구입하다, 취득하다
erwidern	에어비던	응답하다, 대답하다
Erz	에어츠	중 광석, 금속
erzählen	에어첼렌	이야기하다, 말하다

Erzählen Sie, was Sie gestern gemacht
haben.
어제 당신이 하신 일을 이야기해 보세요.

Erzählung	에어첼룽	여 이야기, 소설
erzeugen	에어초이겐	생산하다, 낳다
Erzeugnis	에어초이크니스	중 생산물, 제품, 작품
erziehen	에어치엔	교육하다
Erziehung	에어치훙	여 교육, 양육, 재배
es	에스	그것; 이것; 저것; 그; 그녀

A
B
C
D
E
F
G
H
I
J
K
L
M

	Es ist ein Hund. 그것은 개이다.
Esel	에젤 🔲 나귀; 바보
	Wenn man den Esel nennt, kommt er gerannt. 호랑이도 제 말하면 온다.
Essen	에쎈 🔲 식사, 연회
essen	에쎈 먹다, 식사하다
	Ich esse einen Apfel. 나는 사과 한 개를 먹는다.
Essig	에씨히 🔲 식초
Eßstäbchen	에스슈텝헨 🔲 젓가락
etliche	에틀리혀 상당한, 어느 정도의
etwa	에트바 대략, 거의, 예를 들면
etwas	에트바스 있는 것, 어떤 것, 일부분
euer	오이어 너희의
Eule	오일레 🔲 부엉이
Europa	오이로파 유럽, 구라파
Europäer	오이로페어 🔲 유럽인
europäisch	오이로페이쉬 유럽의, 구라파의
evangelisch	에반겔리쉬 신교의, 복음파의
eventuell	에벤투엘 만일의, 경우에 따라서는
ewig	에비히 영원한, 불변의

	Das dauert ja ewig und drei Tage! 그것은 아주 오랫동안 걸린다.	
exakt	엑삭트	정확한, 정밀한
Examen	엑사멘	중 시험, 테스트
Exemplar	엑셈플라르	중 견본, 개체, (책) 권
Existenz	엑시스텐츠	여 존재, 실재
existieren	엑시스티런	존재하다, 있다
Exkrement	엑스크레멘트	중 대변, 배설물
Experiment	엑스페리멘트	중 실험, 대담한 시도
Explosion	엑스플로시온	여 (감정의) 폭발, (수치의) 급증
Export	엑스포르트	남 수출(품)
extra	엑스트라	별개의, 여분의; 일부러
extrem	엑스트렘	극단적인, 과격한, 극도의
	Die Extreme berühen sich. 극과 극은 통한다.	

F

die Fabel	파벨	중 지어낸 이야기, 우화
Fabrik	파브릭	여 공장, 제작소
Fach	파하	중 칸막이, 구분; 학과
Fachmann	파흐만	남 전문가
Faden	파든	남 실; 관계

Ich habe den Faden verloren.
나는 이야기의 맥락을 잃었다.

fähig	페이히	뛰어난, 재능이 있는
Fähigkeit	페이히카이트	여 재능, 소질
Fähre	페레	여 페리, 연락선
fahren	파렌	(탈것이) 달리다, 진행하다

Das Schiff fährt nach Hamburg.
이 배는 함부르크 행입니다.

Fahrer	파러	남 운전자, 운전 기사
Fahrgast	파르가스트	남 (철도, 버스의) 승객, 여객
Fahrkarte	파르카르테	여 승차권, 승선권
die Fahne	파네	여 깃발
Fahrplan	파르플란	남 열차 시간표
Fahrpreis	파르프라이스	남 교통비

Fahrrad	파르라트	중 자전거

Ich fahre mit dem Fahrrad.
나는 자전거를 타고 간다.

Fahrschein	파르샤인	남 승차권(전철, 버스)
Fahrt	파르트	여 여행; 주행, 진행
Fahrzeug	파르초이크	중 탈것, 차량
fair	페어	공정한, 정정당당한
Faktor	팍토어	남 요인, 요소
Falke	팔케	남 매, 강경파
Fall	팔	남 낙하, 추락
fallen	팔른	떨어지다; (눈, 비가) 내리다; 전사하다
fällen	펠른	쓰러뜨리다, 벌채하다
falls	팔스	만일 ~라면, ~의 경우에

Falls es regen sollte, bleiben wir zu Hause.
혹시라도 비가 온다면, 우리 집에 있자.

falsch	팔쉬	잘못된, 가짜의

Sorry, ich habe es falsch verstanden.
미안해, 내가 오해했어.

Falte	팔테	여 주름, 접는 선
falten	팔튼	접다, 찡그려 주름살을 짓다
Familie	파밀리에	여 가족, 가정, 일가
Familienname	파밀리엔나메	남 성(姓)

	Mein Familienname heißt Müller. 나의 성은 뮐러이다.
fangen	팡언 붙잡다, 사로잡다
Fantasie	판타지 예 공상, 환상, 몽상
fantastisch	판타스티쉬 공상적인, 현실과 동떨어진
Farbe	파르베 예 색깔, 색채
	Die Farbe des T-shirts ist sehr schön. 이 티셔츠 색깔이 참 예쁘다.
farbig	파르비히 다채로운, 색이 있는
Fasching	파싱 남 (남부)사육제, 카니발
Faser	파저 예 섬유, 실
Fass	파스 중 (나무) 통
fassen	파쓴 파악하다, 이해하다; 수용하다
fast	파스트 거의, 아슬아슬하게
Fastnacht	파스트나흐트 예 카니발, 사육제
faul	파울 게으른; 부패한
Faust	파우스트 예 주먹
Februar	페브루아르 남 2월(Febr.)
Feder	페더 예 깃털(feather)
fegen	페근 비로 청소하다
fehlen	펠렌 없다, 결여되어 있다; 없어서 곤란하다
Fehler	펠러 남 잘못, 오류, 과실

Feier	파이어	예 (행사) 식전, 기념식
feierlich	파이어리히	예식의, 엄숙한, 격조 있는
feiern	파이언	축하하다, 개최하다
Feiertag	파이어탁	남 휴일, 기념일, 명절
feige	파이게	겁 많은, 비열한
fein	파인	섬세한, 가는, 정밀한
Feind	파인트	남 적, 적대자
feindlich	파인트리히	적의, 적대감 있는
Feld	펠트	중 밭, 경지, 들판
Fell	펠	중 가죽, 모피
Fels	펠스	남 바위, 암석
Felsen	펠즌	남 바위, 암벽
Felswand	펠스반트	예 절벽
Fenster	펜스터	중 창문, 몰래 내다보는 창문

Bitte schließen Sie das Fenster.
창문을 닫아주세요.

Ferien	페리엔	복 휴가, 방학, 휴관
fern	페른	(시간, 공간적) 머나먼
Fernbedienung	페른베디눙	예 리모컨
ferner	페르너	더욱 먼; 향후의, 그 이후의
Ferngespräch	페른게쉬프레히	중 장거리전화

Fernsehapparat	페른제아파라트	閏 TV 수상기
Fernsehen	페른제엔	TV(방송, 수상기)
	Ich habe beim Fernsehen Chips gegessen. 텔레비전을 보면서 감자칩을 먹었다.	
fernsehen	페른제엔	TV를 보다
	Wir sahen im Durchschnitt täglich zwei Stunden fern. 우리는 평균적으로 매일 2시간을 TV 시청한다.	
Fernseher	페른제어	閏 텔레비전(시청자)
Fernsprecher	페른쉬프레허	閏 전화기
Ferse	페르제	囲 뒤꿈치
fertig	페르티히	완성된, 끝난, 해결된
Fessel	페셀	囲 구속, 속박, 쇠사슬
fesseln	페셀른	묶다, 구속하다
Fest	페스트	图 축제, 잔치
	Es ist mir ein Fest. 그것은 나에게는 아주 재미있는 일이다.	
fest	페스트	팽팽한, 꽉 조인
festhalten	페스트할튼	붙잡고 떨어지지 않다, 기록해 두다
Festkörper	페스트쾨르퍼	閏 고체
Festland	페스틀란트	图 육지
festlich	페스틀리히	축제의, 성대한, 화려한
Festnahme	페스트나메	囲 체포

feststellen	페스트쉬텔른	**확인하다, 밝혀내다; 인식하다**
fett	페트	**지방이 많은, 뚱뚱한, 비옥한**
feucht	포이히트	**축축한, 습도가 높은**

Küchenschaben mögen feuchte und dunkle Orte.
바퀴벌레는 습하고 어두운 곳을 좋아한다.

Feuer	포이어	중 **불, 화재**
Feuerwehr	포이어베어	여 **소방(대)**
Feuerzeug	포이어초이크	중 **라이터**
Fieber	피버	중 **열, 발열**

Ich habe Fieber. 나는 열이 난다.

Figur	피구어	여 **모습, 용모, 형상**
Filiale	필리알레	여 **지사, 지점, 출장소**
Film	필름	남 **영화; 필름**
finanziell	피난치엘	**자금의, 금융적인, 재정상의**
finden	핀든	**찾아내다, 발견하다**

Ich habe Geld auf der Straße gefunden.
나는 길에서 돈을 발견했다.

Finger	핑어	남 **손가락**
Fingerabdruck	핑어압드룩	남 **지문**
Fingernagel	핑어나글	남 **손톱**

Deine Fingernägel sind viel zu lang.
네 손톱이 너무 길다.

finster	핀스터	어두운, 컴컴한; 불길한
Firma	피르마	예 회사, 기업
Fisch	피쉬	남 물고기, 생선, 어류
fischen	피슌	물고기를 낚다(잡다)
Fischerei	피셔라이	예 어업, 낚시
fit	피트	몸 컨디션이 좋은, 건강한
flach	플라흐	수평의; 평범한, 단조로운
Fläche	플레헤	예 넓이, 면적
Flagge	플라게	예 (작은) 깃발
Flamme	플라메	예 불꽃, 화염, 격정
Flasche	플라쉐	예 병(甁), 무능력자

So eine Flasche! 이런 무능력자 같으니!

flechten	플레히튼	짜다, 짜서 만들다
Fleck	플렉	남 얼룩, 오점, 반점
Fledermaus	플레더마우스	예 박쥐
flehen	플레엔	애원하다, 탄원하다
Fleisch	플라이쉬	중 고기; 육체
Fleiß	플라이쓰	남 근면, 노력
fleißig	플라이씨히	부지런한

Meine ältere Schwester ist fleißig.
우리 언니는 부지런하다.

Fliege	플리게	囡 파리
fliegen	플리겐	날다, 날아가다; (비행기를) 조종하다

Wir fliegen nach Deutschland.
우리는 독일에 간다.

fliehen	플리엔	달아나다, 도망가다
fließen	플리쎈	흐르다, 흘러나오다
fließend	플리쎈트	흐르는 듯한, 유창한, 유동적인
Flosse	플로쎄	囡 지느러미
Flöte	플뢰테	囡 피리, 플루트(flute)
Fluch	플루흐	囘 저주, 매도
Flucht	플루흐트	囡 도망, 도피, 회피
flüchten	플뤼히튼	도망가다, 탈주하다, 도피하다
Flüchtling	플뤼히틀링	囘 난민, 도망자, 망명자
Flug	플루크	囘 비행, 비상

Buchen Sie einen Flug nach Paris.
파리행 비행기표를 예약하세요.

Flügel	플뤼글	囘 날개, 깃
Flughafen	플룩하펜	囘 공항

Am Flughafen habe ich meine Mutter getroffen.
공항에서 나는 나의 어머니를 만났다.

Flugzeug	플룩초이크	囷 비행기
Fluss	플루스	囘 강, 하천

flüssig	플뤼씨히	**액체의, 유창한**
	Sie hielt eine flüssige Ansprache. 그녀는 유창한 인사말을 했다.	
Flüssigkeit	플뤼씨히카이트	예 액체, 수분
flüstern	플뤼스턴	**속삭이다, 작은 소리로 말하다**
Flut	플루트	예 만조, 밀물; 홍수
Föhn	푄	남 헤어드라이어
Folge	폴거	예 결과; 장래; 연속
folgen	폴근	**뒤를 쫓다, 추적하다**
fordern	포르던	**요구하다, 청구하다**
fördern	푀르던	**원조하다, 지원하다, 육성하다**
Forderung	포르더룽	예 요구, 요청, 청구
Förderung	푀르더룽	예 원조, 지원, 육성
Forelle	포렐레	예 송어
Form	포름	예 모습, 형태, 형식
	Der Bienenstock hat die Form eines Sechsecks. 벌집은 육각형 형태이다.	
formal	포르말	**형식상의, 형식적인**
Formel	포르멜	예 관용구, 상투적인 말
formen	포르멘	**형태를 만들다, 형성하다**
Formular	포르물라	중 서식(용지), 신고서

	Bitte füllen Sie das Formular aus. 서식을 작성하세요.	
forschen	포르셴	연구하다, 조사하다
Forschung	포르슝	예 연구, (학술)조사
fort	포르트	떠나서, 떨어져서, 없어져(away)
fortfahren	포르트파른	(탈것으로) 출발하다
Fortschritt	포르트쉬리트	남 진보, 발전
fortschrittlich	포르트쉬리틀리히	진보적인, 현대적인
fortsetzen	포르트제첸	계속하다, 속행하다
Fortsetzung	포르트제충	예 계속, 연속, 속행
Foto	포토	중 사진
Fotoapparat	포토아파라트	남 카메라
Fotograf	포토그라프	남 카메라맨, 사진가
fotografieren	포토그라피렌	사진을 찍다
	Ich fotografiere gern. 사진 찍는 걸 좋아해요.	
Fracht	프라흐트	예 (적재)화물
Frachter	프라흐터	남 화물선
Frage	프라게	예 질문, 문의
fragen	프라겐	묻다, 질문하다
Frankreich	프랑크라이히	프랑스
Franzose	프란초제	남 프랑스인

französisch	프란최지쉬	**프랑스의, 프랑스인[어]의**
Frau	프라우	여 **여성, 부인**
	Die Dolmetscherin war eine junge und schöne Frau. 통역사는 젊고 예쁜 여자였다.	
Fräulein	프로일라인	중 **아가씨, 미혼 여성**
frech	프레히	**뻔뻔스러운, 건방진**
	Er ist frech. 그는 뻔뻔스럽다.	
frei	프라이	**자유로운, 비어 있는**
	Ist hier noch frei? 여기 자리 비었나요?	
Freiheit	프라이하이트	여 **자유(의 몸), 자립, 특권**
freilich	프라일리히	**물론, 확실히**
Freitag	프라이탁	남 **금요일(Fr.)**
freiwillig	프라이빌리히	**자발적인, 자유 의지의**
Freizeit	프라이차이트	여 **여가, 자유 시간**
fremd	프렘트	**외국의, 외부의, 타인의**
Fremde[r]	프렘데	남 여 **외부인, 외국인**
Fremdsprache	프렘트슈프라헤	여 **외국어**
fressen	프레쓴	**(동물이) 먹다, (연료를) 소비하다**
	Erst kommt das Fressen, dann kommt die Moral. 뭘 좀 먹어야 예의도 차리지.	
Freude	프로이데	여 **즐거움, 기쁨**

freudig	프로이디히	즐거운, 기쁜
freuen	프로이엔	즐거워하다, 좋아하다
Freund	프로인트	🔵 친구, 지원자, 우군
Freundin	프로인딘	🔴 (여성인) 친구, 여자 친구

Das ist meine feste Freundin.
이쪽이 내 애인이야.

freundlich	프로인틀리히	친절한, 우호적인, 쾌적한
Freundschaft	프로인트샤프트	🔴 우정, 우호 관계
Frieden	프리든	🔵 평화, 평온, 평화조약
Friedhof	프리트호프	🔵 묘지
friedlich	프리틀리히	평화로운, 평온한
frieren	프리렌	추위를 느끼다, 얼어붙다
frisch	프리쉬	신선한, 새로운, 발랄한
Friseur	프리제어	🔴 이발사, 미용사
frisieren	프리지런	머리를 다듬다, 빗질하다
Frist	프리스트	🔴 기한, 마감일
froh	프로	즐거운, 유쾌한, 쾌활한

Frohe Weihnachten! 메리 크리스마스!

fröhlich	프뢰리히	즐거워하는, 재미있는
fromm	프롬	경건한, 종교적인, 순수한
Frosch	프로쉬	🔵 개구리

Der Froschkönig oder der eiserne Heinrich
개구리왕 혹은 충직한 하인리히 [그림동화]

Frost	프로스트	냠 서리; 추위
Frucht	프루흐트	예 열매, 과일

Die Eichel ist die Frucht der Eiche.
도토리는 떡갈나무의 열매입니다.

früh	프뤼	시간(시기)이 이른; 너무 이른; 초기의

Es ist zu früh. 시기상조이다.

früher	프뤼어	예전에, 옛날에
Frühling	프륄링	냠 봄, 청춘기, 융성기
Frühstück	프뤼슈튁	중 아침 식사, 조반
frühstücken	프뤼슈튀큰	아침 식사를 하다
Fuchs	푹스	냠 여우, 교활한 사람
fügen	퓌근	결합하다, 짜맞추다
fühlen	퓔른	느끼다, 느낌으로 알다; 자각하다

Wer nicht hören will, muss fühlen.
듣지 않는 자는 직접 당해 봐야 안다.

führen	퓌른	안내하다, 지휘하다, 운영하다
Führer	퓌러	냠 지도자, 총통, 안내인, 운전자
Führerschein	퓌러샤인	냠 운전면허증
Führung	퓌룽	예 지도, 지휘, 지휘부
füllen	퓔른	(그릇을) 가득 채우다, 넣다

Füller	퓔러	🔵 만년필
Fundbüro	푼트뷔로	🟢 분실물 보관소
fünf	퓐프	5
fünfzehn	퓐프첸	15
fünfzig	퓐프치히	50
Funke	풍커	🔵 불꽃, 섬광
Funktion	풍크치온	🟠 기능, 역할, 직무
funktionieren	풍크치오니른	기능하다, 작동하다

Das Radio funktioniert gut.
라디오는 잘 작동한다.

für	퓌어	~을 위해, ~에 관하여, (편지가) ~앞으로
Furcht	푸르히트	🟠 공포, 불안, 두려움
furchtbar	푸르히트바르	두려운, 겁나는
fürchten	퓌르히튼	두려워하다, 겁내다
fürchterlich	퓌르히털리히	두려운, 오싹한
Fürst	퓌르스트	🔵 왕후, 군주, 영주
Furz	푸르츠	🔵 방귀
Fuß	푸스	🔵 발

Sie können zu Fuß gehen.
걸어서 가실 수 있어요.

Fussball	푸스발	🔵 축구(공)
Fußboden	푸스보덴	🔵 마루

Fußgänger	푸스겡어	남 보행자
Fußgängerzone	푸스겡어조너	여 보행자 전용구역
	Darf man in der Fußgängerzone mit dem Fahrrad fahren? 보행자 전용구역에서 자전거를 타도 되나요?	
Fußgelenk	푸스겔렝크	중 발목
Fußweg	푸쓰벡	남 인도, 보도
Futter	푸터	중 사료, 먹이
füttern	퓌턴	먹이를 주다, (아이, 환자에게) 음식을 먹이다

G

Gabel	가블	예 포크, 갈퀴
Gähnen	게넨	중 하품
gähnen	게넨	하품하다

Warum muss man gähnen?
사람은 왜 하품을 하나요?

Galaxie	갈락시	예 은하계
Galerie	갈레리	예 미술관
Gang	강	남 걸음, 보행; 용건; 진행
Gans	간스	예 거위, 어리석은 여자
ganz	간츠	전체의, 전부의, 통째로의; 완전히, 대단히

Das ist ganz einfach.
그거 아주 쉬워.

gar	가르	준비가 된; 잘 익은; 굉장히
Garage	가라제	예 차고
Garantie	가란티	예 (제품의) 보증(기간)

drei Jahre Garantie 3년 보증

Garderobe	가르데로베	예 (극장 등의) 물품보관소
Gardine	가르디네	예 커튼
Garnele	가르넬레	예 새우

Garten	가르튼	🔳 정원, 과수원
Gärtner	게르트너	🔳 원예사
Gas	가스	🔲 가스
Gasse	가쎄	🔳 (좁은) 골목
gastfreundlich	가스트프로인트리히	잘 대접하는, 손님을 환대하는
Gastgeber	가스트게버	🔳 주인, 주최자, 호스트
Gasthaus	가스트하우스	🔲 (식당을 겸한) 여관, 술집

Wir übernachten im Gasthaus.
우리는 게스트하우스에 숙박한다.

Gatte	가테	🔳 남편, 부군
Gattin	가틴	🔳 부인, 여사
Gaze	가제	🔳 거즈, 성기고 얇은 천
Gebäck	게벡	🔲 과자류
Gebärde	게베어데	🔳 몸짓, 손짓, 제스처
Gebäude	게보이데	🔲 빌딩, 건물
geben	게븐	주다, 건네다, 알리다

Im Kaufhaus gibt es Sonderangebote.
백화점에서 바겐세일한다는데.

Gebet	게베트	🔲 기도, 예배
Gebiet	게비트	🔲 지역, 지방
gebildet	게빌데트	교양 있는, 교육을 받은
Gebirge	게비르게	🔲 산맥, 산악

geboren	게보른	~에 태어난, 타고난

Ich bin am 3. August geboren.
나는 8월 3일에 태어났다.

Gebot	게보트	중 계율, 규칙, 지시
gebrauchen	게브라우헨	사용하다, 쓰다
Gebrauchsan-weisung	게브라우흐스안바이중	여 용법, 사용설명서
Gebühr	게뷔르	여 (공공)요금, 수수료, 사례
Geburt	게부어트	여 출생, 탄생
Geburtsort	게부르츠오르트	남 출생지
Geburtstag	게부르츠탁	남 생일

Heute habe ich Geburtstag.
오늘은 나의 생일이다.

Gedächtnis	게데히트니스	중 기억(력), 추억
Gedanke	게딩케	남 생각, 사고, 아이디어, 관념

Mach dir keine Gedanken! 걱정하지 마!

gedeihen	게다이엔	성장하다, 크다
gedenken	게뎅켄	~할 작정이다
Gedicht	게디히트	중 시, 운문
Geduld	게둘트	여 인내, 근성

Mit Geduld und Spucke fängt man eine Mucke.
참는 자에게 복이 있나니.

geduldig	게둘디히	인내심이 있는

geeignet	게아이그넷	적절한, 어울리는
Gefahr	게파르	예 위험, 위험한 것, 위협
gefährlich	게페어리히	위험한, 위태로운
Gefährte	게페어테	남 동료, 친구
gefallen	게팔렌	(~의) 마음에 들다, 좋은 느낌을 주다
		Der gefällt mir. 그거 마음에 드네요.
Gefängnis	게펭니스	중 형무소, 감옥
Gefäß	게페스	중 그릇, 용기(항아리, 병 등)
Gefühl	게퓔	중 감각, 지각, 촉각
gegen	게근	~에 반대하여, ~에 거슬러, ~에 부딪쳐
Gegend	게근트	예 지역, 지방, 주택지역
gegeneinander	게근아이난더	상대하여, 서로
Gegensatz	게근자츠	남 반대, 대립, 모순, 적대 관계
gegenseitig	게근자이티히	서로의, 상호의
Gegenstand	게근슈탄트	남 물건, 물체, 대상, 목적
Gegenteil	게근타일	중 반대, 역(逆), 상대방
gegenüber	게근위버	~의 건너편에, ~에 비하여
Gegenwart	게근바르트	예 현재, 현대
Gegner	게그너	남 적, 상대, 상대팀
Gehalt	게할트	중 농도; 내용; 월급

geheim	게하임	비밀의, 은밀한
Geheimnis	게하임니스	중 비밀; 신비
Geheimzahl	게하임찰	여 비밀번호
gehen	게엔	걷다; 가다; 떠나다

Ich gehe zur Schule. 나는 학교에 간다.

Gehirn	게히른	중 뇌, 두뇌
gehorchen	게호르헨	복종하다, 따르다
gehören	게회렌	~의 것(소유)이다, ~의 일부이다
gehorsam	게호르잠	복종하는, 온순한
Gehsteig	게슈타이크	남 보도(步道)
Geige	가이거	여 바이올린
Geist	가이스트	남 정신, 판단력, 재치; 활력
geistig	가이스티히	정신적인, 지적인, 영적인
geistlich	가이스틀리히	종교적인, 교회의
geizig	가이치히	째째한, 인색한

Er ist geizig. 그는 인색하다.

Gelände	걸렌더	중 (자연 상태의) 토지, 지역, (스키장)겔렌데
gelangen	걸랑언	도달하다, 도착하다
gelassen	걸라쓴	냉정한, 침착한
geläufig	걸로이피히	잘 알려진, 주지의

gelb	겔프	노란색
Geld	겔트	중 돈, 금전, 재산
	Ich habe kein Geld mehr.	
	나는 더 이상 돈이 없다.	
Geldschein	겔트샤인	남 지폐
Geldsumme	겔트주메	여 금액
Gelegenheit	걸리근하이트	여 기회, 호기, (특정)장소
gelegentlich	걸리근틀리히	가끔의, 적당한 기회에
gelehrt	걸레어트	학식이 있는, 학문적인
Gelenk	겔렝크	중 관절
gelingen	걸링언	성공하다, 잘되다
gelten	겔튼	(~의) 가치가 있다, 소중하다
	Die Monatskarte gilt einen Monat lang.	
	월정기권은 한 달간 유효하다.	
Gemälde	게멜더	중 그림, 회화, 유화
gemein	게마인	비열한, 천박한; 보통의, 일반적인
Gemeinde	게마인데	여 공동체, 지방자치단체
gemeinsam	게마인잠	공동의, 공통의
Gemeinschaft	게마인샤프트	여 공동체, 공동사회, 연대
Gemisch	게미쉬	중 혼합물
Gemüse	게뮈제	중 채소, 야채 요리
Gemüt	게뮈트	중 심정, 마음, 기질

gemütlich	게뮈틀리히	쾌적한, 편안한
genau	게나우	확실한, 자세한, (돈에) 깐깐한
	Aber ich weiss es nicht genau. 난 잘 모르겠어.	
genauso	게나우조	완전히 똑같이
General	게네랄	남 육군[공군]대장, 장군
Generation	게네라치온	여 세대, 동세대 사람들
genesen	게네젠	치유하다, 회복하다
Genie	제니	중 천재, (뛰어난) 재능
genießen	게니센	즐기다, 향유하다, (교육을) 받다
Genosse	게노쎄	남 (사회주의 정당의) 당원, 동무, 동료
genug	게누크	충분히
genügen	게뉘겐	충분하다, 만족시키다
Genuss	게누쓰	남 음식, 맛보는 일; 즐거움
Geografie	게오그라피	여 지리
Geometrie	게오메트리	여 기하학
Gepäck	게페크	중 (여행용) 짐, 수하물
gepflegt	겝프렉트	손질이 잘된, 품위 있는, 세련된
gerade	게라더	일직선의, 똑바른, 정직한
geradeaus	게라데아우스	일직선으로, 똑바르게, 정직하게
	Gehen Sie geradeaus! 직진하세요!	

A B C D E F G H I J K L M

Gerät	게레트	图 기구, 용구, 기계
geraten	게라튼	우연히 도달하다, 빠져들어가다
Geräusch	게로이쉬	图 소리, 소음
gerecht	게레히트	공정한, 당연한
Gericht	게리히트	图 (따뜻한) 요리; 재판소, 판사
gering	게링	약간의, 적은, 빈약한
Germane	게르마네	图 게르만인
germanisch	게르마니쉬	게르만인[어]의
gern[e]	게른	기꺼이, 즐겁게; ~하고 싶다

Ich hätte gern eine warme Gemüsesuppe.
따뜻한 야채 수프를 먹고 싶어.

Geruch	게루흐	图 냄새, 향기, 후각
Gerücht	게뤼히트	图 소문, 풍문, 평판
gesamt	게잠트	모든, 전부의
Gesang	게장	图 노래하는 것, 노랫소리
Gesäß	게제스	图 엉덩이
Geschäft	게쉐프트	图 상점
geschäftlich	게쉐프트리히	장사의, 사무적인, 쌀쌀맞은
Geschäftzeit	게쉐프트차이트	图 영업시간
geschehen	게쉐엔	일어나다, 생기다, 실행되다

Gern geschehen!
천만에요! (기꺼이 한 일이에요.)

gescheit	게샤이트	현명한, 영리한
Geschenk	게솅크	중 선물
Geschichte	게쉬히테	여 역사, 역사 과목
geschickt	게쉬크트	능숙한, 기술이 뛰어난, 영리한
Geschirr	게쉬어	중 그릇, 식기류
Geschlecht	게슐레히트	중 성(性), 성별

das gleiche Geschlecht 동성
das andere Geschlecht 이성

geschlossen	게쉴로쓴	닫힌, 배타적인
Geschmack	게쉬막	남 맛, 풍미, 기호

Cocktails sind nicht mein Geschmack.
칵테일은 내 취향에 맞지 않는다.

geschmackvoll	게쉬마크폴	고상한, 센스가 좋은
Geschöpf	게쇠프	중 피조물, 생물, 인간
Geschütz	게쉬츠	중 대포, 화포
geschwätzig	게슈베치히	수다스러운
geschwind	게쉬빈트	빠른, 신속한
Geschwindigkeit	게쉬빈디히카이트	여 속도, 빠르기

Sie haben die zulässige Höchstge-
schwindigkeit überschritten.
당신은 허가된 최고 속도를 초과하였습니다.

Geschwister	게쉬비스터	여 (각각의) 형제자매

Ich habe vier Geschwister.
나는 형제가 네 명 있다.

Geselle	게젤레	냄 장인; 젊은이
Gesellschaft	게젤샤프트	여 단체, 협회, (이익)사회
gesellschaftlich	게젤샤프트리히	사회적인, 공익의; 사교적인
Gesetz	게제츠	중 법률, 규칙
gesetzlich	게제츠리히	법률상의, 합법적인

Ein gesetzlicher Feiertag 법정 공휴일

Gesicht	게지히트	중 얼굴, 표정, 외모

Ihr Gesicht ist schön.
그녀는 얼굴이 예뻐요.

Gesichtsausdruck	게지히츠아우스드룩	냄 얼굴 표정
Gesichtspunkt	게지히츠풍크트	냄 시점, 관점, 견해
Gesinnung	게지눙	여 마음가짐, 태도, 주의
Gespenst	게슈펜스트	중 유령, 귀신
Gespräch	게슈프레히	중 대화, 대담
Gestalt	게슈탈트	여 (사람의) 모습, 용모, 체격
gestalten	게슈탈튼	모양으로 나타내다, 형상화하다
gestatten	게슈타튼	허락하다, 가능하게 하다
gestehen	게슈테엔	자백을 하다, 털어놓다

jm. seine Liebe gestehen
사랑을 고백하다

gestern	게스터른	어제

Gestern war ich zu Hause.
어제 나는 집에 있었다.

gesund	게준트	건강한, 건전한
	Er ist gesund. 그는 건강하다.	
Gesundheit	게준트하이트	囡 건강, 건전
Getränk	게트렝크	匥 음료, 마실 것
Getreide	게트라이더	匥 곡물
Gewächs	게베크스	匥 식물, 농산물; ~년산 포도주
gewähren	게베른	승낙하다, 수여하다
Gewalt	게발트	囡 권력, 권한; 폭력, 강제
gewaltig	게발티히	강력한, 거대한, 권력을 가진
Gewalttat	게발트타트	囡 폭행
gewandt	게반트	능숙한, 유능한
Gewebe	게베베	匥 직물, 천
Gewehr	게베어	匥 총, 총기
Gewerbe	게베르베	匥 장사, 서비스업
Gewerkschaft	게베르크샤프트	囡 노동조합
Gewicht	게비히트	匥 무게, 몸무게
Gewinn	게빈	囲 이익, 수익, 소득
gewinnen	게비넨	이기다
	Er hat schlecht gespielt aber gewonnen. 그는 경기는 형편없이 했지만 이겼다.	
gewiss	게비스	확실한, 확신하는

Gewissen	게비쓴	图 양심, 도덕 관념
gewissenhaft	게비쓴하프트	**양심적인, 정중한**
gewissermaßen	게비써마쎈	**말하자면, 어느 정도는**
Gewitter	게비터	图 뇌우, 악천후; 거친 분노
gewöhnen	게뵈넨	익숙하게 하다, 친숙하게 하다
	Ich habe mich an ihn gewöhnt. 나는 그에게 익숙해졌다.	
Gewohnheit	게본하이트	여 습관, 버릇; 관습
gewöhnlich	게뵌리히	**보통의, 흔한**
Gewürz	게뷔르츠	图 향신료, 조미료
gießen	기쎈	**붓다, 물을 주다, 흘리다**
Gift	기프트	图 독, 독약
Ginkgo	징코	因 은행나무
	Im Herbst ist der Ginkgo sehr schön. 가을에 은행나무는 아주 아름답다.	
Gipfel	깁펠	因 산의 정상, 정점
Giraffe	기라페	여 기린
Girokonto	지로콘토	图 계좌
Gitarre	기타레	여 (악기) 기타
Gitter	기터	图 격자, (격자 모양의) 울타리, 창살
Glanz	글란츠	因 광휘, 광택, 영광
glänzen	글렌첸	**빛나다, 눈에 띄다, 두각을 나타내다**

Glas	글라스	중 유리컵
glatt	글라트	평평한, 매끄러운
Glatze	글라체	여 대머리
Glaube	글라우버	남 신념, 확신, 신용
glauben	글라우븐	믿다, ~라고 생각하다, 신용하다
	Ja, das glaube ich auch!	
	그래 나도 그렇게 생각했어.	
gleich	글라이히	동일한, 마찬가지의; 즉시
	Ich komme gleich. 곧 도착해.	
gleichberechtigt	글라이히베레히티크트	동등한 권리를 가진
gleichen	글라이헨	유사한, 비슷한
gleichfalls	글라이히팔스	똑같이, 마찬가지로
Gleichgewicht	글라이히게비히트	중 평형, 균형
gleichgültig	글라이히귈티히	무관심한, 냉담한
gleichmäßig	글라이히마씨히	균형 잡힌, 규칙적인
gleichzeitig	글라이히차이티히	동의의, 겸용의
Gleis	글라이스	중 플랫폼; 궤도
gleiten	글라이튼	미끄러지다, 활주하다
Glied	글리트	중 손발, 사지
Globus	글로부스	남 지구본
Glocke	글로케	여 종, 초인종

Glück	글뤼크	중 행운(의 여신)
glücklich	글뤼클리히	행복한, 성공한

Wir sind eine glückliche Familie.
우리는 행복한 가족입니다.

glücklicherweise	글뤼클리혀바이제	다행히
Glückwunsch	글뤽분쉬	남 축하의 말

Herzlichen Glückwunsch zum
Geburtsatg!
생일 축하해!

glühen	글뤼엔	홍조를 띠다
Glühwürmchen	글뤼뷔름헨	중 개똥벌레
Glut	글루트	여 백열, 적열(赤熱); 열화
Gnade	그나더	여 은혜, 자비, 호의
Gold	골트	중 금, 황금, 금화
golden	골든	금으로 된
gönnen	괴넨	기분 좋게 인정하다

Wir gönnen es dir von Herzen.
우리는 네가 그렇게 되길 진심으로 바라고 있다.

Gorilla	고릴라	남 고릴라
Gott	고트	남 신, 하느님

Gott sei dank! 감사하게도!

Gottesdienst	고테스딘스트	남 예배
Grab	그랍	중 무덤

graben	그라븐	(구멍을) 파다, 파내다
Graben	그라븐	🔵 도랑, 배수구; 참호
Grad	그라트	🔵 (온도의) 도, 정도
Gramm	그람	🟢 그램(g)
Grammatik	그라마틱	🟠 문법(서)
Gras	그라스	🟢 풀, 잔디밭
Grasland	그라스란트	🟢 초원
grässlich	그레스리히	두려운, 가공할, 잔인한
gratis	그라티스	무료로, 무상으로

Wir bekommen das gratis.
우리는 무료로 얻었다.

gratulieren	그라투리런	축하 인사를 하다
grau	그라우	회색의, 어두운
grauen	그라우언	두려워하다
grausam	그라우잠	잔인한, 잔혹한
greifen	그라이펀	붙잡다, (잡으려) 손을 내밀다
Grenze	그렌처	🟠 경계, 국경, 한계
Griechenland	그리현란트	그리스, 희랍
griechisch	그리히쉬	그리스인[어]의
Griff	그리프	🔵 잡는 것, 다루는 법
Grille	그릴레	🟠 귀뚜라미

Grippe	그리페	예 독감, 인플루엔자
grob	그로프	거친, 조잡한, 굵은
Groschen	그로쉔	남 (1차대전 후) 오스트리아의 소화폐(1/100 실링)
groß	그로쓰	키가 큰, 대규모의, 광대한

Er ist groß.　그는 키가 크다.

großartig	그로쓰아르티히	훌륭한, 당당한
Größe	그뢰쎄	예 크기, 규모, 키; 면적
Großeltern	그로쓰엘턴	목 조부모
Großmutter	그로스무터	예 조모, 할머니
Großstadt	그로쓰슈타트	예 대도시
Großvater	그로스파터	남 조부, 할아버지

Mein Großvater kommt morgen zurück.
우리 할아버지는 내일 오신다.

großzügig	그로쓰취기히	관대한, 잘 베푸는
Grube	그루버	예 구멍, 구덩이
grün	그륀	녹색의
Grund	그룬트	남 토지, 지면(ground)
gründen	그륀든	창설하다

Die Firma wurde 1999 gegründet.
그 회사는 1999년에 설립되었다.

Grundlage	그룬트라거	예 기초, 기반, 근거
gründlich	그륀틀리히	철저한, 근본적인, 면밀한

Grundsatz	그룬트자츠	남 원리, 원칙
grundsätzlich	그룬트제츨리히	원칙적인, 기본적인
Grundschule	그룬트슐레	여 초등학교
	Sein Sohn geht zur Grundschule. 그의 아들은 초등학교에 다닌다.	
Grundstück	그룬트슈튀크	중 토지, 부동산
Gruppe	그루페	여 집단, 무리
Gruß	그루쓰	남 인사말, 인사
grüßen	그뤼쎈	인사하다
gucken	구큰	바라보다, 훔쳐보다
gültig	귈티히	유효한, 타당한
Gummi	구미	남 지우개
Gunst	군스트	여 호의, 총애
günstig	귄스티히	혜택 받은, 유리한
	Der Preis ist sehr günstig. 그 가격은 아주 괜찮다.	
Gurke	구르케	여 오이
Gürtel	귀르틀	남 벨트, 허리띠
Gut	구트	중 재산, 재화, 상품
gut	구트	좋은, 친절한, 성실한
gutaussehend	구트아우스제엔트	멋진, 잘생긴
Güte	귀터	여 호의, 친절; 품질

	Meine Güte! 오 저런!	
gütig	귀티히	선량한, 관대한
Gymnastik	큄나스티크	예 체조, 체육
Gymnasium	큄나지움	중 중고등통합학교(9년제)
Gynäkologie	귀네콜로기	예 산부인과

H

Haar	하르	중 머리칼, 모발
haben	하븐	가지다, 소유하다; 느끼다

Ich habe schwarzes Haar.
나는 검은 머리카락을 가지고 있다.

hacken	하큰	(도끼로) 쪼개다, 구멍내다
Hafen	하픈	남 항구; 피난처
haften	하프튼	달라붙다, 붙어 있다
Hagel	하글	남 우박, 싸라기눈
hageln	하겔른	우박(싸락눈)이 내리다
Hahn	한	남 수탉

Der Hahn hat einen langen Schwanz.
수탉은 긴 꽁지를 가졌다.

Hähnchen	헨현	중 수평아리, 통닭구이
Hai	하이	남 상어
Haken	하큰	남 갈고리, 걸이 못
halb	할프	2분의 1, 절반의, 어중간한

Es ist halb zwei. 지금은 한시 반이다.

halbgar	할프가르	중간 정도로 익힌, 미디엄
Halbinsel	할프인즐	여 반도

	Korea ist eine Halbinsel. 한국은 반도이다.
Halbmond	할프몬트 　(남) 반달
Hälfte	헬프테 　(여) 절반, 2분의 1
Halle	할러 　(여) 회관, 전시장, 넓은 방
hallo	할로 　어이, 여보세요
Hals	할스 　(남) 목, 목덜미
Halskette	할스케테 　(여) 목걸이
Halt	할트 　(남) 정지, 제지, 정류소
halt	할트 　정지! 멈춰!
haltbar	할트바 　(음식, 제품이) 오래가는, 견고한
	Man kann Lebensmittel mit Salz haltbar machen. 소금으로 식료품을 보관 가능하게 만들 수 있다.
halten	할튼 　붙잡다, 유지하다
Haltestelle	할테슈텔러 　(여) 정류장, 역
Haltung	할퉁 　(여) 자세, 태도, 행동
Hamburger	함부르거 　(남) 햄버거
Hammer	하머 　(남) 망치
Hand	한트 　(여) 손
	Hände hoch! 손들어!
Handel	한덜 　(남) 매매, 거래, 장사
handeln	한덜른 　행동하다, 취급하다, 매매하다

Handgelenk	한트겔렝크	閣 손목
Händler	헨들러	圊 소매 상인, 장사꾼
Handlung	한들룽	예 행위, 행동
Handschuh	한트슈	圊 장갑
Handtasche	한트타쉐	예 핸드백
Handtuch	한트투흐	閣 수건
Handwerk	한트베르크	閣 (장인의) 작업, 수공업
Handwerker	한트베르커	圊 장인, 수공업자
Handy	헨디	閣 휴대폰
	Das ist wirklich ein neues Handy! 그건 정말 최신형 휴대폰이구나!	
Hang	항	圊 경사면, 비탈
hängen	헹언	걸려 있다, 매달려 있다
Harass	하라스	圊 (도자기를 담는) 나무 상자
Harfe	하르퍼	예 하프(악기)
harmlos	하름로스	천진난만한, 악의 없는
Harmonie	하르모니	예 화성; 조화, 화합
Harnblase	하른블라제	예 방광
hart	하르트	단단한(hard), 딱딱한; 괴로운
	Es ist hart, auf etwas zu warten. 무언가를 기다리는 것은 힘들다.	
Härte	헤르터	예 단단함, 경도; 엄격함

hartnäckig	하르트넥키히	끈질긴, 집요한, 고치기 힘든
Hase	하제	🔲 토끼
Hass	하쓰	🔲 증오, 혐오
hassen	하쓴	증오하다, 싫어하다

Ich hasse meinen Kollegen.
나는 내 동료가 싫다.

häßlich	헤쓸리히	추한, 보기 싫은, 불쾌한

Auch etwas Schönes wird irgendwann häßlich.
아름다운 것도 언젠가는 추해지는 거야.

hastig	하스티히	성급한, 서두르는
Haube	하우버	🔲 두건, (여성용) 챙 없는 모자
Hauch	하우허	🔲 입김, 호흡, 미풍
hauen	하우언	때리다, 치다, 싸우다
Haufen	하우펀	🔲 퇴적, 덩어리, 다량
häufig	호이피히	흔히 일어나는, 빈번한

Er besucht mich sehr häufig.
그는 나를 자주 방문한다.

Haupt	하웁트	🔲 머리, 정점, 우두머리
Hauptbahnhof	하웁트반호프	🔲 (도시의) 중앙역
Haupteingang	하웁트아인강	🔲 정문, 현관
Hauptgebäude	하웁트게보이더	🔲 (건물) 본관
Hauptgericht	하웁트게리히트	🔲 메인 요리

Hauptsache	하웁트자헤	〔여〕 가장 중요한 일
hauptsächlich	하웁트제히리히	중심적인, 주요한
Hauptstadt	하웁트슈타트	〔여〕 수도(首都)
Hauptstraße	하웁트슈트라쎄	〔여〕 중심가
Haus	하우스	〔중〕 집, 주택, 건물
	Was für ein schönes Haus! 참 멋진 집이네요!	
Hausaufgabe	하우스아우프가버	〔여〕 숙제
Hausflur	하우스플루어	〔남〕 현관
Hausfrau	하우스프라우	〔여〕 주부
Haushalt	하우스할트	〔남〕 가정, 가사, 가계
Hausmeister	하우스마이스터	〔남〕 관리인
Haut	하우트	〔여〕 피부, 가죽, 껍질
	Meine Haut ist sehr trocken. 내 피부는 아주 건조하다.	
heben	헤번	(들어)올리다, 높이다, 징수하다
Heck	헤크	〔중〕 선미, (탈것의) 뒷부분
Heer	헤어	〔중〕 군대, 육군
Heft	헤프트	〔중〕 소책자, 팸플릿
Hefter	헤프터	〔남〕 스테이플러
heftig	헤프티히	강렬한, 자제심이 부족한
Heil	하일	〔중〕 건강, 평안, 행복

heil	하일	무사한, 건강한
heilen	하일른	치유되다, 낫다
heilig	하일리히	신성한, 존엄한
Heim	하임	중 내 집, 주거, 시설
Heimat	하이마트	예 고향
heimisch	하이미쉬	향토의, 토착의, 현지의
heimlich	하임리히	비밀의, 음밀한; 몰래
Heimweh	하임베	중 향수병

Ich habe oft Heimweh.
나는 향수병에 자주 걸린다.

Heirat	하이라트	예 결혼, 혼인
heiraten	하이라튼	결혼하다

Meine Freundin heiratet diese Woche.
내 친구가 이번 주에 결혼한대.

heiser	하이저	목이 쉰, 허스키의
heiß	하이스	더운, 뜨거운, 열렬한
heißen	하이쓴	칭하다, 이름 붙이다

Wie heißt der Fisch? 이 물고기 이름이 뭐니?

Heißluftballon	하이쓰루프트발론	남 열기구
heiter	하이터	쾌청한, 맑은, 명랑한
heizen	하이츤	난방하다, (난로를) 피우다
Heizung	하이충	예 난방장치, 히터

Held	헬트	남 영웅, 용사
helfen	헬픈	돕다, 거들다, 지원하다
	Ich helfe dir. 내가 너를 도와줄게.	
hell	헬	밝은, 맑은
	Es ist mir zu hell. 그건 나에겐 너무 밝아.	
Helm	헬름	남 헬멧, 안전모
Hemd	헴트	중 와이셔츠
hemmen	헤먼	방해하다, 지체시키다
Henne	헤네	여 암탉
	Die Henne hat einen kurzen Schwanz. 암탉은 짧은 꽁지를 가졌다.	
her	헤어	아래로, 내려가서
heran	헤란	이쪽으로, 접근하여
herankommen	헤란코멘	이쪽으로 오다, 박두하다
herauf	헤라우프	위쪽으로, 올라가서
heraus	헤라우스	밖으로
herausfinden	헤라우스핀던	찾아내다, 발견하다
herausgeben	헤라우스게븐	이쪽으로 건네다, 건네주다
herauskommen	헤라우스코멘	나오다, 발매되다
herausnehmen	헤라우스네먼	꺼내다, 제거하다
herb	헤르프	떫은, 쓴, 괴로운

die Herberge	헤르베르거	간이숙박시설
Herbst	헤르프스트	남 가을
	Ich mag den Herbst. 나는 가을을 좋아해요.	
Herd	헤어트	남 아궁이, 화덕, 레인지
	Ich möchte einen neuen Herd kaufen. 나는 새 레인지를 사고 싶다.	
herein	헤라인	(밖에서) 안으로
hereinkommen	헤라인코멘	들어오다
	Kommen Sie herein! 들어오세요!	
hergeben	헤어게븐	건네주다, 넘기다
der Hering	헤링	남 청어, 마른 사람
herkommen	헤어코멘	이쪽으로 오다; 유래하다
	Kommen Sie her! 이리 와 보세요!	
Herkunft	헤어쿤프트	여 출신, 가문
Herr	헤르	남 남성; ~귀하, ~씨
	Herr Schmitd ist sehr nett. 슈미트 씨는 아주 친절하다.	
Herrenanzug	헤렌안축	남 정장
Herrenhaus	헤렌하우스	중 저택
herrlich	헤를리히	훌륭한, 화려한, 멋진
Herrschaft	헤르샤프트	여 지배(권), 권력
herrschen	헤르쉔	지배하다, 통치하다

Herrscher	헤르셔	〔남〕군주, 지배자
herstellen	헤어슈텔른	제조하다, 생산하다, 만들어내다
herüber	헤뤼버	이쪽으로
herum	헤룸	주위에, 둘레에
herunter	헤룬터	아래로, 내려가서
herunternehmen	헤룬터네먼	아래로 내리다, (라벨을) 벗기다
	Nehmen Sie bitte die Füße runter! 발을 아래로 내려놓으세요!	
hervor	헤어포어	밖으로, 표면으로, 앞으로
hervorragend	헤어포어라근트	뛰어난, 두각을 나타내는
Herz	헤르츠	〔중〕심장
herzlich	헤르츨리히	진심에서 나온, 친근한
heulen	호일런	(개가) 울부짖다
Heuschrecke	호이쉬레케	〔여〕메뚜기
heute	호이테	오늘
	Heute ist der 23. März. 오늘은 3월 23일이다.	
heutig	호이티히	오늘의, 현재의
heutzutage	호이트츠타거	오늘은, 요즈음
Hexe	헥서	〔여〕마녀, 여자 마술사
hier	히어	여기
hierher	히어헤어	이쪽으로, 여기에

Hilfe	힐페	예 도움, 원조
hilflos	힐플로스	도움이 없는, 의지할 곳 없는

Ich flühle mich hilflos.
나는 의지할 곳 없이 외롭다.

Himmel	히믈	남 천국, 하늘
hin	힌	저쪽으로, 건너편으로
hinab	히나프	건너편 아래로
hinauf	히나우프	위로 올라가서
hinaus	히나우스	건너편 밖으로
hinausgehen	히나우스게엔	나가다, (창문이)~를 면하고 있다
hindern	힌던	방해하다, 저지하다
Hindernis	힌더니스	중 방해, 장애, 지장
hindurch	힌두르히	~를 통하여, 관통하여
hinein	히나인	속으로, 안으로
hineinkommen	히나인코멘	안으로 들어가다, 익숙해지다
hinfahren	힌파런	(탈것으로) 달려가다, 주행하다
hinlegen	힌레근	놓다, 눕히다, 재우다
hinsetzen	힌제천	두다, 놓다
Hinsicht	힌지히트	예 관점, 견지
hinstellen	힌슈텔른	세우다, 배치하다

Stellen Sie das Regal hier hin!
책장을 이곳에 배치하세요!

hinten	힌튼	뒤에, 끝에
hinter	힌터	~의 뒤에, ~에 늦게

Ich habe die Prüfung hinter mir.
나는 시험을 끝냈다.

Hintergrund	힌터그룬트	🔲 배경, 배후
hinterher	힌터헤어	나중에
hinterlassen	힌터라쎈	뒤에 남기다, 유산으로 남기다
hinüber	히뉘버	(넘어) 저쪽으로
hinunter	히눈터	저쪽 아래로
hinweisen	힌바이젠	지적하다, 주의를 주다
Hinweis	힌바이스	🔲 지시, 지적, 힌트
hinzufügen	힌추퓌건	추가하다, 더하다
Hirn	히른	🔲 두뇌, 지력
Hirsch	히르쉬	🔲 사슴
historisch	히스토리쉬	역사적인
Hit	히트	🔲 히트곡, 인기 상품
Hitze	히처	🔲 더위, 열기, 뜨거움
Hobby	호비	🔲 취미, 여가 생활

Was ist Ihr Hobby?
당신은 취미가 무엇인가요?

hoch	호흐	높은, 상류의
Hochhaus	호흐하우스	🔲 아파트, 고층 건물

Hochschule	호흐슐레	예 대학, 단과대학
höchst	회히스트	극도로, 대단히
höchstens	회히스텐스	기껏해야, 많아 봐야
Hochzeit	호흐차이트	예 결혼식

Übermorgen ist die Hochzeit meiner Schwester.
모레는 언니가 결혼하는 날이다.

Hochzeitsreise	호흐차이츠라이제	예 신혼여행
Hof	호프	남 농가, 농장; 뜰이 있는 건물
hoffen	호펜	희망하다, 바라다
hoffentlich	호펜틀리히	바라건대
Hoffnung	호프눙	예 희망, 기대, 가망
höflich	회플리히	예의 바른, 정중한
Höhe	회에	예 높이, 고도, 상공
Höhepunkt	회에풍크트	남 정점, 최고조, 절정
hohl	홀	텅 빈, 공허한
Höhle	횔레	예 동굴
hold	홀트	사랑스러운, 호감을 품는
holen	홀른	가져오다, 사러 가다
Holländer	홀렌더	남 네덜란드 사람, (어린이용) 4륜차
Hölle	횔레	예 지옥, 나락

Holz	홀츠	🔲 재목, 목재, 장작
		Das Regal besteht aus Holz.
		그 책장은 나무로 만들어졌다.
Honig	호니히	🔲 벌꿀(honey), 달콤한 말
Honorar	호노라어	🔲 (의사·변호사 등에게 지불하는) 보수
hören	회렌	듣다, 들리다
		Hörst du nichts?
		무슨 소리 안 들리니?
Hörer	회러	🔲 청취자, 청중
Horizont	호리촌트	🔲 지평선, 수평선
Horn	호른	🔲 뿔
Hörnchen	회른현	🔲 작은 뿔; 크루아상
Hörsaal	회어잘	🔲 대형 강의실, 계단식 교실
Hose	호제	🔲 바지
Hosentasche	호즌타쉐	🔲 바지 주머니
Hotdog	홋독	🔲 핫도그
Hotel	호텔	🔲 호텔, 여관
hübsch	휩쉬	예쁜, 귀여운
		Sie ist sehr hübsch. 그녀는 아주 예쁘다.
Hubschrauber	훕슈라우버	🔲 헬리콥터
Huf	후프	🔲 발굽
Hüfte	휘프터	🔲 허리, 엉덩이

Hügel	휘글	閏 언덕, 구릉
Huhn	훈	宙 닭
Hülle	휠레	囡 덮개, 커버; 봉투
	in Hülle und Fülle	아주 많이, 대량으로
Humor	후모어	閏 유머, 명랑한 성격
Hund	훈트	閏 개
hundert	훈더르트	100
hunderttausend	훈더르트타우즌트	100,000
Hunger	훙거	閏 공복, 굶주림; 식욕
	Ich habe Hunger.	나는 배가 고프다.
hungern	훙거른	굶주리다, 단식하다
hungrig	훙그리히	공복의, 배고픈, 식욕이 있는
hupen	후픈	경적을 울리다
Husten	후스튼	閏 기침
	Er leidet an chronischem Husten. 그는 항상 기침을 한다.	
husten	후스튼	기침하다, 기침이 나오다
Hut	후트	閏 (테 있는) 모자
hüten	휘튼	감시하다, 망을 보다
Hütte	휘터	囡 오두막, 산장
Hymne	힘네	囡 찬송가

I

ICE	이체에	남 **초특급열차** (Inter City Express)
		Ich fahre mit dem ICE nach Berlin. 나는 고속열차를 타고 베를린에 간다.
ich	이히	**나**
ideal	이데알	**이상적인**
Idee	이데	여 **생각, 관념, 착상**
		Gute Idee! 좋은 생각이야!
Ideologie	이데올로기	여 **관념 체계, 가치관, 이데올로기**
Ihr	이어	**너의, 당신의; 너희의**
ihr	이어	**너희, 여러분**
Illusion	일루지온	여 **환상, 착각, 망상**
Illustrierte	일루스트리어터	여 **화보, 사진 잡지**
Imbiss	임비스	남 **간식, 간이식당**
		Manchmal esse ich eine Wurst im Imbiss. 때때로 나는 간이식당에서 소시지를 먹는다.
Imitation	이미타치온	여 **흉내, 모조품**
immer	이머	**항상, 늘, 계속**
		Aber hier staut es sich immer. 여긴 항상 교통체증이 심하네.
immerhin	이머힌	**그래도, 하여튼**

Immobilienfirma	이모빌리엔피르마	예 **부동산**
impfen	임픈	**예방접종하다**
	Soll ich mein Kind gegen Pocken impfen lassen? 제가 아이에게 천연두 예방접종을 시켜야 합니까?	
Import	임포르트	남 **수입(품)**
in	인	**~안으로, ~안에(시간)**
indem	인뎀	**~하는 동안, ~하면서**
Indien	인디엔	**인도**
Individuum	인디비두움	중 **개인, 개체**
Industrie	인두스트리	예 **공업, 산업, 기업**
Inflation	인플라치온	예 **통화팽창, 인플레**
Informatik	인포르마틱	예 **전산학**
Information	인포르마치온	예 **정보, 알림, 정보 제공**
informieren	인포르미런	**정보를 주다, 가르치다**
Ingenieur	인제니에어	남 **기사, 기술자**
Inhaber	인하버	남 **소유자, 주인**
Inhalt	인할트	남 **내용, 알맹이, 의미**
Inland	인란트	중 **국내(인), 내륙**
innen	이넨	**안에, 안쪽에**
inner	이너	**내부의, 정신적인**

innerhalb	이너할프	~의 안에, ~이내에
	Innerhalb einer Woche 일주일 안에	
innerlich	이너리히	내부의, 마음 속의
innig	이니히	간절한, 친밀한
Insekt	인젝트	중 곤충
Insel	인즐	여 섬, 고립된 곳
insgesamt	인스게잠트	다 함께, 모두 합하여
	Unser Haus bietet Übernachtungsmöglichkeiten für insgesamt 8 Personen. 우리 집은 총 8명이 잘 수 있는 숙소를 제공합니다.	
Instinkt	인스팅크트	남 본능, 육감
Institut	인스티투트	중 연구소, 시설
Instrument	인스트루멘트	중 기구, 기계; 수단
intelligent	인텔리겐트	두뇌가 뛰어난, 총명한
	Er ist sehr intelligent. 그는 아주 총명하다.	
Intelligenz	인텔리겐츠	여 지능, 지력, 지식인
interessant	인터레싼트	재미있는, 유망한
Interesse	인터레쎄	중 흥미, 관심, 구매 의사
	Ich habe kein Interesse daran. 나는 그것에 관심이 없다.	
interessieren	인터레씨어런	흥미[관심]를 끌다
international	인터나치오날	국제간의, 국제적인

Interview	인터뷰	중 인터뷰, 면접 조사
inzwischen	인츠비션	이럭저럭 하는 동안, 그동안
irdisch	이르디쉬	이 세상의, 세속적인
irgend	이르겐트	무언가, 누군가
Ironie	이로니	여 풍자, 비꼼
irre	이레	미친, 말도 안 되는; 헤매는
irren	이렌	방황하다, 잘못하다, 착각하다
Irrtum	이르툼	남 잘못, 착각
Islam	이슬람	남 이슬람교
ist	이스트	~이다
Italien	이탈리엔	이탈리아
Italiener	이탈리에너	남 이탈리아인
italienisch	이탈리에니쉬	이탈리아의, 이탈리아인[어]의

J

ja	야	예, 네
Jacke	야케	예 상의, 웃도리
Jagd	야크트	예 사냥, 수렵
jagen	야근	사냥하다, 추적하다
Jahr	야르	중 연도(year), 1년, 년
Jahreszahl	야레스찰	예 연수, (연월일의) 년
Jahreszeit	야레스차이트	예 계절
	Welche Jahreszeit mögen Sie? 어떤 계절을 좋아하세요?	
Jahrhundert	야르훈더트	중 세기
jährlich	예를리히	매년의, 예년의
Jammer	야머	남 한탄, 슬픔, 비참
Januar	야누아르	남 1월
Japan	야판	일본
Japaner	야파너	남 일본인
japanisch	야파니쉬	일본의, 일본인[어]의
jawohl	야볼	잘 알겠습니다, 그렇습니다
Jazz	제즈	남 재즈

je	예	예전에, 지금까지; 언제가
	Je schneller desto besser. 빠르면 빠를수록 좋다.	
Jeans	진스	예 **청바지**
jedenfalls	예든팔스	어쨌든, 하여간, 어떤 경우든
jeder	예더	모든, 누구나, 각각의
jederzeit	예더차이트	언제든, 지금이라도
jedoch	예도흐	하지만, 그렇긴 하지만
jemals	예말스	예전에, (장래) 언젠가
jemand	예만트	어떤 사람, 누군가
jener	예너	저 사람, 그 사람, 저것, 그것
jetzig	예치히	현재의, 지금의
jetzt	예츠트	지금
	Jetzt fängt das schöne Frühjahr an. 이제 멋진 봄날이 시작한다.	
jeweils	예바일스	그때마다, 그때그때
Job	욥	남 **직장; 부업, 알바**
Jogging	조깅	중 **조깅**
Journalist	주르날리스트	남 **신문기자, 저널리스트**
Jubel	유벨	남 **환성, 환호성**
jubeln	유벨른	환호하다
jucken	유켄	가렵다, 근질근질하다

	Meine Haut juckt. 내 피부가 가렵다.	
Judentum	유든툼	중 유대교
Jugend	유겐트	여 청년기
Jugendherberge	유겐트헤르베르거	여 유스호스텔
jugendlich	유겐틀리히	청소년의, 젊은이다운
Jugendliche	유근틀리헤	남 여 청소년(14세~18세 미만)
Juli	율리	남 7월
jung	융	젊은, 어린, 신선한
Junge	융에	남 소년, 아들, 견습생
Jüngling	융링	남 청년, 젊은이; 풋내기
Juni	유니	남 6월
	Im Juni fahre ich nach Berlin. 6월에 베를린으로 간다.	

K

Kabel	카벌	중 케이블, (전기기구의) 코드
Kabine	카비네	여 선실, 객실
Kabinett	카비넷	중 내각; 작은 방
Kaffee	카페	남 커피, 커피 원두

Morgens trinke ich eine Tasse Kaffee.
아침마다 나는 커피 한 잔을 마신다.

kahl	칼	대머리의, 모발이 없는
Kaiser	카이저	남 황제
Kaktus	칵투스	남 선인장
Kalb	칼프	중 송아지, 송아지 고기
Kalender	칼렌더	남 달력
Kalendermonat	카렌더모나트	남 월, 달
kalk	칼크	석회, 백회
kalt	칼트	추운, 차가운, 냉담한

Es ist mir zu kalt. 나는 너무 춥다.

Kälte	켈터	여 추위, 차가움, 영하 ~도
Kamel	카멜	중 낙타
Kamera	카메라	여 카메라

Kamerad	카메라트	🗒 급우, 전우, 동료
Kamin	카민	🗒 벽난로
	in den Kamin schreiben 잃어버렸다고 체념하다	
Kamm	캄	🗒 빗
Kammer	카머	🗒 작은 방
Kampf	캄프	🗒 투쟁, 싸움
kämpfen	켐펀	싸우다, 투쟁하다
Kanada	카나다	캐나다
Kanal	카날	🗒 해협
Kandidat	칸디다트	🗒 후보자, 응모자
Kaninchen	카닌현	🗒 집토끼
Kanne	카네	🗒 주전자
Kanone	카노네	🗒 대포
Kante	칸테	🗒 각, 모서리, 구석
Kanzler	칸츨러	🗒 연방 수상, 재상
Kapelle	카펠러	🗒 예배당, 성가대
Kapital	카피탈	🗒 자본, 원금
Kapitalismus	카피탈리스무스	🗒 자본주의
Kapitän	카피텐	🗒 선장, 기장
Kapitel	카피틀	🗒 (책의) 장(章)

kaputt	카푸트	고장난, 부서진

Mein Laptop ist kaputt.
내 노트북은 고장이 났다.

kaputtgehen	카푸트게엔	망가지다, 죽다

Mein Computer ist kaputt gegangen.
내 컴퓨터는 고장이 났다.

kaputtmachen	카푸트마헨	부수다, 파멸시키다
Karikatur	카리카투어	여 풍자 만화, 캐리커처
Karotte	카로테	여 당근
Karriere	카리에러	여 경력; 출세
Karte	카르터	여 카드, 초대장

Lass uns Karten spielen!
카드 게임을 하자!

Kartoffel	카르토펠	여 감자
Karussell	카루쎌	중 회전목마
Käse	케제	남 치즈
Kasse	카세	여 지불 카운터, 출납 창구
Kassette	카세터	여 카세트테이프, 작은 상자
Kassierer	카씨러	남 출납원
Kastanie	카스타니에	여 밤(견과)
Kasten	카스튼	남 상자, 케이스
Katalog	카탈로그	남 목록, 일람표
Katastrophe	카타스트로퍼	여 대참사, 큰 사고

Kategorie	카테고리	예 범주, 분류 항목
Kater	카터	남 수코양이
Katholik	카톨릭	남 천주교 신자
katholisch	카톨리쉬	가톨릭의, 가톨릭교의
	Ich bin katholisch. 나는 카톨릭 신자이다.	
Katholizismus	카톨리치스무스	남 천주교
Katze	카체	예 고양이
kauen	카우엔	씹다, 깨물다
kauern	카우언	웅크리고 앉다
kaufen	카우펀	사다, 구입하다
	Ich habe mir eine Tasche gekauft. 나는 내가 쓸 가방을 샀다.	
Kaufhaus	카우프하우스	중 백화점, 쇼핑몰
	Dort wird gerade ein neues Kaufhaus gebaut. 저기에 곧 새 백화점이 들어선다.	
Kaugummi	카우구미	남중 껌
kaum	카움	거의 ~없다, 간신히
Kaution	카우치온	예 보증금
keck	켁	겁이 없는, 대담한, 무모한
Kegel	케걸	남 원추형
Kehle	켈러	예 목, 식도
kehren	케런	향하게 하다, 돌리다, (방향을) 바꾸다

Kehrichtschaufel	케리히트샤우플	여 쓰레받기
kein	카인	(전혀) 없다
	Ich habe kein Geld mehr. 나는 더 이상 돈이 없다.	
keinesfalls	카이네스팔스	결코 ~(하지) 않다
keineswegs	카이네스벡스	결코 ~하지 않다
Keks	켁스	남 중 비스킷, 과자
Keller	켈러	남 지하(저장)실
Kellner	켈너	남 웨이터, 급사
kennen	케넨	알고 있다, 친밀하다
Kenntnis	켄트니스	여 전문 지식, 학식
Kennzeichen	켄차이헌	중 눈금, 특징
Kerl	케를	남 녀석(때로는 여자에게도 씀)
Kern	케른	남 씨앗, 핵
Kernenergie	케른에네르기	여 핵에너지, 원자력
Kerze	케르체	여 양초
Kessel	케슬	남 주전자, 큰 냄비
Kette	케테	여 체인, 속박
keuchen	코이현	숨을 헐떡이다, 신음하다
Kiefer	키퍼	여 소나무
Kieme	키메	여 아가미

Kilo	킬로	중 Kilogramm의 생략형
Kilometer	킬로미터	남 킬로미터
Kind	킨트	중 어린이
Kindergarten	킨더가르튼	남 유치원

Das Mädchen geht zum Kindergarten.
그 여자 아이는 유치원에 간다.

Kinderklinik	킨더클리닉	여 소아과
Kindheit	킨트하이트	여 어린 시절
kindisch	킨디쉬	어린애 같은, 유치한
kindlich	킨틀리히	어린이다운, 천진난만한
Kinn	킨	중 턱
Kino	키노	중 영화관, 영화

Lass uns ins Kino gehen!
영화 보러 가자!

Kinokasse	키노카세	여 영화 매표소
Kiosk	키오스크	남 매점
kippen	키펜	쓰러지다, 기울다, 악화되다
Kirche	키르헤	여 성당, 교회당
Kirsche	키르쉐	여 버찌, 벚나무
Kissen	키쓴	중 베개
Kiste	키스터	여 나무 상자, 상자

In der Kiste gibt es mein Buch.
그 상자 안에는 내 책이 있다.

A B C D E F G H I J **K** L M

Klage	클라거	예 한탄, 불평
klagen	클라근	불평하다, 고소하다
Klammer	클라머	예 클립, 호치키스 침
Klang	클랑	남 소리, 음향
klappen	클라픈	쿵하고 열리다(닫히다), 잘 되다
	Es hat gut geklappt. 일이 잘 되었다.	
klar	클라	투명한, 맑은
	Der Himmel ist klar. 하늘은 맑다.	
Klasse	클라쎄	예 학급, 교실, 계층
klasse	클라쎄	훌륭한, 대단한
Klassenarbeit	클라쓴아르바이트	예 필기시험
Klassenzimmer	클라쓴치머	중 교실
Klassik	클라식	예 고전 문화, 클래식 음악
klassisch	클라씨쉬	고전의, 고전파의
klatschen	클라츠천	탁하고 소리나다, 손으로 찰싹 때리다
Klavier	클라비어	중 피아노
	Er spielt Klavier. 그는 피아노를 친다.	
kleben	클레번	붙이다, 접착시키다
Klee	클레	남 클로버
Kleid	클라이트	중 원피스

Kleidung	클라이둥	예 의복, 복장
klein	클라인	작은, 어린, 단기간의
klemmen	클레먼	끼우다; 꽉 누르다
klettern	클레턴	기어 오르다, (물가가) 올라가다
Kliff	클리프	중 절벽
Klima	클리마	중 기후, 분위기
Klimaanlage	클리마안라게	예 에어컨

Welche Klimaanlage soll ich kaufen?
에어컨은 어떤 것을 사면 좋을까요?

Klinge	클링어	예 칼날, 면도날
Klingel	클링얼	예 초인종
klingeln	클링얼른	벨(전화)이 울리다

Das Telefon klingelt. 전화벨이 울린다.

klingen	클링언	울리다, 울다
Klinik	클리닉	예 전문 병원
klopfen	클롭펜	가볍게 두드리다, 노크하다
Klub	클룹	남 클럽, 동아리
klug	클룩	영리한, 현명한
knacken	크나큰	삐걱거리다, 딱 소리가 나다
knallen	크날런	탁[쾅]하는 소리를 내다
knapp	크납	빈약한, 결핍된

	Das Geld ist knapp bei mir. 나에게는 돈이 조금 모자란다.	
kneifen	크나이픈	꼬집다; 끼우다
knicken	크니큰	구부러뜨리다, 눌러 찌부러뜨리다
Knie	크니	중 무릎
knien	크니언	무릎 꿇다
Knoblauch	크노블라우흐	남 마늘
Knochen	크노흔	남 뼈
der Knopf	크노프	남 단추
Knospe	크노스퍼	여 맹아(萌芽); 조짐
Knoten	크노튼	남 매듭, 마디; 난제
knüpfen	크뉩펀	묶다, 매다
Koch	코흐	남 요리사
	Kochen Köche auch zu Hause gut? 요리사들은 집에서도 요리를 잘할까요?	
kochen	코헨	찌다, 끓이다, 요리하다
Koffer	코퍼	남 트렁크, 여행 가방
	Mein Koffer ist voll. 내 트렁크는 가득 찼다.	
Kohl	콜	남 양배추(요리)
Kohle	콜레	여 석탄
Kohlenstoff	콜렌스토프	남 탄소
Kollege	콜레게	남 동료

Kolonie	콜로니	옌 식민지, 해외 영토
kolossal	콜로살	거대한
komisch	코미쉬	웃기는, 이상한
Komma	코마	쥥 쉼표
kommen	코멘	오다, 찾아오다
	Kommen Sie bitte so gegen zehn. 10시쯤에 와 주세요.	
Kommission	코미씨온	옌 위원회
Kommunikation	코무니카치온	옌 통신, 커뮤니케이션
	Die Kommunikation mit ihm ist abgebrochen. 그와의 의사소통이 중단되었다.	
Kommunismus	코무니스무스	냄 공산주의
kommunistisch	코무니스티쉬	공산주의의
Komödie	코뫼디에	옌 코믹 영화
Kompliment	콤플리멘트	쥥 겉치레 말, 공손한 말
Komponist	콤포니스트	냄 작곡가
Kompromiss	콤프로미스	냄 타협, 양보
Konditorei	콘디토라이	옌 케이크 가게
Kondom	콘돔	쥥 냄 콘돔
Konferenz	콘페런츠	옌 회의, 협의
Konfitüre	콘피튀러	옌 설탕에 절인 과일, 잼

Konflikt	콘플릭트	🔲 분쟁, 대립, 갈등
	ein ideologischer Konflikt 이데올로기 갈등	
König	쾨니히	🔲 국왕, 군주
Königin	쾨니긴	🔲 여왕, 왕비
königlich	쾨니클리히	국왕의, 왕과 같은
können	쾨넌	할 수 있다(can); ~일지도 모른다
	Es könnte sein. 그럴지도 몰라.	
Konserve	콘제르베	🔲 통조림
Konstruktion	콘스트룩치온	🔲 설계, 건축
Konsul	콘술	🔲 영사
Kontakt	콘탁트	🔲 접촉, 연락
	Ich habe mit ihm keinen Kontakt mehr. 나는 더 이상 그와 연락하지 않는다.	
Kontinent	콘티넨트	🔲 대륙, 유럽 대륙
Konto	콘토	🔲 계좌; 수지 계산
Kontonummer	콘토누머	🔲 계좌번호
Kontrolle	콘트롤러	🔲 검사, 조사, 관리
konzentrieren	콘첸트리런	집중하다, 농축하다
	Ich konzentriere mich auf die Prüfung. 나는 시험에 몰두한다.	
Konzert	콘체르트	🔲 연주회, 콘서트
	Das war ein wunderschönes Konzert. 아주 멋진 콘서트였어.	

Kopf	코프	🔵 머리, 두뇌
Kopfsalat	코프잘라트	🔵 양상추
Kopfschmerzen	코프쉬메르천	🔴 두통, 걱정
Kopie	코피	🟣 복사, 복제품
kopieren	코피런	복사하다, 베끼다
Kopierer	코피러	🔵 복사기
Korb	코르프	🔵 바구니
Korn	코른	🟤 곡물, 낟알
Körper	쾨르퍼	🔵 몸, 육체
Körpergröße	쾨르퍼그뢰쎄	🟣 키, 신장
körperlich	쾨르퍼리히	육체의, 물질적인
korrekt	코렉트	올바른, 정확한
Korrespondent	코레스폰덴트	🔵 통신원, 특파원
Korrespondenz	코레스폰덴츠	🟣 통신, 교신, 편지
Kosmos	코스모스	🔵 우주
kostbar	코스트바	고가의, 가치 있는
	Das ist eine kostbare Tasche. 그것은 고가의 가방이다.	
Kosten	코스튼	🔴 비용, 경비
kosten	코스튼	~의 가치가 있는, (비용, 시간이) 드는
köstlich	쾨스틀리히	맛있는, 즐거운

K

	Es ist ein köstlicher Wein. 이것은 좋은 와인이다.	
Kostüm	코스튐	중 여성 정장, 드레스
Krabbe	크라베	여 게
krachen	크라흔	우지끈하는 소리를 내다, 삐걱거리다
Kraft	크라프트	여 힘, 능력; 효력
kräftig	크레프티히	힘센, 왕성한, 강력한
Kraftwagen	크라프트바근	남 자동차
Kraftwerk	크라프트베르크	중 발전소
Kragen	크라근	남 옷깃
Krähe	크레어	여 까마귀
Kralle	크랄레	여 (짐승의) 발톱
Krampf	크람프	남 쥐, 경련
	Ich bekomme Krämpfe im Fuß. 나는 발에 쥐가 난다.	
Kranich	크라니히	남 학, 두루미
krank	크랑크	질병의, 걱정이 있는
	Er ist krank. 그는 아프다.	
Krankenhaus	크랑큰하우스	중 병원
Krankenkasse	크랑큰카세	여 건강보험
Krankenschein	크랑큰샤인	남 건강보험증
Krankenschwester	크랑큰쉬베스터	여 간호사

Die Krankenschwester hat meinen Name gerufen.
간호사가 내 이름을 불렀다.

Krankenwagen	크랑큰바근	답 구급차
Krankheit	크랑크하이트	여 질병
Kranz	크란츠	답 월계관, 화관
kratzen	크라천	할퀴다, (옷이) 따끔따끔하다
Kraut	크라우트	중 풀, 약초
Krawatte	크라바테	여 넥타이
Krebs	크렙스	답 갑각류, 가재, 게
Kredit	크레디트	답 신용, 외상, 대부
Kreditkarte	크레디트카르테	여 신용카드
Kreide	크라이더	여 분필, 백묵
Kreis	크라이스	답 원, 동그라미

Mein Gesicht ist rund wie ein Kreis.
내 얼굴은 동그라미처럼 둥글다.

Kreuz	크로이츠	중 십자가
kreuzen	크로이천	교차시키다, 교배시키다
Kreuzung	크로이충	여 교차로, 사거리
kriechen	크리현	기다, 기어가다
Krieg	크리크	답 전쟁, 싸움

der kalte Krieg 냉전

kriegen	크리근	받다, 획득하다
Krimi	크리미	답 추리소설[영화]
Kriminalpolizei	크리미날폴리차이	예 형사
Krise	크리제	예 위기, (경제)공황
Kristall	크리스탈	답 수정
Kritik	크리틱	예 비판, 비난
kritisieren	크리티지런	비판하다, 헐뜯다
Krokodil	크로코딜	중 악어
Krone	크로네	예 왕관, 군주
krumm	크룸	구부러진, 휜, 왜곡된
Küche	퀴허	예 부엌, 주방
Kuchen	쿠헨	답 케이크, 서양과자
	Er hat einen Kuchen gebacken. 그는 케이크를 구웠다.	
Küchenschabe	퀴헨샤베	예 바퀴벌레
Küchenschrank	퀴헨쉬랑크	답 찬장
Kugel	쿠글	예 구(球)
	Die Erde ist eine Kugel. 지구는 구형이다.	
Kugelschreiber	쿠글쉬라이버	답 볼펜
Kuh	쿠	예 젖소
kühl	퀼	시원한, 차가운

Kühlschrank	퀼쉬랑크	冒 냉장고
kühn	퀸	대담한, 용감한
Kultur	쿨투어	예 문화, 교양
Kummer	쿠머	冒 고뇌, 괴로움, 슬픔
kümmern	퀴먼	돌봐주다

Ich kümmere mich um seine Kinder.
나는 그의 아이들을 돌본다.

Kunde	쿤데	冒 고객
kündigen	퀸디건	해약[해고]을 예고하다
Kündigung	퀸디궁	예 해고, 사표
künftig	퀸프티히	오게 될, 미래의
Kunst	쿤스트	예 예술(작품), 기술
Künstler	퀸스틀러	冒 예술가, 명인
künstlich	퀸스틀리히	인공의, 작위적인
Kunststoff	쿤스트슈토프	冒 플라스틱, 합성수지
Kunstunterricht	쿤스트운터리히트	冒 미술

Ich mag den Kunstunterricht.
나는 미술 과목을 좋아한다.

Kupfer	쿱퍼	중 구리, 동제품
Kur	쿠어	예 요양, 치료
Kürbis	퀴르비스	冒 호박
Kurs	쿠르스	冒 강습; 항로, 코스

	Ich besuche einen Deutschkurs. 나는 독일어 수업을 받는다.
Kursbuch	쿠르스부흐 ㊥ (열차)시간표
Kurve	쿠르버 ㊓ 곡선(curve), (도로의) 커브
kurz	쿠르츠 짧은, 가까운
	Sie hat kurze Haare. 그녀는 짧은 머리카락을 하고 있다.
kürzlich	퀴르츨리히 최근, 요전, 일전
Kusine	쿠지네 ㊓ 사촌 자매
Kuss	쿠스 ㊛ 키스, 입맞춤
küssen	퀴센 키스하다
Küste	퀴스터 ㊓ 해안, 해변

L

lächeln	레혀른	미소 짓다, 빙그레 웃다
lachen	라헨	웃다, 웃어넘기다
	Er lacht laut. 그는 크게 (바보처럼) 웃는다.	
lächerlich	레혀리히	익살스러운, 웃어야 할, 어리석은
Laden	라든	남 가게, 상점
laden	라든	싣다, 적재하다
Lage	라게	여 상황, 입장
Lager	라거	여 숙박지, 캠핑장
lahm	람	마비된, 부자유스런
Laib	리이프	남 (음식) 덩어리
Laie	라이에	남 초보자, 문외한
Lamm	람	중 새끼 양
Lampe	람페	여 전등, 전구
Land	란트	중 국가, 나라
Landebahn	란데반	여 활주로
landen	란든	착륙하다, 도착하다
Landschaft	란트샤프트	여 경치, 배경

Landwirtschaft	란트비르트샤프트	예 농장, 농업
lang	랑	긴, 기다란, 장신의
lange	랑에	긴 시간 동안, 오랫동안
	Wie lange dauert es zu Fuß? 걸어서 얼마나 걸리나요?	
Länge	렝에	예 세로, 길이
langen	랑언	충분하다, 도달하다
langsam	랑잠	느린, 둔한
	Langsam bin ich müde. 나는 서서히 피곤해진다.	
längst	렝스트	가장 긴
langweilig	랑바일리히	지루한, 지겨운
	Es ist langweilig. 지루하다.	
Lappen	라펜	남 걸레, 헝겊조각
Lärm	레름	남 소음, 잡음
lassen	라센	~시키다, 버려두다
	Lass uns mal im Internet suchen. 웹사이트에서 찾아볼까?	
Last	라스트	예 화물, 짐, 부담
lästig	레스티히	귀찮은, 번거로운
Lastkraftwagen	라스트크라프트바근	남 트럭, 화물차
Latein	라타인	중 라틴어
	Ist Latein eine schwierige Sprache? 라틴어는 어려운 언어입니까?	

Laterne	라테르너	⑩ 제등(提燈), 가로등
lau	라우	온화한, 미지근한
Laub	라우프	⑫ 잎, 나뭇잎
Lauf	라우프	⑪ 주행, 보행; 작동
laufen	라우픈	달리다, 경주하다

Wir müssen schneller laufen, weil wir
spät dran sind.
우리는 늦었기 때문에 더 빨리 걸어야만 한다.

Läufer	로이퍼	⑪ 보행자, 달리는 사람
Laufwerk	라우프베르크	⑩ 디스크드라이브, 동력장치
Laune	라우너	⑩ 기분, 심기
Laut	라우트	⑪ 소리, 음성
laut	라우트	소란스러운, 귀찮은

Sagen Sie bitte laut und deutlich.
크고 또렷하게 말하세요.

lauten	라우튼	(문장이) ~라고 되어 있다, 적혀 있다
läuten	로이튼	(종이) 울리다, 시간을 알리다
lauter	라우터	그저, ~일 뿐
Lautsprecher	라우트슈프레허	⑪ 확성기, 스피커
leben	레번	살아 있다, 생활하고 있다
Leben	레벤	⑩ 인생
lebendig	레벤디히	생생한, 활발한

Lebensgefahr	레벤스게파르	예 생명의 위험
Lebenslauf	레븐슬라우프	남 이력서
Lebensmittel	레븐스미틀	중 식료품, 음식
Leber	레버	예 간
lebhaft	레프하프트	활발한, 활기찬
lecken	레컨	핥다, 핥아먹다
lecker	레커	맛있는, 식욕이 도는

Das Essen sieht Lecker aus.
이 음식은 맛있어 보인다.

Leder	레더	중 가죽, 피혁
Lederhose	레더호제	예 가죽 바지(독일 전통 의상)
ledig	레디히	미혼의, 독신의

Er ist ledig. 그는 미혼이다.

leer	레어	비어 있는, 텅빈

Das Shampoo ist leer.
샴푸가 다 떨어졌어.

legen	레근	눕히다, 재우다, 놓다
lehnen	레넨	(벽에) 기대고 있다
Lehre	레러	예 가르침, 교훈
lehren	레런	가르치다, 수업을 하다

Wie lehren Sie Deutsch als
Fremdsprache.
당신은 외국어로써 독일어를 어떻게 가르치십니까?

Lehrer	레러	남 교사, 스승

Lehrerin	레러린	예 여교사
Lehrling	레어링	남 견습생, 실습생
Leib	라이프	남 육체, 몸; 배
Leiche	라이허	예 시체, 유체
leicht	라이히트	가벼운, 경량의; 쉬운
Leid	라이트	중 고통, 비탄
leiden	라이든	앓고 있다, 괴로워하다

Er leidet Hunger.
그는 배고픔에 시달리고 있다.

Leidenschaft	라이든샤프트	예 격정, 열정
leider	라이더	공교롭게도, 불운하게도

Leider muss ich jetzt nach Hause gehen.
유감스럽게도 저는 지금 집에 가야 합니다.

leihen	라이엔	빌려주다, (도움을) 주다

Kannst du mir bitte einen leihen?
하나 좀 빌려줄 수 있니?

Leine	라이너	예 밧줄, 끈
leise	라이저	(목소리가) 낮은, 조용한
leisten	라이스튼	성취하다, 달성하다
Leistung	라이스퉁	예 성과, 업적; 성능
leiten	라이튼	지도하다, 인솔하다
Leiter	라이터	예 사다리
Leitung	라이퉁	예 지휘, 감독, 관리

Lektion	렉치온	예 (교재의) 과; 수업
Lektüre	렉튀러	예 읽을거리, 독서
lenken	렝큰	운전[조종]하다
Lenker	렝커	남 핸들
lernen	레르넨	공부하다, 배우다

In der Schule lernt er sehr fleißig.
그는 공부를 열심히 한다.

Lesen	레즌	중 독서
lesen	레즌	읽다, 강의하다

Das kleine Kind scheint gern zu lesen.
어린 아이가 독서를 좋아하는구나.

letzt	레츠트	마지막의, 최후의; 최근의
leuchten	로이히튼	빛나다, 비치다
leugnen	로이그넌	부인하다, 아니라고 말하다
Leute	로이터	복 사람들, 종업원
Lexikon	렉시콘	중 (백과)사전
Libelle	리벨레	예 잠자리(곤충)
liberal	리베랄	자유로운, 관대한
Licht	리히트	중 빛, 조명, 전등
lieb	리프	소중한, 사랑스러운
Liebe	리베	예 사랑, 연애

Ihre Liebe ist sehr schön.
그들의 사랑은 무척 아름답다.

lieben	리벤	**사랑하다, 좋아하다, 소중히하다**
	Ich liebe meine Familie. 나는 나의 가족을 사랑한다.	
liebenswürdig	리벤스베르디히	**친절한, 호의적인**
lieber	리버	**더 사랑스러운, 더 소중한**
Liebhaber	리프하버	남 **애호가, 애인**
lieblich	리프리히	**사랑스러운, 귀여운**
Liebling	리프링	남 **마음에 드는 것, 인기인**
	Meine Lieblingsfarbe ist blau. 내가 가장 좋아하는 색은 파란색이다.	
Lied	리트	중 **노래, 가요, 선율**
liederlich	리더리히	**태만한, 경솔한; 방탕한**
liefern	리펀	**배달하다, 갖다주다**
liegen	리근	**누워 있다, 가로 놓여 있다**
Lift	리프트	남 **엘리베이터, (스키장) 리프트**
Lilie	릴리에	여 **백합**
Linde	린더	여 **보리수**
lindern	린던	**(고통을) 완화시키다, 진정시키다**
Lineal	리네알	중 **자**
Linie	리니어	여 **선, 직선, 줄, 노선**
link	링크	**왼쪽의, 좌측의, 좌파의**
Linke	링커	여 **좌측, 좌파**

links	링크스	왼쪽에
Linse	린제	예 렌즈
Lippe	리페	예 입술
List	리스트	예 책략, 교활함
Liste	리스터	예 일람표, 명부
Liter	리터	남 리터(ℓ)
Literatur	리테라투어	예 문학, 문헌
Lob	로프	중 찬사, 칭찬

Lob ist wichtiger Motivationsfaktor für Kinder.
아이들에게 칭찬은 중요한 동기부여 요소이다.

loben	로븐	칭찬하다, 호평하다
Loch	로흐	중 구멍, 빈 곳, 구덩이
Locke	로케	예 곱슬머리
locker	로커	느슨한, 엄하지 않은
Löffel	뢰플	남 숟가락

Mit einem silbernen Löffel im Mund geboren sein
부잣집에서 태어나다

logisch	로기쉬	논리적인, 논리학의
Lohn	론	남 임금, 급여
lohnen	로넌	이익이 되다, 보답이 있다
Lokal	로칼	중 음식점; 술집

los	로스	(개가) 풀려난, 달아난
Los	로스	중 제비(뽑기), 복권
löschen	뢰쉔	(불, 전등을) 끄다, (갈증을) 풀다

Ich habe mein Facebook Konto gelöscht.
나는 내 페이스북 계정을 삭제했다.

lose	로제	느슨한, (옷이) 헐렁한
lösen	뢰즌	떼다, 벗기다; 해결하다
losfahren	로스파런	출발하다, 발차하다
losgehen	로스게엔	출발하다, 떠나다
loslassen	로스라쓴	놓아주다, 풀어주다
Lösung	뢰중	여 해결, 해명; 해결책
Lotuswurzel	로투스부르츨	여 연근
Löwe	뢰베	남 사자
Löwenzahn	뢰븐찬	남 민들레
Lücke	뤼커	여 빈틈, 균열; 결함
Luft	루프트	여 공기, 공중, 외부
Luftballon	루프트발론	남 풍선, 기구
Luftpost	루프트포스트	여 항공우편
Lüge	뤼거	여 거짓, 허위
lügen	뤼근	거짓말하다, 속이다
Lunge	룽에	여 폐

| **Lust** | 루스트 | 옙 욕구, 의욕 |
| **lustig** | 루스티히 | 재미있는, 즐거운 |

Das wird bestimmt sehr lustig!
분명히 재미있겠네요!

| **Luxus** | 룩수스 | 답 사치, 호화 |
| **Lyrik** | 뤼릭 | 옙 서정시 |

M

machen	마헨	만들다, 행하다

Es macht mich froh.
그것은 나를 기쁘게 한다.

Macht	마흐트	뗴 힘, 무력, 권력
mächtig	메히티히	강력한, 세력을 가진
Mädchen	메트헨	㭔 소녀, 하녀
Magen	마근	뗘 위(胃)

Ich habe Magenschmerzen.
나는 배가 아프다.

mager	마거	야윈, 내용이 부족한
Magnet	마그넷	뗘 자석, 전자석
Mahlzeit	말차이트	뗴 식사
mahnen	마넨	재촉하다, 촉구하다
Mai	마이	뗘 5월
Majestät	마예스테트	뗴 폐하
Makler	마클러	뗘 중개업자

Mit einem Makler ist die Wohnungssuche fast immer viel einfacher.
대부분 부동산 중개업자와 집을 구하는 것이 훨씬 더 쉽다.

Makrele	마크렐레	뗴 고등어
Mal	말	㭔 ~회, ~번

mal	말	~배, 곱하다
malen	말런	(그림)그리다
Maler	말러	🔵 화가, 도장공
Malerei	말레라이	🔴 회화, 그림
Mama	마마	🔴 엄마
man	만	사람
manch	만히	몇 개의, 여러
manchmal	만히말	때때로, 가끔
Mandarine	만다리네	🔴 귤
Mandel	만들	🔴 아몬드
Mangel	망글	🔵 부족, 결핍

Er wurde aus Mangel an Beweisen freigesprochen.
그는 증거 불충분으로 풀려났다.

mangeln	망른	부족하다, 모자라다
Mann	만	🔵 남성; 남편
männlich	멘리히	남성의, 수컷의
Mannschaft	만샤프트	🔴 팀; 승무원
Mantel	만텔	🔵 코트, 망토
Manuskript	마누스크립트	🟢 원고
Mappe	마페	🔴 서류 가방, 서류철
Märchen	메르헨	🟢 동화, 옛날 이야기

Die Märchen der Brüder Grimm sind weltweit bekannt.
그림 형제 동화는 세계적으로 유명하다.

Margarine	마르가리너	예 마가린
Marienkäfer	마리엔케퍼	남 무당벌레
Mark	마르크	예 마르크(독일 화폐)
Marke	마르커	예 지폐; 기호; 증명서
markieren	마르키런	표시를 하다, 강조하다
Markt	마르크트	남 시장; 광장
Marmelade	마르메라더	예 잼, 마멀레이드
Marmor	마르모어	남 대리석
Mars	마르스	남 화성
Marsch	마르쉬	남 행진, 행군(march)
März	메르츠	남 3월
Maschine	마쉬너	예 기계; 오토바이; (자동차) 엔진
Maske	마스커	예 가면, 마스크
Maß	마쓰	중 치수
Masse	마쎄	예 대량, 덩어리, 다수
mäßig	메씨히	적절한, 중간의, 보통의

Er trinkt mäßig.
그는 술을 적당히 마신다.

Maßnahme	마쓰나머	예 조치, 대책

Maßstab	마쓰슈탑	団 기준, 척도, 표준
Material	마테리알	图 재료, 원료; 인재
Materie	마테리	여 물질
Mathematik	마테마틱	여 수학
Matratze	마트라체	여 매트리스, 까는 이불
matt	마트	녹초가 된, 약한, 둔한
Mauer	마우어	여 벽, 외벽, 성벽
Maul	마울	图 입
	Halt dein Maul! 입 좀 다물어! (속어)	
Maus	마우스	여 마우스, 쥐
	Das kann die Maus auf dem Schwanz forttragen. 그건 아주 극소수에 불과하다.	
Maximum	막시뭄	图 최대한, 최대치
Mechanik	메하닉	여 역학, 기계공학
Mechaniker	메하니커	団 기계공, 기사
Medaille	메달려	여 메달
Medikament	메디카멘트	图 약
Medizin	메디친	여 의학, 약
Meer	메어	图 바다; 다량
Meeresfrüchte	메레스프뤼히테	図 해산물
Mehl	멜	图 밀가루

A
B
C
D
E
F
G
H
I
J
K
L
M

mehr	메어	더 많은, 더 한층

Du bist nicht mehr mein Freund.
너는 더 이상 내 친구가 아니야.

mehrere	메러러	몇 개의, 몇 명의
Mehrheit	메어하이트	예 과반수, 대다수
meiden	마이든	피하다, 회피하다
Meile	마일러	예 마일(M)
mein	마인	나의
meinen	마이넌	생각하다, ~라는 의견이다

Was meinen Sie dazu?
그것에 대해 어떻게 생각하세요?

meinetwegen	마이네트베근	나를 위해; 나로서는
Meinung	마이눙	예 의견, 견해

meiner Meinung nach
내 견해로는, 내 생각으로는

meist	마이스트	가장 많은, 최대의
meistens	마이스턴스	대개(의 경우)
Meister	마이스터	남 주인, 명인, 거장(master)
Meisterschaft	마이스터샤프트	예 장인의 신분; 탁월한 솜씨
Melancholie	멜랑콜리	예 우울(증)
melancholisch	멜랑콜리쉬	우울한, 울적한
melden	멜든	보도하다, 보고하다

Hast du dich bei ihm gemeldet?
너 그에게 연락했어?

Meldung	멜둥	예 보도, 보고, 통지
Melodie	멜로디	예 멜로디, 선율, 곡
Melone	멜로너	예 멜론
Memoiren	메모아런	복 회고록
Menge	멩어	예 수량; 대량, 다수
Mensa	멘자	예 학생 식당
Mensch	멘쉬	남 사람, 인간, 인류
Menschheit	멘쉬하이트	예 인류, 인간
menschlich	멘쉬리히	인간의, 인간적인, 관대한
Menü	메뉘	중 코스 요리, 정식
merken	메르큰	알아채다; 기억하다
Merkmal	메르크말	중 특징, 표시
der Merkur	메르쿠어	예 수성
merkwürdig	메르크뷔르디히	기묘한, 이상한
Messe	메쎄	예 미사
messen	메센	재다, 측정하다
Messer	메써	중 칼, 나이프
Metall	메탈	중 금속
Meter	메터	남 미터
Methode	메토더	예 방법

Metzger	메츠거	📘 도축업자, 정육점 주인
Metzgerei	메츠거라이	📗 정육점, 도살업
Mexiko	멕시코	멕시코
Miene	미너	📗 표정, 안색
Miete	미터	📗 집세

Wie hoch ist die Miete?
집세가 얼마예요?

mieten	미튼	임차하다, 빌다, 빌리다

Wollen Sie bei uns für Ihre Reise ein
günstiges Auto mieten?
당신은 당신의 여행을 위해 우리에게서 괜찮은 자동차 한 대
를 빌리고자 하십니까?

Mieter	미터	📘 세입자
Mikrowelle	미크로벨레	📗 전자레인지
Milch	밀히	📗 우유
mild	밀트	온화한, 관대한
Militär	밀리테어	📙 군대, 군부
Milliarde	밀리아르더	📗 10억
Million	밀리온	📗 백만
minder	민더	더 열등한, 더 적은
Minderheit	민더하이트	📗 소수(파)
mindest	민더스트	가장 적은
mindestens	민더스턴스	적어도, 최소한

Das Auto kostet mindestens 30000 Euro.
그 자동차는 적어도 3만 유로이다.

Mineral	미네랄	중 광물, 미네랄
Minimum	미니뭄	중 최소한, 최소치
Minister	미니스터	남 장관
Ministerium	미니스터리움	중 관공서, 청사
minus	미누스	마이너스, 빼기; ~을 제하고
Minute	미누테	여 분(分)

Es dauert etwa zwei Minuten.
대략 2분 걸려요.

mischen	미쉔	섞다, 혼합하다
Missbrauch	미쓰브라우흐	남 악용, 남용; 학대
Misserfolg	미쓰에어폴크	남 실패, 성공하지 못함
Mission	미씨온	여 임무, 사명; 사절단
misslingen	미스링언	실패로 끝나다
Misstrauen	미스트라우언	중 불신, 의심, 의혹
Missverständnis	미쓰페어슈텐트니스	중 오해, 착각
missverstehen	미쓰페어슈테엔	오해하다

Er hat dich missverstanden.
그는 너를 오해했다.

| **mit** | 미트 | ~와 함께, ~을 포함하여 |
| **mitarbeiten** | 미트아르바이튼 | 공동으로 작업하다 |

Mitbestimmung	미트베슈티뭉	예 공동 결정
mitfahren	미트파런	함께 타고 가다, 동승하다
Mitglied	미트글리트	중 회원, 구성원
mithelfen	미트헬펀	도와주다, 거들다
Mitleid	미트라이트	중 동정, 배려
mitmachen	미트마헨	참가하다, 동참하다
mitnehmen	미트네먼	가져가다, 데려가다
mitsamt	미트잠트	~와 함께
Mittag	미탁	남 정오
	Ich esse um halb zwölf zu Mittag. 나는 열한 시 반에 점심을 먹는다.	
Mittagessen	미탁에썬	중 점심 식사
	Er ist schon zum Mittagessen gegangen. 그는 이미 점심 식사하러 갔다.	
Mitte	미테	예 중앙, 가운데
mitteilen	미트타일런	알려주다, 통지하다
Mittel	미텔	중 수단, 대책; 약
mittelbar	미텔바르	간접적인
Mittelpunkt	미텔풍크트	남 중심(인물)
mitten	미텐	한가운데에
Mitternacht	미터나흐트	예 오전 0시, 한밤중
Mittwoch	미트보흐	남 수요일

die Möbel	뫼블	圏 가구
möblieren	뫼블리런	가구를 비치하다
möchte	뫼히터	~하고 싶다

Ich möchte einen Kinderwagen kaufen.
유모차를 사고 싶어요.

Mode	모더	예 유행, 패션
Modell	모델	圉 모범, 견본, 표준
modern	모데른	현대의, 현대적인
mögen	뫼근	좋아하다; ~일지도 모른다

Er mag keine Hunde.
그는 개를 좋아하지 않는다.

möglich	뫼클리히	가능한, 일어날 수 있는
möglicherweise	뫼클리허바이저	혹시나, 경우에 따라서는
Möglichkeit	뫼클리히카이트	예 가능성, 기회
möglichst	뫼클리히스트	가능한 한, 가급적이면
Möhre	뫼레	예 당근
Moment	모멘트	閬 순간

Einen Moment, bitte!
잠시만 기다려 주세요!

momentan	모멘탄	현시점의, 일시적인
Monat	모나트	閬 월, 한달
monatlich	모나트리히	매월의

	Wie hoch sind eure Stromkosten monatlich? 너희 매월 전기세가 얼마나 돼?	
Mönch	묀히	냄 (은둔) 수도사, 승려
Mond	몬트	냄 달
Monitor	모니토어	냄 모니터
Montag	몬탁	냄 월요일
Monument	모누멘트	중 기념비, 기념물
Moral	모랄	여 윤리, 도덕, 교훈
moralisch	모랄리쉬	도덕적인, 도덕에 관련된
Moralunterricht	모랄운터리히트	냄 도덕
Mord	모르트	냄 살인, 살해
Morgen	모르근	냄 아침; 시작
	Es ist ein sonniger und klarer Morgen. 햇살이 눈부시고 상쾌한 아침이다.	
morgen	모르근	내일, 장래
	Morgen muss ich zur Arbeit gehen. 내일 나는 일하러 가야 해.	
Morgengrauen	모르근그라우엔	중 새벽
morgens	모르근스	아침에, 오전에
	Morgens trinke ich eine Tasse Tee. 나는 아침마다 차를 마신다.	
Moskito	모스키토	냄 모기
Motiv	모티프	중 동기, 요인

Motor	모토어	냄 엔진, 모터, 원동기
Motorrad	모토어라트	중 오토바이
Möwe	뫼베	여 갈매기
Mücke	뮈커	여 모기
müde	뮈데	피곤한, 지친

Du siehst sehr müde aus.
너 피곤해 보인다.

Muffin	마핀	냄 머핀
Mühe	뮈에	여 고생, 노력
Mühle	뮐레	여 제분기
mühsam	뮈잠	괴로운, 아주 고생스러운
Müll	뮐	냄 쓰레기
Mülleimer	뮐아이머	냄 쓰레기통
Multiplikation	물티플리카치온	여 곱하기, 곱셈
Mund	문트	냄 입
mündig	뮌디히	성년이 된
mündlich	뮌트리히	구두의, 구술의

Es gibt typische Fehler, die in
mündlichen Prüfungen immer wieder
gemacht werden.
구술시험에서 항상 하는 전형적인 실수가 있다.

munter	문터	활발한, 생생한
Münze	뮌체	여 동전

murmeln	무르멜른	중얼거리다
Muschel	무쉘	옙 조개
Museum	무제움	중 박물관
Musical	무지클	중 뮤지컬
Musik	무직	옙 음악
Musiker	무지커	냄 음악가, 뮤지션
Muskel	무스클	냄 근육
müssen	뮈센	~해야 한다; 틀림없이 ~이다
Muster	무스터	중 모범, 본보기; 도안
Mut	무트	냄 용기; 기력
mutig	무티히	용기 있는, 용감한
Mutter	무터	옙 어머니

Das ist meine Mutter vor 20 Jahren.
그건 20년 전의 우리 엄마야.

Muttersprache	무터슈프라헤	옙 모국어
Mütze	뮈체	옙 테 없는 모자

A
B
C
D
E
F
G
H
I
J
K
L
M

N

nach	나흐	~을 향하여; ~이후에
nachahmen	나흐아멘	흉내내다, 본보기로 하다
Nachbar	나흐바르	남 이웃 사람
nachdem	나흐뎀	~한 이후에
nachdenken	나흐뎅큰	생각해 보다, 숙고하다
Nachdruck	나흐드러크	남 강조, 역점, 악센트
nacheinander	나흐아이난더	차례로, 잇따라

Wenn dreimal nacheinander die PIN
falsch eingeben wurde, wird Ihr
Zugang zum Online-Banking
automatisch gesperrt.
만약 비밀번호가 3번 연속으로 오류 입력될 경우에는 당신의
온라인 뱅킹 계좌가 자동으로 정지됩니다.

Nachfrage	나흐프라거	여 수요(상품)
nachgeben	나흐게븐	양보하다, 굽히다
nachher	나흐헤어	나중에, 그 다음에
nachlassen	나흐라쎈	쇠약하다, 약해지다
Nachmittag	나흐미탁	남 오후
nachmittags	나흐미탁스	오후에
Nachricht	나흐리히트	여 알림, 통지, 전갈

nachschlagen	나흐쉴라근	(사전을) 찾아보다, 알아보다
nachsehen	나흐제엔	배웅하다, 눈으로 좇다
Nachspeise	나흐슈파이제	예 디저트
nächst	네히스트	가장 가까운; 다음의(next)
Nacht	나흐트	예 밤, 어둠

bis spät in die Nacht arbeiten
밤늦게 일하다

Nachteil	나흐타일	남 불리, 불합리; 단점
nachteilig	나흐타일리히	불리한, 손해 보는
Nachtfalter	나흐트팔터	남 나방
Nachthemd	나흐트헴트	중 잠옷
Nachtisch	나흐티쉬	남 디저트
nachts	나흐츠	밤에, 한밤중에
nachweisen	나흐바이젠	입증하다, 증명하다
Nacken	낙큰	남 목덜미
nackt	나크트	벌거벗은, 노골적인
Nadel	나들	예 바늘, 핀
Nagel	나글	남 못, 손톱
nagen	나근	갉아먹다, 침식하다, 괴롭히다
nah	나	~에 가까운, ~에 비슷한
nahe	나에	가까운, 근처의, 즉시의

Nähe	네에	예 가까움, 인접, 임박

Sie ist ganz in der Nähe.
아주 가까워요.

Nähen	네엔	중 바느질
nähen	네엔	꿰매다, 바느질하다
nähern	네언	접근하다, 다가가다
Nahrung	나룽	예 음식, 영양
Nahrungsmittel	나룽스미털	중 음식, 식료품
naiv	나이프	소박한, 순진한
Name	나머	남 이름, 명칭

Mein Name ist Paul Müller.
나의 이름은 파울 뮬러입니다.

nämlich	넴리히	다시 말하면, 즉, 그러니까
Narr	나르	남 바보, 어리석은 사람
Nase	나제	예 코
Nasenbluten	나즌블루튼	중 코피
nass	나스	젖은
Nation	나치온	예 국가, 국민, 민족
national	나치오날	국민의, 국가의, 국수주의적인
Natur	나투어	예 자연, 자연현상; 본성
natürlich	나튀어리히	자연의, 천연의, 천성의
Nebel	네블	남 안개

N

neben	네븐	~의 옆에, ~와 나란히
nebenan	네브난	인접하여
nebenbei	네븐바이	게다가, 그밖에
nebeneinander	네븐아이난더	서로 나란히, 서로 이웃하여

Wir setzen uns nebeneinander.
우리는 나란히 앉아 있습니다.

neblig	네블리히	안개가 낀
necken	네큰	놀리다, 장난치다
Neffe	네페	🔳남자 조카
negativ	네가티프	부정적인, 소극적인
Neger	네거	🔳흑인
nehmen	네먼	손으로 들다
Neid	나이트	🔳시기, 질투, 선망
neidisch	나이디쉬	부러워하는, 선망의

Sie ist neidisch auf mich.
그녀는 나를 부러워한다.

neigen	나이근	기울이다, 몸을 숙이다
Neigung	나이궁	🔴비탈, 경사; 관심
nein	나인	아니오
nennen	네넨	이름 짓다, 명명하다
Nerv	네르프	🔳신경(조직); 급소
nervös	네르뵈스	신경질적인, 긴장된

O
P
Q
R
S
T
U
V
W
X
Y
Z

Nest	네스트	圀 둥지
nett	네트	**친절한, 느낌이 좋은**
	Der Ladenbesitzer ist sehr nett. 저 가게 주인 참 친절하더라.	
Netz	네츠	圀 그물; 책략
neu	노이	**새로운, 신품의, 최신의**
Neugier[de]	노이기에[더]	圈 호기심
neugierig	노이기리히	**호기심이 강한**
Neujahr	노이야르	圀 신정
neulich	노이리히	**요전, 일전**
neun	노인	9
neunzehn	노인첸	19
neunzig	노인치히	90
neutral	노이트랄	**중립적인, 공평한**
nicht	니히트	**~가 아니다, ~하지 않는다**(not)
	Ich gehe nicht zu Füß nach Hause. 나는 걸어서 집에 가지 않는다.	
Nichte	니히테	圈 여자 조카
Nichtraucher	니히트라우허	圊 비흡연자
nichts	니히츠	**아무것도~않다[없다], 조금도~이 아니다**
	Nichts zu danken. 감사할 일도 아니에요. 천만에요.	
nicken	니큰	**수긍하다, 긍정하다**

nie	니	결코 ~아니다
nieder	니더	낮다, 천하다
niederlegen	니더레근	내려놓다, 눕히다
niederschlagen	니더쉬라근	타도하다, 진압하다
niedlich	니트리히	귀여운, 사랑스러운
niedrig	니드리히	낮은, 천한, 열등한
niemals	니말스	결코 ~하지 않다
niemand	니만트	아무도 ~하지 않다 (nobody)

Niemand weis das.
아무도 그것을 모른다.

Niere	니레	예 신장(腎臟)
Niesen	니즌	중 재채기
niesen	니즌	재채기하다
nimmer	니머	결코 ~하지 않다
nirgends	니르겐츠	어디에도 ~하지 않다
Niveau	니보	중 수위, 수준
noch	노흐	아직, 여전히
nochmals	노흐말스	다시 한 번, 또 다시

Ich danke Ihnen nochmals dafür.
다시 한 번 그것에 대해 감사드립니다.

| Nonne | 노네 | 예 수녀 |
| Nord | 노르트 | 남 북부 |

Norden	노르든	🔲 북쪽
nördlich	뇌르틀리히	북부의, 북의
Nordpol	노르트폴	🔲 북극
Norm	노름	📧 규범, 표준
normal	노르말	보통의, 통상의
normalerweise	노르말러바이제	보통이라면, 통상적으로는
	Normalerweise ist sie zu Hause. 보통 그녀는 집에 있다.	
Not	노트	📧 괴로움, 궁지, 고난
Note	노터	📧 음표, 악보; 학교 성적
	Welche Note hast du? 넌 몇 점이냐?	
Noten	노튼	📧 악보
nötig	뇌티히	필요한, 필수적인
Notiz	노티츠	📧 각서, 메모
Notruf	노트루프	🔲 긴급 통보
notwendig	노트벤디히	필수불가결한
Novelle	노벨레	📧 단편소설
November	노벰버	🔲 11월
nüchtern	뉘히턴	취하지 않은, 멀쩡한, 냉정한
Nudel	누덜	📧 면, 파스타
Null	눌	📧 0(영)

null	눌	예 제로의, 영의
Nummer	누머	예 번호, 번지수
Nummernschild	누먼쉴트	중 (자동차) 번호판
nun	눈	지금, 현재는

Es ist nun bald ein Jahr, dass ich in Seoul wohne.
내가 서울에 산 지 이제 곧 일 년이 된다.

nur	누어	~일 뿐, ~에 불과한, 그저 ~
Nuss	누스	예 견과류, 호두
Nutzen	누첸	남 이익, 이점
nutzen	누첸	도움이 되다, 이용하다
nützlich	뉘츨리히	도움이 되는, 유익한

ob	오프	~인지 아닌지; ~일까?
	Ich weiß nicht, ob er mich liebt. 그가 나를 사랑하는지 아닌지 나는 모르겠다.	
oben	오븐	위에, 높은 곳에, 상위에
Ober	오버	🔲 웨이터, 급사
ober	오버	위의, 상부에
Oberfläche	오버플레헤	🔲 표면, 외면
oberhalb	오버할프	~의 위쪽에, 상부에
Oberschenkel	오버쉥클	🔲 허벅지
Obst	옵스트	🔲 과일
	Fast jedes Obst ist gut. 하긴 과일이라면 다 좋겠지.	
obwohl	옵볼	수소(소의 수컷)
	Obwohl er viel gelernt hatte, konnte er nicht die Prüfung schaffen. 그가 공부를 많이 했었음에도 불구하고, 그는 그 시험에 통과 하지 못했다.	
Ochse	옥세	🔲 소
öde	외더	인기 없는, 쓸쓸한
oder	오더	~인지, ~또는
Ofen	오펜	🔲 스토브

offen	오픈	열린, 개점한
offenbar	오펜바	명확한, 뚜렷한
öffentlich	외펜틀리히	공개적인, 공인된
Öffentlichkeit	외펜틀리히카이트	예 세상, 대중, 일반 사람들
offiziell	오피치엘	공식적인, 공무의
Offizier	오피치어	남 장교, 사관
öffnen	외프넌	열다, 넓히다
oft	오프트	자주, 줄곧

Er macht mir oft Komplimente.
그는 나에게 듣기 좋은 말을 자주 한다.

öfter	외프터	더욱 빈번히, 몇 번쯤
öfters	외프터스	여러 번
ohne	오네	~없이, ~을 쓰지 않고
Ohnmacht	온마흐트	예 기절, 실신; 무력함
Ohr	오어	중 귀, 청각
Ohrring	오어링	남 귀걸이
Ökonomie	외코노미	예 경제(학); 절약
Oktober	옥토버	남 10월
Öl	욀	중 기름
Oma	오마	예 할머니
Onkel	옹클	남 삼촌, 아저씨

	Der Onkel hat mir Taschengeld gegeben. 삼촌이 용돈을 주셨다.
Opa	오파 　🔄 할아버지
Oper	오퍼 　🔄 오페라
Operation	오페라치온 　🔄 수술; 작전
operieren	오페리렌 　**수술하다, 행동하다**
	Mein Vater soll sich möglichst schnell operieren lassen. 나의 아버지는 가능한 한 빨리 수술을 하셔야 한다.
Opfer	옵퍼 　🔄 제물, 희생(자)
Opposition	오포지치온 　🔄 반대파, 야당; 반론
Optimismus	옵티미스무스 　🔄 낙관주의
Orange	오랑제 　🔄 오렌지
Orchidee	오르히데에 　🔄 난초
Orden	오르던 　🔄 훈장; 교단
ordentlich	오르덴틀리히 　**질서 있는, 제대로 된, 정돈된**
Ordination	오르디나치온 　🔄 성직 수여식, 목사 취임식
ordnen	오르드넨 　**정리하다, 배열하다**
	Er versuchte, seine schütteren Haare zu ordnen. 그는 드문드문 난 머리카락을 정리하려고 했다.
Ordnung	오르드눙 　🔄 질서, 정리, 정상(order)
Organ	오르간 　🔄 기관, 장기(臟器)

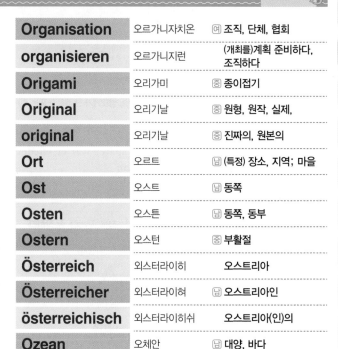

Organisation	오르가니자치온	예 조직, 단체, 협회
organisieren	오르가니지런	(개최를)계획 준비하다, 조직하다
Origami	오리가미	중 종이접기
Original	오리기날	중 원형, 원작, 실제,
original	오리기날	중 진짜의, 원본의
Ort	오르트	남 (특정) 장소, 지역; 마을
Ost	오스트	남 동쪽
Osten	오스튼	남 동쪽, 동부
Ostern	오스턴	중 부활절
Österreich	외스터라이히	**오스트리아**
Österreicher	외스터라이혀	남 **오스트리아인**
österreichisch	외스터라이히쉬	**오스트리아(인)의**
Ozean	오체안	남 대양, 바다

N
O
P
Q
R
S
T
U
V
W
X
Y
Z

P

P

| **Paar** | 파르 | 중 쌍(2개가 한 세트가 되는 것) |
| **paar** | 파르 | 약간의(a few), 두세 개의 |

Ein paar Tage später war er wieder gesund geworden.
며칠 후에 그는 다시 건강해졌다.

Päckchen	펙헌	중 (2kg 이하의) 작은 소포
packen	파큰	짐을 꾸리다, 포장하다
Packung	파쿵	여 포장(상자)
Paket	파케트	중 소포
Palast	팔라스트	남 궁전, 대저택
Palme	팔메	여 야자수
Panne	파네	여 (기계의) 고장; 실패
Pantoffel	판토펠	남 슬리퍼; 아내의 발언권
Papa	파파	남 아빠
Papier	파피어	중 종이, 서류, 기록

Das ist nur ein Stück Papier.
이것은 종잇조각에 불과하다.

Papst	팝스트	남 교황
Parade	파라더	여 퍼레이드, 열병식
Paradies	파라디스	중 낙원, 천국

parallel	파라렐	평행의, 동시 진행의
Parfüm	파르퓜	중 향수

Wie riecht das Parfüm?
이 향수 냄새 어때요?

Park	파르크	남 공원
parken	파르큰	주차하다
Parkhaus	파르크하우스	중 주차 건물
Parkplatz	파르크플라츠	남 실내 주차 빌딩
Parkuhr	파르크우어	여 파킹미터 (주차 시간 표시기)
Parlament	팔라멘트	중 국회, 의회
Partei	파르타이	여 정당, 파벌
Partner	파르트너	남 파트너, 상대, 배우자
Party	파티	여 파티
Pass	파쓰	남 여권

Am Flughafen habe ich meinen Pass verloren.
공항에서 나는 여권을 잃어버렸다.

Passagier	파싸지어	남 승객, 여객
passen	파쎈	딱 맞다, 어울리다
passieren	파씨런	일어나다, 생기다

Was ist passiert? 무슨 일 있어?

passiv	파씨프	소극적인, 수동적인

Pater	파터	남 목사
Patient	파치엔트	남 환자
Patriot	파트리오트	남 애국자
Pause	파우제	여 휴식, 중단, 사이
Pech	페히	중 피치, 재난, 불운

Heute habe ich Pech gehabt.
나는 오늘 운이 나빴어.

Pedal	페달	중 (자전거, 자동차의) 페달
Pein	파인	여 고통, 고뇌
peinlich	파인리히	괴로운, 곤란한, 어색한
Peitsche	파이체	여 채찍
Pelz	펠츠	남 모피 (제품)
Pension	펜지온	여 연금
pensionieren	펜지오니런	(연금 받을 공무원을) 퇴직시키다
perfekt	페르펙트	완전한, 완벽한
Periode	페리오더	여 시기, 기간; 월경
Perle	페를레	여 진주
Persimone	페르지모네	여 감
Person	페르존	여 사람, 개인, 인원

Für wie viele Personen?
몇 분이십니까?

Personal	페르조날	중 직원, 승무원

persönlich	페르죈리히	개인적인, 사적인
Pessimismus	페씨미스무스	남 비관[염세]주의
Pfad	파트	남 좁은 길
Pfahl	팔	남 기둥, 지주
Pfand	판트	중 담보, 저당
Pfanne	파네	여 프라이팬
Pfannkuchen	판쿠헨	남 팬케이크
Pfarrer	파러	남 신부
Pfeffer	페퍼	남 후추

Er stößt aus Versehen Pfeffer und Salz um.
그는 실수로 후추와 소금을 바꿔 넣었다.

Pfeife	파이페	여 피리, 호각
pfeifen	파이펜	휘파람(피리)을 불다
Pfeil	파일	남 화살(표)
Pfenning	페니히	남 페니히(독일 통화 100분의 1마르크)
Pferd	페르트	중 말, 목마

Hast du gewusst, das Pferde Karotten mögen?
말이 당근 좋아하는 거 알지?

Pfingsten	핑스턴	중 성령강림제, 오순절
Pfirsich	피르지히	남 복숭아
Pflanze	플란체	여 식물; 괴짜

독일어 단어 | 205

pflanzen	플란천	심다, 재배하다
Pflaster	플라스터	중 포장도로, 포석; 반창고

Er klebt immer ein Pflaster auf Wunden.
그는 항상 상처에 반창고를 붙인다.

Pflaume	플라우메	여 자두
Pflege	플레거	여 간호, 돌봄, 간병
pflegen	플레근	돌보다, 간호하다
Pflicht	플리히트	여 의무, 직무; 의리
pflücken	플뤼큰	(꽃, 과일을) 따다
Pforte	포르터	여 작은 문, 입구
Pfund	푼트	중 파운드(약 500g)
Phänomen	페노멘	중 현상, 드문 일, 대사건
Philosoph	필로조프	남 철학자
Philosophie	필로조피	여 철학, 인생관

Er studiert Philosophie in Berlin.
그는 베를린에서 철학을 전공한다.

philosophisch	필로조피쉬	철학의, 철학적인
Physik	퓌직	여 물리학
Piano	피아노	중 피아노
Picknick	피크닉	중 야외 식사
Pille	필레	여 환약, 정제
Pilot	필로트	남 비행기 조종사, 파일럿

Pilz	필츠	댐 버섯
Pinguin	핑구인	댐 펭귄

Am Nordpol soll es keine Pinguine geben.
북극에는 펭귄이 없대요.

Pinsel	핀즐	댐 그림붓, 화필, 화법
Pistole	피스톨레	여 권총
plagen	플라근	괴롭히다, 걱정시키다
Plakat	플라카트	중 벽보, 게시, 포스터
Plan	플란	댐 계획, 기획, 설계도
planen	플라넌	계획하다, 예정하다

Wie plane ich meine Europa-Rund-reise am besten?
나의 유럽 여행을 어떻게 잘 계획할까요?

Planet	플라네트	댐 행성, 혹성
Plastik	플라스틱	여 조각 작품, 조형미술
platt	플라트	평평한, 평범한
Platte	플라터	여 (나무, 돌, 금속의) 판, 판넬; 접시
Platz	플라츠	댐 장소; 좌석; 여유
platzen	플라천	폭발하다, 파열하다, 찢어지다
plaudern	플라우던	수다떨다, 잡담하다
plötzlich	플뢰츨리히	갑작스러운, 뜻밖의

Plötzlich ist er weggegangen.
갑자기 그는 가 버렸다.

plus	플루스	~을 더하여
pochen	포헨	노크하다, 똑똑 두드리다
poetisch	포에티쉬	시적인, 시의
Pokerface	포커페스	중 포커페이스
Pol	폴	남 극, 전극, 극점
Politik	폴리티크	여 정치; 전략
Politiker	폴리티커	남 정치가
politisch	폴리티쉬	정치적인, 책략적인

Er war politisch indifferent.
그는 정치에 관심이 없었다.

Polizei	폴리차이	여 경찰서
Polizeiwache	폴리차이바헤	여 파출소
Polizist	폴리치스트	남 경찰관
Polster	폴스터	중 (소파의) 쿠션, (옷의) 패드
populär	포풀레어	대중적인, 인기 있는
Portier	포르티어	남 수위, 문지기
Portion	포르치온	여 (음식) 1인분
Porto	포르토	중 우편요금
Porzellan	포르첼란	중 도자기, 자기 식기
positiv	포지티프	긍정적인, 찬성하는

Sie hat für uns eine positive Rolle gespielt.
그녀는 우리를 위해 긍정적인 역할을 했다.

Post	포스트	예 우편, 우편물; 우체국
	Ist es weit bis zur Post? 우체국이 여기에서 먼가요?	
Postamt	포스탐트	중 우체국
Posten	포스텐	남 (직업상의) 지위, 신분
Postkarte	포스트카르테	예 엽서
Postleitzahl	포스트라이트찰	예 우편번호
Pracht	프라흐트	예 화려, 호화
prächtig	프레히티히	화려한, 호화로운
Praktikant	프락티칸트	남 실습생, 연수생
praktisch	프락티쉬	실제의, 실용적인, 편리한
Prämie	프레미에	예 상금, 보상금, 보너스
Präsident	프레지덴트	남 대통령, 회장, 의장
Praxis	프락시스	예 실천; 직무 경험; 관행
Preis	프라이스	남 가격; 물가, 상
preisen	프라이즌	칭찬하다
preisgeben	프라이스게븐	포기하다, 체념하다
	Er gab sein Geheimnis preis. 그는 그의 비밀을 누설했다.	
Preisschild	프라이스쉴트	중 가격표
preiwert	프라이베르트	저렴한, 사면 득이 되는
Presse	프레써	예 신문, 잡지, 매스컴

pressen	프레썬	누르다, 압축하여 만들다
prima	프리마	훌륭한, 최고의
primitiv	프리미티프	원시적인, 소박한, 단순한
Prinz	프린츠	남 왕자, 왕세자
Prinzip	프린칩	중 원리, 원칙, 신조
privat	프리바트	개인적인, 사적인, 민영의

Er ist privat versichert.
그는 사보험에 가입되어 있다.

pro	프로	~마다; ~을 위하여
Probe	프로버	여 검사, 시험, 테스트
probieren	프로비렌	맛보다, 시도하다
Problem	프로블렘	중 문제, 과제, 트러블
problemlos	플로블렘로스	문제 없는

Die Sache verlief völlig problemlos.
그 일은 아무런 문제 없이 진행되었다.

Produkt	프로둑트	중 제품, 생산물
Produktion	프로둑치온	여 생산, 제조, 생산량
produzieren	프로두치렌	생산하다, 제작하다
Professor	프로페소어	남 대학교수
Profi	프로피	남 프로선수
Programm	프로그람	중 프로그램, 계획, 스케줄
progressiv	프로그레씨프	진보적인, 점진적인

Projekt	프로옉트	중 계획, 프로젝트
Prominente	프로미넨테	남여 연예인, 유명인
Prophet	프로페트	남 예언자
Prosa	프로자	여 산문(체)
prosit	프로지트	건배!, 축하합니다.
Prospekt	프로스펙트	남 (선전) 팸플릿, 가격표
prost	프로스트	건배! 축하합니다
Protest	프로테스트	남 항의, 이의

Es hagelte national und international
Proteste.
국내외적으로 항의가 빗발쳤다.

Protestant	프로테스탄트	남 신교도
protestantisch	프로테스탄티쉬	신교의
protestieren	프로테스티런	항의하다, 이의를 제기하다
Provinz	프로빈츠	여 주(州), 성(省)
Prozent	프로첸트	중 퍼센트
Prozess	프로체스	남 소송, 재판
prüfen	프뤼펜	검사하다, 조사하다
Prüfung	프뤼풍	여 시험, 검사

Ich habe die Prüfung bestanden.
나는 그 시험에 합격했다.

prügeln	프뤼겔른	(몽둥이로) 때리다, 구타하다

Psychologie	프시효로기	여 심리학
Publikum	푸블리쿰	중 청중, 관객, 시청자
Pullover	풀로버	남 스웨터
Puls	풀스	남 맥박(수)
Pult	풀트	중 연설대, 경사진 책상
Pumpe	품페	여 펌프
Punkt	풍크트	남 점, 반점; 득점
pünktlich	핑크틀리히	시간을 엄수하는, 시간대로의
Puppe	푸페	여 인형, 꼭두각시
putzen	푸첸	깨끗이하다, 닦다
Putzlappen	푸츠라픈	남 걸레

Q

Quadrat	크바드라트	중 정사각형
	Ein Quadrat hat vier gleich lange Seiten. 정사각형은 네 변의 길이가 같다.	
Quadratmeter	크바드라트메터	남 평방미터, 제곱미터
Qual	크발	여 고통, 괴로움
quälen	크벨런	괴롭히다, 문책하다
Qualität	크발리테트	여 품질, 질
Qualm	크발름	남 자욱한 연기
Quantität	크반티테트	여 양, 수량
Quark	크바르크	남 응유(凝乳)
Quelle	크벨레	여 샘, 원천, 기원
quer	크베어	가로질러, 비스듬한
Quittung	크비퉁	여 영수증

R

Rabatt	라바트	답 할인, 감가

50% Rabatt wird auf Kleidung gegeben.
모든 옷이 50% 할인된다.

Rabe	라베	답 까마귀
Rache	라허	여 복수, 보복
rächen	레현	보복하다, 앙갚음하다
Rad	라트	중 바퀴; 톱니
Radiergummi	라디어구미	답 지우개
radikal	라디칼	철저한, 가차없는
Radio	라디오	중 라디오(방송)
Rahm	람	답 크림
Rahmen	라먼	답 틀, 액자, 프레임
Rakete	라케터	여 로켓, 미사일
Rand	란트	답 가장자리, 변두리, 모서리

Das Hotel liegt am Rand der Altstadt.
그 호텔은 구시가지 변두리에 있다.

Rang	랑	답 지위, 신분, 서열
Rappen	라펀	답 라펜(스위스 통화 100분의 1 프랑켄)
rasch	라쉬	빠른, 신속한

Rasen	라즌	🗑 잔디(밭); 경기장
rasen	라즌	질주하다, 폭주하다
rasieren	라지런	면도하다, 털을 깎다

Sein Gesicht war immer glatt rasiert.
그의 얼굴은 항상 매끈하게 면도되어 있다.

Rasse	라쎄	🗑 인종, 종족, 혈통
Rast	라스트	🗑 휴식, 휴게
Rat	라트	🗑 조언, 충고
raten	라튼	조언을 하다, 충고하다
Rathaus	라트하우스	🗑 시청
rational	라치오날	합리적인
Ratschlag	라트쉬라크	🗑 충고, 조언
Rätsel	레철	🗑 수수께끼, 퍼즐
Ratte	라터	🗑 (큰) 쥐
rauben	라우번	빼앗다, 강탈하다
Räuber	로이버	🗑 강도

Der Räuber war in seinem Haus
verhaftet worden.
도둑은 그의 집에서 체포되었다.

Rauch	라우흐	🗑 연기
rauchen	라우헌	연기를 내다, 연기가 나다
Raucher	라우허	🗑 흡연자
Raum	라움	🗑 방, 공간, 장소

räumen	로이멘	(장소를) 넘겨주다, 떠나다
Raupe	라우페	예 애벌레
rauschen	라우션	(바람, 물이) 쇄쇄[좔좔] 소리를 내다
der Rasen	라즌	냄 잔디
reagieren	레아기런	반응하다
Reaktion	레악치온	예 반응, 반향
real	레알	현실의, 실제의
realisieren	레알리지런	실현하다; 이해하다

Eines Tages kannst du deine Träume realisieren.
언젠가 너는 너의 꿈들을 이룰 수 있을 것이다.

realistisch	레알리스티쉬	현실적인, 실리적인
Rechenschaft	레헌샤프트	예 해명, 변명
Rechnen	레히넨	중 계산
rechnen	레히넨	계산하다, 셈하다
Rechnung	레히눙	예 계산서
Recht	레히트	중 권리, 권한; 공정
recht	레히트	정확한, 적당한, 도리에 맞는
rechtfertigen	레히트페르티근	정당화하다, 변호하다
rechts	레히츠	오른쪽에, 우익에
Rechtsanwalt	레히츠안발트	냄 변호사

Rede	레더	예 연설, 발언
reden	레든	얘기하다, 논하다

Reden ist Silber, Schweigen ist Gold.
웅변은 은이고 침묵은 금이다.

reduzieren	레두치런	줄이다, 삭감하다
Reform	레포름	예 개혁, 혁신
reformiert	레포르미어트	개혁된, 개량된
Regal	레갈	중 선반, 서가; 진열대
rege	레거	활기 있는, 번성하는
Regel	레겔	예 규칙; 습관
regelmäßig	레겔메씨히	규칙적인, 조화로운

Er besucht seine Eltern regelmäßig.
그는 그의 부모님을 정기적으로 방문한다.

regeln	레글른	규칙을 세우다, 규제하다
Regen	레근	남 비(rain)
Regenbogen	레근보근	남 무지개
Regenmantel	레겐만틀	남 비옷
Regenschirm	레근쉬름	남 우산
regieren	레기런	통치하다, 지배하다
Regierung	레기룽	예 정부, 내각
Register	레기스터	중 (서적의) 색인; 기록부
regnen	레그넨	비가 내리다

reiben	라이번	문지르다, 마찰시키다
Reich	라이히	중 제국, 왕국; 영역
reich	라이히	부유한, 부자의
reichen	라이현	도달하다, 족하다
Reichtum	라이히툼	남 부, 부유
reif	라이프	숙성한, 익은

Die Zeit ist noch nicht reif dafür.
그것을 하기에는 시기상조이다.

Reifen	라이픈	남 타이어; 팔찌
Reihe	라이에	여 차례, 줄, 배열
Reim	라임	남 운, 각운
rein	라인	순수한, 청결한
reinigen	라이니근	청소하다, 깨끗이하다
Reinigung	라이니궁	여 청소, 정화
Reis	라이스	남 쌀, 밥
Reise	라이제	여 여행

Wollen wir zusammen eine Reise machen?
우리 같이 여행 갈래?

Reisebüro	라이제뷔로	중 여행사, 관광안내소
reisen	라이즌	관광하다, 여행 떠나다
Reisende[r]	라이즌더	남 여 여행자, 나그네
Reisepass	라이제파스	남 여권

Reiseziel	라이제칠	중 목적지
Reiskocher	라이스코허	담 전기밥통
reißen	라이쎈	**찢다, 부수다**

Die Kinder reißen das Papier in kleine Stücke.
아이들은 종이를 잘게 자른다.

reiten	라이튼	**(말을) 타고 가다, 승마하다**
Reiten	라이튼	중 승마
Reiz	라이츠	담 자극, 매력
reizen	라이첸	**흥미를 끌다, 매혹하다**
reizend	라이첸드	**매력적인, 느낌이 좋은**
Reklame	레클라머	여 선전, 광고
Rekord	레코르트	담 (최고) 기록
relativ	레라티프	**상대적인, 비교상의**

Er ist relativ jung. 그는 비교적 젊은 편이다.

Religion	렐리기온	여 종교
religiös	렐리기외스	**종교의, 경건한; 독실한**
rennen	레넌	**달리다, 뛰다**
Rente	렌터	여 연금, 은급
Reparatur	레파라투어	여 수리, 보수
reparieren	레파리런	**수리하다, 보수하다**
Republik	레푸블릭	여 공화국, 공화제

N
O
P
Q
R
S
T
U
V
W
X
Y
Z

reservieren	레저비런	떼어두다, 남겨두다; 예약하다

Ich möchte ein Zimmer reservieren.
방 하나 예약하겠습니다.

Reservierung	레저비룽	예 예약, 보류
Rest	레스트	남 나머지; 부족분
Restaurant	레스토랑	중 레스토랑, 음식점
Resultat	레줄타트	중 결과, 성과
retten	레튼	구하다, 원조하다
Rettich	레티히	남 무
Rettung	레퉁	예 구출, 원조

Er bringt euch die entgültige Rettung.
그가 너희에게 영원한 구원을 베풀 것이다.

Reue	로이어	예 후회, 회한
reuen	로이언	후회하다, 뉘우치다
Revolution	레볼루치온	예 혁명, 변혁
Rezept	레첲트	중 처방전; 조리법
rezeptfrei	레첲트프라이	처방전이 필요없는
Rezeption	레쳅치온	예 접수(처), 수용; 프런트

Hallo, ist da die Rezeption?
여보세요, 거기 프런트죠?

der Rhein	라인	라인 강
Rhythmus	리트무스	남 리듬, 율동
richten	리히튼	향하게 하다, 조정하다

Richter	리히터	個 판사, 재판관
richtig	리히티히	바른, 정당한
Richtung	리히퉁	個 방향, 경향, 흐름
riechen	리헌	냄새가 나다
Riemen	리먼	個 가죽끈, 혁대
Riese	리제	個 거인, 거한, 거대 물건
riesig	리지히	거대한
		Die Arbeit macht mir riesig viel Spaß. 그 일은 나에겐 정말 재밌다.
Rind	린트	個 소
Rindfleisch	린트플라이쉬	個 쇠고기
Ring	링	個 반지
rinnen	리넌	천천히 흐르다, 새어 나오다
Rippe	리페	個 갈비뼈, 늑골
Risiko	리지코	個 위험, 모험
riskieren	리스키런	위험을 무릅쓰다, 감히 ~하다
Riss	리스	個 금, 균열, 갈라진 틈
Ritter	리터	個 (중세) 기사, 기병
Rock	록	個 치마
roh	로	(스테이크를) 살짝만 익힌, 레어
Rohr	로어	個 갈대, 관

Röhre	뢰레	예 관, 파이프
Rolle	롤레	예 배역, 역할
	Er spielt eine wichtige Rolle. 그는 중요한 역할을 한다.	
rollen	롤런	구르다, 굴러가다, 굴리다
Roman	로만	남 (장편)소설
romantisch	로만티쉬	낭만파의, 낭만적인
rosa	로자	분홍색의
Rose	로제	예 장미
Rosine	로지네	예 건포도
Rost	로스트	남 녹; 석쇠
rösten	뢰스턴	굽다, 볶다
rot	로트	빨간색, 붉은
Rübe	뤼버	예 순무
Rubin	루빈	남 루비
Rücken	뤼큰	남 등; 손등; 후미
rücken	뤼큰	움직이다, 옮기다
Rückerstattung	뤽에어슈타퉁	예 환불
Rückfahrkarte	뤼크파르카르터	예 왕복 승차권
	Rückfahrkarte ist eine Fahrkarte nur für die Rückfahrt 왕복 승차권은 왕복 승차를 위한 승차권이다.	
Rückfahrt	뤼크파르트	예 (탈것으로) 귀로

Rückkehr	뤼크케어	⑩ 귀환, 복귀
Rücklicht	뤼크리히트	⑧ 미등, 테일램프
Rucksack	룩자크	⑩ 배낭, 룩색
Rücksicht	뤼지히트	⑩ 배려, 염려
rücksichtslos	뤼지히츠로스	배려가 없는, 가차 없는
Rücktritt	뤼크트리트	⑩ 사임, 퇴직, 은퇴
rückwärts	뤼베르츠	뒤로, 역방향으로
Ruder	루더	⑧ 노, 방향타, 키

ans Ruder kommen 실권을 장악하다

rudern	루던	(배를) 젓다
Ruf	루프	⑩ 외침, 외치는 소리
rufen	루펀	부르다, 말을 걸다
Ruhe	루어	⑩ 침묵, 정적
ruhen	루언	휴식하다, 자다; 멈추다
ruhig	루이히	조용한, 평온한, 정지된

Wenn du ruhig dasitzt, dann kannst
du ein Bonbon bekommen.
네가 가만히 저기 앉아 있으면, 사탕을 하나 받을 수 있어.

Ruhm	룸	⑩ 명성, 영예
rühren	뤼런	뒤섞다, 휘젓다
Rührkuchen	뤼어쿠흔	⑩ 카스텔라
Ruine	루이너	⑩ 폐허, 잔해

Rumpf	룸프	남 선체
rund	룬트	둥근, 원형의
Runde	룬더	여 한 바퀴; 소모임
Rundfunk	룬트풍크	남 라디오 (방송)
Russe	루쎄	남 러시아인
russisch	루씨쉬	러시아(인, 어)의
Russland	루쓰란트	러시아
Rüstung	뤼스퉁	여 군비; 무장
rutschen	루천	미끄러지다; 옆으로 비키다

Er ist auf dem Eis gerutscht.
그는 얼음판에서 미끄러졌다.

| rütteln | 뤼털른 | 흔들다, 진동시키다 |

S

Saal	잘	답 홀, 집회장
Sache	자헤	여 물건; 의류; 식료품
sachlich	자흐리히	객관적인, 공정한
Sack	자크	답 주머니, 자루; 지갑
säen	제언	(씨를) 뿌리다
Saft	자프트	답 주스
Sage	자게	여 전설, 소문
Säge	제게	여 톱
sagen	자근	말하다, 진술하다, 말을 전하다
	Du sagst es. 그게 말이야.	
Sahne	자너	여 생크림, 유지
Saison	제종	여 계절, 시즌
Salat	잘라트	답 샐러드
Salbe	잘버	여 연고, 바르는 약
Salz	잘츠	중 소금
salzig	잘치히	짠, 염분이 든
Samen	자멘	답 씨앗; 기원; 정액

sammeln	자멜른	**모이다, 모으다**
	Das Sammeln von Briefmarken ist sein Hobby. 우표 수집이 그의 취미이다.	
Sammlung	잠룽	예 **수집, 모금**
Samstag	잠스탁	남 **토요일**
sämtlich	젬틀리히	**전부의, 모두**
Sand	잔트	남 **모래**
Sandwich	샌드위치	중 **샌드위치**
sanft	잔프트	**부드러운, 친근한**
Sänger	젱어	남 **가수**
Sankt	잔크트	**성(스러운) (Saint)**
Satellit	자텔리트	남 **위성**
satt	자트	**배부른, 만족하는**
	Ich bin zu satt. 나는 너무 배부르다.	
Sattel	자틀	남 **안장**
Satz	자츠	남 **문장; 주제; (수학의) 정리**
sauber	자우버	**깨끗한, 깔끔한, 완벽한**
sauer	자우어	**신맛 나는, 괴로운**
saufen	자우펀	**마시다, (술을) 들이키다**
saugen	자우근	**빨다, 흡입하다**

Säule	조일레	예 기둥
sausen	자우젠	(물, 바람이) 휭휭 소리내다; 사납게 날뛰다
S-Bahn	에스반	예 도시고속철도
Schach	샤흐	중 체스, 장기
Schachtel	샤흐텔	예 (두꺼운 종이의) 상자
schade	샤더	아까운, 유감스러운

Schade, dass du nicht dabei warst.
네가 없어서 유감이었어.

Schädel	셰델	남 두개골, 머리
Schaden	샤든	남 손상, 파손, 불이익
schaden	샤든	해를 끼치다, 손상시키다
schädlich	셰틀리히	유해한, 악영향을 끼치는
Schaf	샤프	중 양(羊); 바보
schaffen	샤펀	완성하다, 해결하다

Kannst du es gut schaffen?
넌 잘할 수 있어?

Schaffner	샤프너	남 차장
Schal	샬	남 스카프
Schale	샬러	예 쟁반, 접시; 껍질
schälen	셸런	껍질을 벗기다
Schall	샬	남 소리, 음향
Schallplatte	샬플라터	예 레코드, 음반

schalten	샬튼	스위치를 켜다, 조작하다, 전환하다

Schalt bitte um! 채널 좀 돌려봐라!

Schalter	샬터	답 스위치; 창구
Scham	샴	여 수치, 부끄러움 (shame)
schämen	셰먼	부끄러워하다, 수줍어하다

Ich kann nicht vor anderen Leuten singen, weil ich mich schäme.
나는 부끄러워서 사람들 앞에서 노래를 못한다.

Schande	샨더	여 수치, 불명예, 치욕
Schar	샤르	여 무리, 집단, 다수
scharf	샤르프	날카로운; 자극적인; 매운
schärfen	셰르펀	(칼날을) 갈다
Schatten	샤튼	답 그림자, 그늘; 환영
Schatz	샤츠	답 보물, 수집품
schätzen	셰천	견적하다, 평가하다
Schau	샤우	여 전람회, 진열, 전시
schaudern	샤우던	(추위, 공포로) 몸서리치다, 오싹하다
schauen	샤우언	보다, 바라보다; 주의하다

Schau mal die Blume! 저 꽃을 봐!

Schauer	샤우어	답 소나기
schauern	샤우언	몸서리치다

Schaufel	샤우펄	여 삽, 한 삽의 분량
Schaufenster	샤우펀스터	중 쇼윈도
Schaukel	샤우클	여 그네
schaukeln	샤우클린	그네타다, 몸을 흔들다
Schaum	샤움	남 거품
Schauspiel	샤우스필	중 연극, 각본; 구경거리
Schauspieler	샤우슈필러	남 배우, 연기자
Scheck	쉐크	남 수표
Scheibe	셰이버	여 원반; 판유리
scheiden	셰이든	구분하다, 나누다

Er will sich nicht von seiner Frau scheiden lassen.
그는 아내와 이혼하고자 하지 않는다.

Scheidung	샤이둥	여 이혼
Schein	샤인	남 빛, 광채, 광택
scheinbar	샤인바르	보여주기 위한, 외견상의
scheinen	샤이넌	빛을 발하다, 빛나다
Scheinwerfer	샤인베르퍼	남 헤드라이트, 탐조등
scheitern	샤이턴	실패하다, 좌절하다
Schelle	셸러	여 방울, 벨
Schelm	셸름	남 장난꾸러기; 악당
schelten	셸턴	야단치다, 비난하다

Schema	셰마	중 틀, 기준, 규준
Schenkel	셴클	남 넓적다리
schenken	셴큰	선물하다, 용기를 주다
Schere	쉐레	여 가위
Scherz	셰르츠	남 농담; 놀림

Mach keinen Scherz! 농담하지 마!

scheu	쇼이	겁먹은, 소심한; 내성적인
scheußlich	쇼이쓸리히	섬뜩한, 소름 끼치는
Schi	쉬	남 스키
Schicht	쉬히트	여 층, 막, 계층
schick	쉬크	세련된, 유행하는
schicken	쉬큰	보내다, 가게 하다

Ich schicke dir eine E-Mail.
내가 이메일을 보낼게.

Schicksal	쉬크잘	중 숙명, 운명
schieben	쉬번	밀다, 밀어넣다, 떠넘기다
schief	쉬프	경사진, 왜곡된, 잘못된

Die mündliche Prüfung ist schief gegangen.
그 구술시험은 불합격 되었다.

Schiene	쉬너	여 (철도)선로, 레일
schießen	쉬썬	쏘다, 사격하다, 발사하다
Schiff	쉬프	중 배, 선박

das Skilaufen	쉬라우픈	중 스키
Schild	쉴트	중 간판
schildern	쉴던	묘사하다, 서술하다
Schilderung	쉴더룽	묘사, 서술
Schildkröte	쉴트크뢰테	여 거북
Schilf	쉴프	중 갈대
Schilling	쉴링	남 실링(오스트리아의 통화, 100분의 1 그로스헨)
schimmern	쉬먼	희미하게 빛나다
schimpfen	쉼펀	욕을 하다, 악담하다
		Er hat über mich geschimpft.
		그는 나에 대해 험담을 했다.
Schinken	쉰큰	남 햄, (돼지의) 넓적다리 고기
Schirm	쉬름	남 우산, 양산; 낙하산
Schlacht	쉴라트	여 전투, 시합
Schlaf	쉴라프	남 잠, 수면, 졸림
Schläfe	쉴레퍼	여 관자놀이
schlafen	쉴라펀	자다, 취침하다, 쉬다
		Das Baby schläft in der Wiege.
		아기가 요람에서 자고 있다.
schläfrig	쉴레프리히	졸린, 나른한
Schlag	쉴라크	남 타격, 구타
schlagen	쉴라근	치다, 때리다, 때려박다

N O P Q R S T U V W X Y Z

Schlager	쉴라거	남 유행가, 히트곡
Schläger	슐레거	남 라켓
Schlagwort	쉴라보르트	중 표어, 슬로건
Schlagzeile	쉴라크차일러	여 (신문) 헤드라인, 머리기사
Schlamm	쉴람	남 진흙, 진창, 수렁
Schlange	쉴랑어	여 뱀; 교활한 여자

Wir sind zu spät angekommen, daher müssen wir lange in der Schlange stehen.
우리는 너무 늦게 도착해서 줄에 오래 서 있어야만 한다.

schlank	쉴랑크	날씬한, 호리호리한
schlau	쉴라우	빈틈 없는, 교활한, 영리한
Schlauch	쉴라우흐	남 (수도, 가스) 호스, 관
schlecht	슐레히트	나쁜, 불운한, 불쾌한
schleichen	쉴라이현	몰래 걷다[들어가다, 나오다]
Schleier	쉴라이어	남 베일, 덮개, 포막
schleifen	쉴라이펀	(칼을) 갈다, (보석을) 연마하다
schleppen	쉴레픈	끌다, 견인하다, 억지로 끌고가다
schlicht	쉴리히트	간소한, 단순한
schließen	쉴리쎈	닫다, 끝마치다
schließlich	쉴리쓰리히	마침내, 결국, 드디어
schlimm	쉴림	중대한, 심각한; 좋지 않은

	Das ist wirklich schlimm. 그건 심각한 일이야.	
schlingen	쉴링언	~에 얽히다, 휘감다, 짜다
Schlips	립스	팀 넥타이
Schlitten	쉴리튼	팀 썰매; 활판
Schlittschuh	쉴리트슈	팀 스케이트화
Schloss	쉴로스	중 자물쇠, 걸쇠
schluchzen	쉴루흐첸	흐느껴울다, 딸꾹질하다
Schluck	쉴룩	팀 한 입(의 양)
Schluckauf	슐룩아우프	팀 딸꾹질
schlucken	쉴루큰	삼키다, 흡수하다
schlummern	쉴루먼	잠들다, 잠들어 있다
Schluss	쉴루스	팀 끝, 종말, 결말
Schlüssel	쉴뤼셀	팀 열쇠, 단서, 해답
schmal	쉬말	좁은, 빈약한
schmecken	쉬메큰	~한 맛이 나다, 맛있다
schmeicheln	슈마이헐른	우쭐하게 하다, 아부하다
schmeißen	슈마이쎈	던지다, 중단하다, 포기하다
schmelzen	슈멜천	녹다, 녹이다
Schmerz	슈메르츠	팀 아픔, 통증
Schmetterling	슈메터링	팀 나비

S

schminken	슈밍켄	**화장하다**

Wie kann man sich seine Lippen schön schminken?
어떻게 입술을 예쁘게 화장할 수 있습니까?

Schmuck	쉬묵	퇴 장식; 보석
schmücken	슈뮈큰	**장식하다, 예쁘게 꾸미다**
Schmuggel	슈무걸	퇴 밀수
Schmutz	슈무츠	퇴 더러운 것, 오물, 먼지, 때
schmutzig	슈무치히	**더러운, 불결한, 저속한**

Das Zimmer ist sehr schmutzig.
방이 아주 지저분하다.

Schnabel	슈나블	퇴 (새의) 부리
Schnalle	슈날러	여 버클, 죔쇠
schnarchen	슈나르현	**코를 골다**

Gestern konnte ich nicht gut schlafen, weil mein Mann extrem geschnarcht hat.
남편이 너무 심하게 코를 곯아서 나는 어제 잠을 잘 잘 수가 없었다.

Schnecke	슈네커	여 달팽이; 느린 사람
Schnee	슈네	퇴 눈(雪)
Schneidebrett	쉬나이데브레트	중 도마
Schneidemesser	쉬나이데메써	중 식칼
schneiden	슈나이든	**자르다, 잘라서 나누다**
Schneider	슈나이더	퇴 재단사, 재봉사

schneien	쉬나이엔	**눈이 내리다**
schnell	쉬넬	**빠른, 신속한, 즉시의**
	Steh schnell auf! 어서 일어나라!	
Schnellzug	슈넬추크	🔵 **급행열차**
Schnitt	슈니트	🔵 **절단, 자르기, 베인 상처**
Schnupfen	슈누펜	🔵 **코감기**
Schnur	슈누르	🔴 **끈, 로프**
Schock	쇼크	🔵 **타격, 충격**
Schokolade	쇼콜라데	🔴 **초콜릿**
schön	쇤	**아름다운, 예쁜**
	Ist sie schön? 그녀는 예뻐요?	
schon	숀	**이미, 벌써; 정말로**
schonen	쇼넨	**소중히 다루다**
Schönheit	쇤하이트	🔴 **아름다움, 미인**
schöpfen	쇠펜	**푸다, 뜨다, 긷다**
Schöpflöffel	쇠프로플	🔵 **국자**
Schornstein	쇼른슈타인	🔵 **굴뚝**
Schoß	쇼쓰	🔵 **무릎, 허벅지**
schräg	슈레크	**경사진; 특이한**
Schrank	슈랑크	🔵 **찬장; 옷장; 서가**

Schranke	슈랑커	여 차단기, (통행을 막는) 차단봉
Schraube	슈라우버	여 나사, 볼트; 프로펠러
Schraubenzieher	슈라우븐치허	남 드라이버
Schreck	슈레크	남 경악, 놀람, 공포
schrecken	슈레큰	놀라게 하다, 놀라다
Schrecken	슈레큰	남 놀람, 경악, 공포, 무서운 사람
schrecklich	슈레클리히	무서운, 두려운

Es ist schrecklich. 그건 무섭지.

Schrei	슈라이	남 비명, 우는 소리, 외침
schreiben	슈라이븐	글을 쓰다, 집필하다
Schreibmaschine	슈라이프마쉬너	여 타이프라이터
Schreibtisch	슈라이프티쉬	남 책상, 필사대
Schreibwaren	쉬라입바렌	여 문방구, 필기구
schreien	슈라이언	외치다, 큰소리를 내다, 울부짖다
schreiten	슈라이튼	걷다, 보행하다
Schrift	슈리프트	여 활자, 문자, 글씨체
schriftlich	쉬리프트리히	문자에 의한, 문서의
Schriftsteller	슈리프트슈텔러	남 작가, 저자

Er ist einer der berühmtesten
Schriftsteller in Deutschland.
그는 독일에서 가장 유명한 작가 중에 하나이다.

Schritt	쉬리트	남 걸음, 걸음걸이
schroff	슈로프	무뚝뚝한, 험악한
Schublade	슙라데	여 서랍
schüchtern	쉬히터른	수줍어하는, 부끄러워하는
Schuh	슈	남 구두
Schularbeit	슐아르바이트	여 숙제, 과제
Schulbuch	슐부흐	중 교과서
Schuld	슐트	여 책임, 과실; 죄; 채무
schuldig	슐디히	책임이 있는, 죄가 있는
Schule	슐레	여 학교

Du kommst zu spät zur Schule.
학교에 지각하겠구나.

Schüler	쉴러	남 학생, 제자, 문하생
Schülerin	쉴러린	여 여학생
Schulter	슐터	여 어깨
Schürze	쉬르처	여 앞치마
Schuss	슈쓰	남 사격, 발포
Schüssel	쉬썰	여 사발, 대접
Schutt	슈트	남 파편, 폐기물
schütteln	쉬테른	흔들다, 흔들어 떨구다
schütten	쉬턴	붇다, 쏟다

N O P Q R S T U V W X Y Z

Schutz	슈츠	閏 보호, 방어
schützen	쉬첸	지키다, 막다
schwach	쉬바흐	약한, 연약한
Schwäche	쉬베혀	囡 약함, 쇠약, 쇠퇴, 약점
Schwager	슈바거	閏 시동생, 처남
Schwägerin	슈베거린	囡 시누이, 올케
Schwalbe	슈발베	囡 제비
Schwamm	슈밤	閏 스펀지, 해면
Schwan	슈반	閏 백조
schwanger	슈방거	임신한
	Sie ist im siebten Monat schwanger. 그녀는 임신한 지 7개월이 되었다.	
schwanken	슈방큰	흔들리다, 방황하다
Schwanz	쉬반츠	閏 꼬리
schwärmen	슈베르먼	무리 짓다, 떼로 이동하다
schwarz	쉬바르츠	검정색
schweben	슈베번	떠 있다, 떠다니다
Schwefel	슈베펠	閏 유황(원소기호 S)
schweigen	슈바이근	침묵하다, 입을 다물다
Schwein	쉬바인	匣 돼지
Schweiß	슈바이스	閏 땀

Schweiz	슈바이츠	예 스위스
Schweizer	슈바이처	남 스위스인
schwellen	슈벨른	팽창하다, 커지다
schwer	슈베어	무거운; 어려운, 고된

Ist das nicht schwer?
그거 어렵지 않나요?

Schwert	슈베어트	중 검, 무력
Schwester	슈베스터	예 자매, 언니, 여동생
Schwiegereltern	슈비거엘턴	복 시부모
Schwiegermutter	슈비거무터	예 시어머니, 장모
Schwiegersohn	슈비거존	남 사위
Schwiegertochter	슈비거토흐터	예 며느리
Schwiegervater	슈비거파터	남 시아버지, 장인
schwierig	슈비리히	어려운, 다루기 힘든
Schwierigkeit	슈비리히카이트	예 곤란, 귀찮음; 곤경

Er hat Schwierigkeiten, Arbeit zu finden.
그는 일자리를 찾는데 어려움이 있다.

Schwimmen	슈비멘	중 수영
schwimmen	슈비멘	수영하다
Schwimmer	슈비머	남 수영 선수, 헤엄치는 사람
Schwindel	슈빈들	남 어지러움, 현기증
schwindeln	슈빈델른	현기증 나다; 거짓말하다

schwinden	슈빈든	차츰 사라지다, 줄어들다
schwingen	슈빙언	흔들다, 흔들리다
schwitzen	슈비츤	땀흘리다, 이슬이 맺히다

Warum schwitze ich bloß so viel?
왜 이렇게 땀이 많이 나지?

schwören	슈뵈런	맹세하다, 선언하다
schwul	슈불	호모의, 동성애의
schwül	슈빌	무더운, 답답한
Schwung	슈붕	圄 흔들림, 진동; 탄력
sechs	젝스	6
sechzehn	제히첸	16
sechzig	제히치히	60
See	제	圄 호수
Seele	젤러	예 마음, 정신, 혼
Segel	제글	圕 돛
segeln	제글린	항해하다, 돛배를 타고 가다
Segen	제근	圄 축복(의 기도)
segnen	제그넌	축복하다
sehen	제엔	보다, 보이다

Mal sehen! 한번 지켜보자.

sehnen	제넌	동경하다, 갈망하다

Sehnsucht	젠주흐트	예 동경, 사모; 향수
sehr	제어	대단히, 무척, 극히
Seide	자이더	예 비단, 실크
Seife	자이페	예 비누
Seil	자일	중 밧줄, 로프
Seilspringen	자일슈프링엔	중 줄넘기
sein	자인	~이다, 있다, 존재하다; 일어나다
seit	자이트	~이후, ~부터 지금까지
seitdem	자이트덤	그 이후
Seite	자이터	예 측면, 옆, 일면, 페이지
	Wie viele Seiten musst du kopieren?	
	몇 장을 복사해야 하니?	
Sekretär	제크레테어	남 비서
Sekretärin	제크레테린	예 여비서
Sekunde	제쿤데	예 초(秒)
selber	젤버	스스로, 그 자체
selbst	젤프스트	스스로, 그 자체
selbstständig	젤프스트슈텐디히	자주적인, 독립한
selbstverständlich	젤프스트페어슈텐트리히	당연한, 자명한
selig	젤리히	축복받은, 행복한
selten	젤튼	가끔, 드물게

seltsam	젤트잠	기묘한, 이상한
Semester	제메스터	중 (대학의) 학기
Seminar	제미나	중 세미나, 연습, 연구실
	Ich nehme an dem Seminar teil. 나는 그 세미나에 참석한다.	
Semmel	제멀	여 밀가루 빵, 흰 빵;
senden	젠든	보내다, 파견하다
Sender	젠더	남 방송국, 발신기
Sendung	젠둥	여 발송, 송부
Senf	젠프	남 겨자 소스
Senior	제니오어	남 노인; 부친
senken	젠큰	내리다, 저하시키다
senkrecht	젠크레히트	수직의, 직립의
Sensation	젠자치온	여 큰 소동, 대사건
sensibel	젠지블	섬세한, 느끼기 쉬운
sentimental	젠티멘탈	감상적인, 눈물을 유발하는
September	젭템버	남 9월
Serie	제리어	여 연속, 계속, 연재물
Serviette	제르비에테	여 냅킨
Servus	제르부스	남 잘 있어! 잘 가!
Sessel	제쓸	남 안락의자

setzen	제천	**두다, 얹다, 앉히다**
	Ich will mich gar nicht erst setzen. 나는 몹시 서두르고 있어.	
Seuche	조이혀	예 **전염병; 악습**
seufzen	조이프츤	**한숨 쉬다, 신음하다**
Seufzer	조이프처	남 **한숨**
sexy	젝시	**섹시한**
Shampoo	샴푸	중 **샴푸**
sich	지히	**자기에게, 자기를**
Sichelmond	지흘몬트	남 **초승달**
sicher	지혀	**안전한, 위험하지 않은, 확실한**
	Ich bin sicher! 나는 확신해!	
Sicherheit	지혀하이트	예 **안전, 무사; 확실성**
sichern	지현	**안전하게 하다; 보증하다**
Sicht	지히트	예 **시야, 견지**
sichtbar	지히트바	**볼 수 있는, 현저한**
sie	지	**그녀, 그것**
Sie	지	**당신(들)**
sieben	지벤	**7**
siebenhundert	지벤훈더르트	**700**
siebzehn	집첸	**17**

S

siebzig	집치히	70
siedeln	지덜른	이주하다, 식민시키다
sieden	지던	끓다, 비등하다
Siedlung	지들룽	예 주택 단지; 이민촌
Sieg	지크	답 승리, 우승

Wir feiern unseren Sieg selbst.
우리는 승리를 자축했다.

Siegel	지겔	중 도장, 인감; 봉인
siegen	지근	이기다, 승리하다
Sieger	지거	답 승리자, 우승자
Signal	지그날	중 신호(기), 교통표지
Silbe	질버	예 음절
Silber	질버	중 은; 은화
silbern	질버른	은색
silbern	질번	은의, 은제품의

Das silberne Gebäude ist neu gebaut.
저 은색 건물 새로 지었구나.

singen	징언	노래하다, 지저귀다
sinken	징큰	가라앉다, 낙하하다
Sinn	진	답 감각, 지각, 감성
sinnen	지년	생각하다, 숙고하다
sinnlich	진리히	감각의, 감성적인

sinnlos	진로스	무의미한, 쓸모없는
Sitte	지터	옌 관습, 풍속
sittlich	지틀리히	도덕적인, 도의에 맞는
Situation	지투아치온	옌 상황, 입장, 사정
Sitz	지츠	남 좌석
sitzen	지천	앉아 있다
Sitzplatz	지츠플라츠	남 좌석
Sitzung	지충	옌 회의, 집회; 개회
Skandal	스칸달	남 추문, 스캔들
Ski	쉬	남 스키
Skizze	스키체	옌 스케치, 소묘, 약도
Slip	슬립	남 팬티
Smog	스모크	남 스모그
so	조	그다지; 그렇게; 굉장히
sobald	조발트	~하자마자, ~하는 즉시
	Sobald dein Vater ankam, lass uns mit dem Essen anfangen. 아버지가 오시는 즉시, 식사를 시작하자.	
Socke	조케	옌 양말
sodass	조다스	~할 정도로, 그런 까닭에
soeben	조에번	방금 전, 바로 지금
Sofa	조파	중 소파

sofern	조페른	~하는 한, ~할 경우엔
sofort	조포트	즉시, 곧바로
sogar	조가르	~까지도, ~조차도
sogleich	조글라이히	즉시, 곧
Sohle	졸러	예 발바닥, 구두바닥
Sohn	존	남 아들

Mein Sohn ist 8 Jahre alt.
내 아들은 8살이다.

solang[e]	졸랑[거]	~하는 한(as long as)

Solange er bei dieser Firma arbeitet, soll er in Seoul wohnen.
그는 그 회사에서 일하는 한, 서울에 살아야 한다.

solch	졸히	그런, 이런, 저런
Soldat	졸다트	남 군인
solide	졸리더	견고한, 견실한, 튼튼한
sollen	졸렌	~해야 한다, ~할 운명이다

Was sollen wir essen?
우리 뭐 먹을까?

Sommer	조머	남 여름
Sommerferien	조머페리엔	복 여름휴가[방학]
sonderbar	존더바	기묘한, 이상한
sondern	존던	~가 아니고(오히려)
Sonderpreis	존더프라이스	남 특별 가격

Sonnabend	존아벤트	🔵 토요일
Sonne	조네	🔴 태양, 해
Sonnenaufgang	조넨아우프강	🔵 일출
Sonnenblume	조넨블루메	🔴 해바라기
Sonnenbrille	조넨브릴레	🔴 선글라스
Sonnenhut	조넨후트	🔵 차양 모자
Sonnenschein	조넨샤인	🔵 가장 사랑하는 사람
Sonnenuntergang	조넨운터강	🔵 일몰
Sonntag	존탁	🔵 일요일
sonst	존스트	그 외에도, 게다가
Sorge	조르거	🔴 걱정(거리), 염려
sorgen	조르근	배려하다, 마음을 쓰다

Machen Sie sich bitte keine Sorgen.
걱정하지 마세요.

sorgfältig	조륵펠티히	주의 깊은, 면밀한
Sorte	조르터	🔴 품질, 등급; 품종
Soße	조쎄	🔴 소스, 드레싱
Souvenir	주버니어	🟢 (여행) 기념품
souverän	주버렌	독립된, 주권을 가진; 절대적인
soviel	조필	~하는 한, 아무리 ~일지라도

Soviel ich weiß, ist er jetzt im Krankenhaus.
내가 아는 바로는 그는 병원에 입원해 있다.

soweit	조바이트	~하는 한(as far as)
sowenig	조베니히	아무리 적게 ~라도, 비록 ~이 부족할지라도
sowie	조비	~뿐 아니라(as well as)
sowieso	조비조	어차피, 어쨌든
sowohl	조볼	~와 마찬가지로, ~도 또한
sozial	조치알	사회의, 사회적인
Sozialismus	조치알리스무스	뗨 사회주의
sozialistisch	조치알리스티쉬	사회주의의
Sozialkunde	조치알쿤데	예 사회
Spalte	슈팔터	예 갈라진 틈, 균열
spalten	슈팔튼	갈라지다, 쪼개다, 찢다
Spanien	슈파니엔	스페인
Spanier	슈파니어	뗨 스페인 사람
spanisch	슈파니쉬	스페인[어, 사람]의
spannen	슈파넌	팽팽히 펴다[당기다]
spannend	슈파넌트	흥분시키다, 두근두근하게 하다

Der Roman ist sehr spannend.
그 소설은 흥미진진하다.

Spannung	슈파눙	예 긴장, 흥분, 기대
Sparbuch	슈파르부흐	중 예금통장
Sparen	슈파런	중 예금, 저금

sparen	슈파런	모으다, 저축하다
sparsam	슈파르잠	검소한, 경제적인; 약간의
Spaß	슈파쓰	남 농담, 장난
	Mach keinen Spaß! 농담이겠지!	
spät	슈페트	늦은, 지각한, 말기의
Spaten	슈파튼	남 삽
später	슈페터	나중에, 그후
spazieren	슈파치런	산책하다, 거닐다
Spaziergang	슈파치어강	남 산책, 산보
Speck	슈펙	남 지방(脂肪)
Speichel	쉬파이흘	남 침, 타액
Speicher	슈파이혀	남 창고, 곡물 창고
Speichern	스파이허른	중 저장, 보존
Speise	슈파이제	여 요리, 음식
Speisekarte	쉬파이제카르테	여 메뉴
Speiseöl	슈파이제욀	중 식용유
spenden	슈펜던	기부하다, (자발적으로) 주다
Sperling	슈페를링	남 참새
sperren	슈퍼런	차단하다, 봉쇄하다
speziell	슈페치엘	특별한, 독특한, 전문적인

Spiegel	슈피겔	閏 거울
Spiel	슈필	쥥 놀이, 장난, (눈, 표정의) 움직임
spielen	슈필런	놀다, 시합을 하다

Du kannst nicht Karten spielen?
카드 게임을 할 줄 모르니?

Spieler	슈필러	閏 선수, 경기자
Spielzeug	슈필초이크	쥥 장난감
Spinat	슈피나트	閏 시금치
Spinne	슈피네	囤 거미
spinnen	슈피넌	(실을) 잣다, 방적하다; 생각해내다, 꾸미다
spitz	슈피츠	뾰족한, 예리한
Spitze	슈피체	囤 레이스 (옷 장식)
Sport	슈포르트	閏 체육
Sportart	슈포르트아르트	囤 운동 종목
Sportler	슈포르트틀러	閏 운동선수
sportlich	슈포르틀리히	스포츠에 관한, 스포츠맨다운

Sie ist eine sportliche Kleidung angezogen.
그녀는 스포티한 옷을 입고 있다.

Sportplatz	슈포르트플라츠	閏 운동장
spotten	슈포튼	비웃다, 조소하다
Sprache	쉬프라헤	囤 말투, 말씨, 발언

sprechen	슈프레헨	말하다, 얘기하다, 대화하다
Sprecher	슈프레혀	閏 말하는 사람, 발언자, 나레이터
Sprechstunde	슈프레히슈툰데	예 면접 시간, 진료 시간
sprengen	슈프렝언	폭파하다, 폭발시키다, 깨뜨리다
Sprichwort	슈프리히보르트	중 격언, 속담
springen	슈프링언	뛰다, 점프하다, 도약하다
Spritze	슈프리체	예 주사기, 주사, 주입
spritzen	슈프리천	물을 뿌리다, (농)약을 치다
Spruch	슈프루흐	閏 격언, 잠언; 표어
sprudeln	슈프루델른	솟아 나오다, 부글부글 끓다
sprühen	슈프뤼언	(불꽃, 물보라가) 튀다; 반짝이다
Sprung	슈프룽	閏 도약, 진보, 승진
spucken	슈푸큰	침을 뱉다
Spüle	슈필레	예 싱크대
spülen	슈퓔런	설거지하다, 헹구다

Nach dem Essen spüle ich das gebrachte Geschirr sofort.
식사 후에 나는 바로 설거지를 한다.

Spülung	슈퓔룽	예 린스
Spur	슈푸어	예 차선, 운전 방향, 궤도, 족적

auf die Spur kommen 실마리를 잡다

spüren	슈퓌런	느끼다, 알아채다
Staat	슈타트	남 국가, 나라
staatlich	슈타트리히	국가의, 국립의
Stab	슈타프	남 막대기, 지팡이
Stachel	슈타헬	남 (동식물의) 가시, 독침
Stadion	슈타디온	중 경기장
Stadt	슈타트	여 도시
städtisch	슈테티쉬	시의, 마을의
Stadtplan	슈타트플란	남 시가지도
Stahl	슈탈	남 강철(steel)
Stamm	슈탐	남 나무줄기; 종족, 혈통
stammeln	슈타머른	말을 더듬다, 중얼거리다
stammen	슈타먼	~출신이다
	Er stammt aus Seoul. 그는 서울 출신이다.	
stampfen	슈탐펀	발을 구르다; 두드리다, 때리다
Stand	슈탄트	남 직립 상태, 정지 상태, 상황
Ständerat	슈텐더라트	남 (스위스) 전체 주(州)회의 [대의원]
ständig	슈텐디히	끊임없이, 정기적으로
	Er verdient ständig viel Geld. 그는 꾸준히 많은 돈을 벌고 있다.	
Standpunkt	슈탄트풍크트	남 입장, 관점; 위치

Stange	슈탕어	예 막대기, 기둥
Star	슈타	남 인기스타, (조류) 찌르레기
stark	슈타르크	강력한, 튼튼한; 다수의
Stärke	슈테르커	예 강력함, 강도, 두터움
starr	슈타르	단단한, 경직된
starren	슈타런	가만히 보다, 응시하다
Start	슈타르트	남 시작, 출발선; 참가
starten	슈타르튼	시작하다, 출발하다
Station	슈타치온	예 역, 정류장
Statistik	슈타티스틱	예 통계학, 통계
statt	슈타트	~대신에

Statt meiner kommt er da.
나 대신에 그가 거기 갈 거야.

stattfinden	슈타트핀든	개최되다, 거행되다
stattlich	슈타트리히	당당한, 훌륭한, 상당한
Staub	슈타우프	남 먼지, 티끌; 꽃가루
staubig	슈타우비히	먼지투성이의
staunen	슈타우언	놀라다, 감탄하다
Steak	슈테크	중 스테이크

Wie möchten Sie Ihr Steak?
스테이크를 어떻게 해드릴까요?

stechen	슈테현	찌르다, (벌레가) 물다

Steckdose	슈텍도제	예 콘센트
stecken	슈테큰	꽂아 넣다, 꽂혀 있다
Stecker	슈테커	남 플러그
stehen	슈테언	서 있다, 멈추다, 어울리다
	Sie steht dir gut. 너한테 어울릴 거 같아.	
stehlen	슈텔렌	훔치다, 빼앗다
der Stiefel	슈타이펄	남 장화, 부츠
steiff	슈타이프	경직된, 구부러지지 않는, 부자연스러운
steigen	슈타이근	오르다, 타다
	Der Preis für Gemüse ist um 0,2 Prozent gestiegen. 채소 가격이 약 0.1% 정도 올랐다.	
steigern	슈타이건	올리다, 높이다; 강화하다
steil	슈타일	(경사가) 급한, 험한; 수직의
Stein	슈타인	남 돌, 석재
Stelle	슈텔러	예 장소, 자리; 순위
stellen	슈텔른	두다, 설치하다, 조정하다
Stellung	슈텔룽	예 자세, 위치
stemmen	슈테먼	(머리 위로) 들어올리다, 받치다
Stempel	슈템플	남 스탬프, 도장; 날인
sterben	슈테르븐	죽다, 사망하다

Stern	슈테른	🟦 별; 운세
	unter einem glücklichen Stern geboren sein. 행운을 누리고 있다	
stets	슈테츠	언제나, 항상
Steuer	슈토이어	🟩 (자동차) 핸들, 조종간
steuern	슈토이언	조종하다, 운전하다
Stich	슈티히	🟦 찌르기, 찔린 상처
sticken	슈티큰	수놓다, 자수하다
Stiege	슈타이거	🟥 좁고 급한 계단
Stift	슈티프트	🟦 연필, 필기구
stiften	슈티프튼	설립하다
Stiftung	슈티프퉁	🟥 재단(이 운영하는 시설)
still	슈틸	조용한, 고요한, 얌전한
Stille	슈틸러	🟥 정숙, 침묵, 평온
Stimme	슈티메	🟥 목소리, 노랫소리
Stimmung	슈티뭉	🟥 기분, 분위기, 정서
	Die Stimmung kippt. 분위기가 나빠졌다.	
stinken	슈팅켄	악취를 풍기다, 구린내가 나다
Stipendium	슈티펀디움	🟩 장학금, 연구 조성금
Stirn	슈티른	🟥 이마

N
O
P
Q
R
S
T
U
V
W
X
Y
Z

Stock	슈토크	남 몽둥이, 지팡이
Stockwerk	슈토크베르크	중 (건물의) 층
Stoff	슈토프	남 물질, 요소, 소재
stöhnen	슈퇴넌	비명을 지르다, 불평하다
stolpern	슈톨펀	비틀거리다
Stolz	슈톨츠	남 긍지, 자부심, 자존심
stolz	슈톨츠	자랑스런, 의기양양한, 거만한

Ich bin stolz auf dich.
나는 네가 자랑스럽다.

stopfen	슈톱펀	집어넣다, 밀어넣다
stoppen	토펜	멈추다, 저지하다
Storch	슈토르히	남 황새
stören	슈퇴런	방해하다, 교란하다

Bitte nicht stören! 방문 사절!

Stoß	슈토쓰	남 찌름, 걷어참, 타격
stoßen	슈토쎈	찌르다, 밀다, 때리다
stottern	쉬토터른	말을 더듬다, (연행이) 어색하다
Strafe	슈트라페	여 처벌, 형벌, 벌금
strafen	슈트라펀	처벌하다
Strahl	슈트랄	남 광선, 빛, 분출
strahlen	슈트랄런	빛을 발하다, 반짝이다

Eine schöne Frau, deren Gesicht vor Freude strahlte, kam auf ihn zu.
얼굴에 기쁨이 만연한 아름다운 여성이 그에게로 다가왔다.

Strand	슈트란트	남 해변, 해안
Strang	슈트랑	남 밧줄, 끈, 코드
Straße	슈트라쎄	여 도로, 거리
Straßenbahn	슈트라쓴반	여 시가 전차
Straßenbaum	슈트라쓴바움	남 가로수
Straßenverkehr	슈트라쓴페어케어	남 도로 교통
Strauch	슈트라우흐	남 관목, 덤불
Strauß	슈트라우쓰	남 꽃다발
streben	슈트레븐	노력하다, 추구하다
Strecke	슈트레커	여 거리, 구간, 노정
strecken	슈트레큰	펴다, 뻗다; 때려눕히다
Streich	슈트라이히	남 장난; 타격
streicheln	슈트라이혈른	쓰다듬다, 어루만지다
streichen	슈트라이현	쓰다듬다, 문지르다

Er streicht mir liebevoll durch die Haare.
그는 나의 머리카락을 사랑스럽게 쓰다듬는다.

| **Streichholz** | 슈트라이히홀츠 | 중 성냥 |
| **Streifen** | 슈트라이펀 | 남 줄무늬, 가늘고 길쭉한 부분 |

streifen	슈트라이펀	가볍게 만지다[닿다], 언급하다
Streik	슈트라이크	圄 스트라이크, 파업
streiken	슈트라이큰	파업하다
Streit	슈트라이트	圄 말다툼
streiten	슈트라이튼	말다툼하다
streng	슈트렝	엄격한, 용서하지 않는, 정확한

Er ist ein sehr strenger Katholik.
그는 아주 독실한 가톨릭 신자야.

Stress	슈트레스	圄 스트레스, 억압, 긴장
streuen	슈트로이언	뿌리다, 유포하다
Strich	슈트리히	圄 필법, 화법
Stricken	슈트리큰	㑊 뜨개질

Ich finde Stricken sehr schwer.
내게는 뜨개질이 정말 어렵다.

stricken	슈트리큰	뜨개질하다, 뜨다
Stroh	슈트로	㑊 짚, 밀짚
Strom	쉬트롬	圄 전기(電氣); 대하, 큰 흐름
strömen	슈트뢰먼	도도하게 흐르다
Strumpf	슈트룸프	圄 스타킹
Stube	슈투버	㑅 거실, 공동 기숙사
Stück	슈튁	㑊 조각, 파편
Student	슈투던트	圄 대학생

Studentenwohnheim	슈투덴튼본하임	종 **기숙사**

Er wohnt im Studentenwohnheim.
그는 기숙사에 산다.

studieren	슈투디렌	**공부하다**
Studio	슈투디오	종 **아틀리에, 화실;** **스튜디오**
Studium	슈투디움	종 **공부, 연구, 학문**
Stufe	슈투퍼	여 **계단; 수준**
Stuhl	슈툴	남 **의자**
stumm	슈툼	**말이 안 나오는, 침묵하는**
stumpf	쉬툼프	**무딘, 둔한**
Stunde	슈툰데	여 **시(時), 시간**

Es dauert eine Stunde.
한 시간 걸릴 거야.

stur	슈투어	**완고한, 집착하는**
Sturm	쉬투름	남 **폭풍; 격노**
stürmen	슈튀르먼	**폭풍이 휘몰아치다,** **급히 뛰어나가다**
Sturz	슈투르츠	남 **낙하, 추락, 몰락**
stürzen	슈튀르천	**추락하다, 급강하하다**
Stütze	슈튀쳐	여 **지주, 버팀목; 지지**
stützen	슈튀천	**지지하다, 원조하다**
Substanz	줍스탄츠	여 **물질, 실체; 내용**
Subtraktion	줍트락치온	여 **빼기, 뺄셈**

N
O
P
Q
R
S
T
U
V
W
X
Y
Z

suchen	주흔	찾다, 찾아다니다, 검색하다
	Was suchen Sie? 뭘 찾으십니까? (상점)	
Süd	쥐트	🔵 남쪽
Süden	쥐든	🔵 남쪽
Südkorea	쥐트코레아	한국
südlich	쥐트리히	남쪽의, 남부의
Südpol	쥐트폴	🔵 남극
Summe	주머	🔴 합, 합계
Sumpf	줌프	🔵 늪지대, 습지
Sünde	쥔더	🔴 죄악, 죄업, 과실
super	주퍼	훌륭한, 멋진
Supermarkt	주퍼마르크트	🔵 슈퍼마켓
Suppe	주페	🔴 수프
süß	쥐스	달콤한, 귀여운
	Das Baby ist so süß! 저 아기는 무척 귀여워!	
Süßigkeit	쥐씨히카이트	🔴 단것, 사탕
Süßkartoffel	쥐스카르토플	🔴 고구마
Symbol	쥠볼	🟢 상징, 기호
Sympathie	쥠파티	🔴 동감, 공감, 호의
sympathisch	쥠파티쉬	호감을 주는, 동감의

	Sie ist eine sympathische Frau. 그녀는 호감 가는 여자이다.
Symphonie	쥠포니 · 예 교향악, 심포니
Symptom	쥠프톰 · 중 증상, 징후
System	쥐스템 · 중 체계, 구조, 체제
systematisch	쥐스테마티쉬 · 체계적인, 조직적인
Szene	스체너 · 예 장면, 배경; 말다툼

N
O
P
Q
R
S
T
U
V
W
X
Y
Z

T

Tabak	타박	남 담배
Tabakladen	타박라던	남 담배 가게
Tabelle	타벨러	여 표, 일람표, 리스트
Tablett	타블렛	중 쟁반
Tablette	타블레테	여 알약
Tadel	타델	남 비난, 결점
tadellos	타델로스	결점이 없는, 훌륭한

Er spricht tadellos Deutsch.
그는 독일어를 완벽하게 말한다.

tadeln	타델른	비난하다, 흠잡다
Tafel	타펄	여 판, 게시판, 칠판
Tag	탁	남 낮
Tagebuch	타게부흐	중 일기(장), 일지
täglich	테글리히	매일의, 일상의
Tagung	타궁	여 회의, 집회
Taille	타일리에	여 허리, 허리 사이즈
Takt	탁트	남 박자, 페이스, 소절
Tal	탈	중 계곡

Talent	탈렌트	图 재능, 소질
tanken	탕켄	탱크에 넣다
Tankstelle	탕크슈텔레	예 주유소
Tanne	타너	예 전나무
Tante	탄테	예 고모, 이모
Tanz	탄츠	냄 춤, 무용
tanzen	탄천	춤추다, 댄스하다

Schau mal, der Clown tanzt.
저 광대가 춤추는 거 봐.

Tapete	타페터	예 벽지, 도배지
tapfer	탑퍼	용감한, 대담한
Tarif	타리프	냄 요금, 운임
Tasche	타쉐	예 가방, 자루
Taschenbuch	타쉔부흐	图 문고본
Taschenrechner	타쉔레히너	냄 계산기
Tasse	타세	예 컵
Tastatur	타스타투어	예 키보드
Taste	타스터	예 건반, 키보드
Tat	타트	예 행위, 실행
Täter	테터	냄 범인, 가해자
tätig	테티히	일하는, 근무 중인

N
O
P
Q
R
S
T
U
V
W
X
Y
Z

Tätigkeit	테티히카이트	여 일, 근무, 활동
Tatsache	타트자헤	여 사실, 현실
tatsächlich	타트제힐리히	사실의, 실제의
Tau	타우	남 이슬; 밧줄
taub	타우프	귀가 안 들리는, 감각이 마비된
Taube	타우베	여 비둘기

Tauben bitte nicht füttern!
비둘기에게 먹이를 주지 마세요.

tauchen	타우헨	잠수하다, 물속에 가라앉다
Taufe	타우페	여 세례, 침례
taufen	타우펀	세례를 베풀다
tauschen	타우쉔	교환하다, 교체하다
täuschen	토이쉔	속이다, 배신하다
Täuschung	토이슝	여 사기, 기만
tausend	타우즌트	1,000
Taxi	탁시	중 택시
Taxifahrer	탁시파러	남 택시 기사
Team	팀	중 팀, 집단
Technik	테히닉	여 과학기술, 공학
Techniker	테히니커	남 기술자, 기사
technisch	테히니쉬	과학기술의, 기술적인

Tee	테	🗄 차, 홍차
Teich	타이히	🗄 연못, 늪
Teig	타이크	🗄 (빵의) 반죽
Teil	타일	🗄 부분, 일부; (책) ~권
teilen	타일런	나누다, 분할하다

Er teilt die Pizza in vier Teile.
그는 피자를 4조각으로 나눈다.

teilmöbliert	타일뫼블리어트	일부 가구가 딸린
Teilnahme	타일나머	🗄 참가; 관심
Teilnehmer	타일네머	🗄 참가자, 출석자
teilnehmen	타일네머	참가하다, 출석하다
teils	타일스	일부, 부분적으로
Teilung	타일룽	🗄 분할, 분배
Telefon	텔레폰	🗄 전화
Telefonbuch	텔레폰부흐	🗄 전화번호부
telefonieren	텔레포니런	전화를 걸다
telefonisch	텔레포니쉬	전화의, 전화에 의한
Telefonkarte	텔레폰카르테	🗄 전화카드
Telefonnummer	텔레폰누머	🗄 전화번호

Kannst du mir deine Telefonnummer geben?
네 전화번호 좀 가르쳐 줄래?

N
O
P
Q
R
S
T
U
V
W
X
Y
Z

Telefonzelle	텔레폰첼러	여 공중전화박스
Telegramm	텔레그람	중 전보
Teller	텔러	남 접시
Tempel	템펠	남 신전, 사원
Temperament	템페라멘트	중 기질, 성미; 열정
Temperatur	템페라투어	여 온도, 기온, 체온
Tempo	템포	중 속도, 스피드
Tendenz	텐덴츠	여 경향, 성향
Tennis	테니스	중 테니스
Teppich	테피히	남 양탄자, 카펫
Termin	테르민	남 기일, 기한
Terrasse	테라세	여 테라스, 계단식 밭
Testament	테스타멘트	중 유언(장)
teuer	토이어	비싼, 고가의

Das ist mir zu teuer.
그것은 나에겐 너무 비싸.

Teufel	토이펠	남 악마, 사탄
Text	텍스트	남 본문, 원문
Theater	테아터	중 극장, 극단
Thema	테마	중 화제, 주제
theoretisch	테오레티쉬	이론적인, 이치상으론

Theorie	테오리	예 이론, 학설
Thermometer	테모르메터	중 체온계
These	테제	예 명제, 가설
Thron	토론	남 왕위, 왕좌, 왕권
Ticket	티켓	중 표, 승차권, 탑승권
tief	티프	깊은, 깊이 있는
Tiefe	티페	예 깊이, 심도, 심연
Tier	티어	중 동물, 짐승
Tiger	티거	남 호랑이
Tinte	틴테	예 잉크
Tipp	팁	남 힌트, 조언
tippen	티펀	PC로 입력하다, 타이프 치다
Tisch	티쉬	남 탁자, 테이블

Ich habe den Tisch schon abgewischt.
식탁은 이미 닦았어요.

Tischtennis	티쉬테니스	중 탁구
Tischtuch	티쉬투흐	중 식탁보
Titel	티텔	남 칭호, 직함
Toaster	토스터	남 토스터
toben	토벤	미쳐 날뛰다, 소란 피우다
Tochter	토흐터	예 딸

Tod	토트	답 죽음, 소멸, 최후
Toilette	토알레테	여 변기, 화장실
tolerant	톨레란트	관대한, 용서하는
toll	톨	뛰어난, 멋진
	Wow, ist ja toll! 우와, 멋지다!	
Tomate	토마테	여 토마토
Ton	톤	답 소리, 음향, 음성
Tonband	톤반트	중 녹음 테이프
tönen	퇴넨	울려퍼지다, 들리다
Tonne	토네	여 드럼통; 톤(t)
Topf	토프	답 냄비
Tor	토어	중 문, 출입문
töricht	퇴리히트	어리석은, 바보 같은
tot	토트	죽은, 생기 없는
total	토탈	완전한, 전면적인
	Ich habe mein Computer total kaputt gemacht. 나는 내 컴퓨터를 완전히 고장냈다.	
Tote[r]	토테	답 여 죽은 자, 고인
töten	퇴텐	죽이다, 살해하다
Tour	투어	여 소풍, 하이킹
Tourist	투리스트	답 관광객

Touristeninformation	투리스인포르마치온	예 **관광안내소**
Tradition	트라디치온	예 **전통, 관례**
traditionell	트라디치오넬	**전통적인, 관례의**
träge	트레거	**나태한, 활기 없는**
tragen	트라근	**운반하다, 나르다**
Träger	트레거	답 **운반자, 배달부**
tragisch	트라기쉬	**비극적인, 비참한**
	Dieser Film ist wirklich tragisch. 이 영화는 정말 비극적이다.	
Tragödie	트라괴디에	예 **비극**
Trainer	트레너	답 **코치**
trainieren	트레니런	**연습하다, 단련하다**
Training	트레닝	중 **연습, 트레이닝**
Tram	트람	예 **시가 전차**
Träne	트레네	예 **눈물**
Transport	트란스포르트	답 **운송, 운반**
transportieren	트란스포르티런	**운반하다, 나르다**
Traube	트라우베	예 **포도**
trauen	트라우언	**신용하다, 신뢰하다**
Trauer	트라우어	예 **슬픔, 비통**
trauern	트라우언	**슬퍼하다, 추모하다**

Traum	트라움	딸 꿈, 동경
träumen	트로이멘	꿈을 꾸다
traurig	트라우리히	슬픈, 괴로운
treffen	트레펜	맞다, 명중하다; 만나다
	Treffen wir uns am Heiligabend. 우리 크리스마스 이브에 만나요.	
treiben	트라이번	(사람, 가축을) 몰다, 쫓다
Trend	트렌트	딸 경향, 흐름
trennen	트레넨	나누다, 분리하다
Treppe	트레페	여 계단
treten	트레튼	걷다, 걸어가다
treu	트로이	충실한, 성실한
Trieb	트리프	딸 충동, 욕망
trinken	트링켄	(술을) 마시다
	Kann man das Leitungswasser trinken? 수돗물을 그냥 마셔도 되나요?	
Trinkgeld	트링크겔트	중 팁
Tritt	트리트	딸 걸음, 발소리
Triumph	트리움프	딸 대승, 대성공; 환희
trocken	트로큰	건조한, 비가 내리지 않는
trocknen	트로크넨	말리다, 마르다
Trommel	트로믈	여 드럼

Trompete	트롬페터	예 트럼펫, 나팔
tropfen	트로펜	(액체가) 뚝뚝 떨어지다
Trost	트로스트	남 위로, 위안, 격려
trösten	트뢰스텐	위로하다, 힘을 주다
trotz	트로츠	~에도 불구하고
trotzdem	트로츠뎀	그럼에도 불구하고, 그런데도

Trotzdem danke ich Ihnen für Ihre Hilfe.
그럼에도 불구하고 당신의 도움에 감사드립니다.

trübe	트뤼버	탁한, 불투명한
trüben	트뤼번	불투명하게 하다, 흐리게 하다
Trümmer	트뤼머	복 잔해, 파편
Truppe	트루페	예 부대, 병력; (배우의) 일단(一團)
T-Shirt	티셔트	중 티셔츠
Tube	투베	예 튜브
Tuch	투흐	중 헝겊, 천, 자투리
tüchtig	튀히티히	유능한, 우수한
tückisch	튀키쉬	음험한, 악의를 품은
Tugend	투겐트	예 미덕, 장점
Tulpe	툴페	예 튤립
tun	툰	하다, 행하다, 실행하다

Tunnel	투널	뗑 터널, 지하도
Tür	튀르	옌 문, 문짝, 현관
Turm	투름	뗑 탑, 망루
Turnhalle	투른할레	옌 체육관
Türschid	튀어쉴트	쭝 문패
Tüte	튀터	옌 종이봉지, 비닐봉지
Typ	튀프	뗑 틀, 유형, 타입
typisch	튀피쉬	전형적인, 특유의

Baseball ist ein typisch amerikanischer Sport.
야구는 가장 미국적인 스포츠다.

| **Tyrann** | 튀란 | 뗑 독재자, 폭군 |

U

U-bahn	우반	예 지하철
übel	위벨	불쾌한, 욕지기 나는
üben	위벤	연습하다, (반복하여) 익히다
über	위버	~의 위에, ~이상
überall	위버알	도처에, 어디서나
Überblick	위버블릭	남 전망, 조망
übereinstimmen	위버아인슈티먼	(생각이) 일치하다
überfahren	위버파런	(차로) 치다, 밟고 지나가다
überflüssig	위버플뤼시히	여분의, 불필요한
Überführung	위버퓌룽	예 육교
überfüllt	위버퓔트	혼잡한
Übergang	위버강	남 건너가는 것; 횡단보도
überhaupt	위버하웁트	일반적으로, 대개
überholen	위버홀렌	추월하다, 이기다
überlassen	위버라쎈	양보하다, 건네다, 사용하게 하다
Überlaufventil	위버라우프벤틸	중 배수구
überlegen	위버레겐	숙고하다, 고려하다

übermorgen	위버모르근	모레
übernachten	위버나흐튼	밤을 지내다, 숙박하다
	Gestern habe ich im Hotel übernachtet. 어제 나는 호텔에서 숙박했다.	
übernehmen	위버네먼	인수하다, 떠맡다
überqueren	위버크베런	횡단하다, 건너다
überraschen	위버라쉔	놀라게 하다, 허를 찌르다
Überraschung	위버라슝	예 놀람, 뜻밖의 사건(선물)
überreden	위버레든	설득하다, 설복시키다
überreichen	위버라이현	수여하다, 증정하다
Überschrift	위버쉬리프트	예 표제, 머리기사, 타이틀
Überschwemmung	위버쉬베뭉	예 홍수
übersehen	위버제엔	간과하다, 무시하다
übersetzen	위버제츤	번역하다, 번안하다
	Dieser Roman ist ins Koreanische übersetzt. 이 소설은 한국어로 번역되었다.	
Übersetzung	위버제충	예 번역, 통역, 번역된 것
Überstunde	위버슈툰더	예 시간 외 근무, 야근
übertragen	위버트라근	중계방송하다; 베껴 쓰다
Übertragung	위버트라궁	예 중계방송; 번역; 바꿔쓰기
übertreiben	위버트라이븐	과장하다, 허풍 떨다

überweisen	위버바이젠	송금하다, 이체하다
Überweisung	위버바이충	예 계좌이체, 송금; 위탁
überwiegen	위버비근	우세하다, 더 많다
überwinden	위버빈던	극복하다, 제압하다
überzeugen	위버초이근	납득시키다, 확신시키다
die Überzeugung	위버초이궁	확신, 신념; 설득
üblich	위블리히	일반적인, 통례의
U-Boot	우부트	중 잠수함
übrig	위브리히	남은, 남아 있는, 그밖의

Es lässt nichts zu wünschen übrig.
그것이 만족스럽다.

übrigens	위브리겐스	그건 그렇고, 그런데
Übung	위붕	예 연습, 훈련
Ufer	우퍼	중 물가, 강가, 해변, 호숫가
Uhr	우어	예 시계
um	움	~의 주변에, ~을 돌아
umarmen	움아르먼	포옹하다, 껴안다
Umbau	움바우	남 개축, 재건
umbauen	움바우엔	개축하다, 재건하다

Er will sein altes Haus umbauen.
그는 그의 낡은 집을 개조하고자 한다.

umbringen	움브링언	죽이다, 살해하다

umdrehen	움드레엔	돌리다, 회전시키다
Umfang	움팡	閏 바깥 둘레, 크기, 용량
umfangreich	움팡라이히	방대한, 규모가 큰
umfassen	움파센	포함하다, 지니다; 포옹하다
Umgang	움강	閏 교제, 사귐, 교류
umgeben	움게븐	둘러싸다, 싸다
Umgebung	움게붕	闽 주변, 근처 일대, 환경
umgekehrt	움게케어트	반대의, 역의
umkommen	움코먼	(사고로) 죽다

Sein Vater ist bei einem Autounfall
umgekommen.
그의 아버지는 자동차 사고로 돌아가셨다.

Umleitung	움라이퉁	闽 우회(로)
umschalten	움샬튼	(스위치를) 전환하다, 기분을 바꾸다
Umschlag	움쉴라크	閏 봉투, (책의) 커버; 찜질 주머니
umsonst	움존스트	무료의, 공짜의
Umstand	움스탄트	閏 사정, 상황; 수고
umsteigen	움슈타이근	환승하다, 갈아타다
Umtausch	움타우쉬	閏 (상품) 교환, 교체
umtauschen	움타우셴	바꾸다, 교환하다,
Umweg	움베크	閏 돌아가는 길, 우회로

Umwelt	움벨트	예 (자연) 환경, 생활 환경
Umweltschutz	움벨트쉬츠	남 환경보호
umziehen	움치엔	이사하다, 옮기다

Er ist nach Seoul umgezogen.
그는 서울로 이사했다.

Umzug	움축	남 이사, 이전
unabhängig	운아프헹기히	독립된, 자주적인
unangenehm	운앙게넴	불쾌한, 싫은
unbedingt	운베딩크트	무조건의, 절대적인
unbekannt	운베칸트	알려지지 않은, 미지의
unbequem	운베크벰	쾌적하지 않은, 편치 않은
unbestimmt	운베슈팀트	막연한, 미정의
unbewusst	운베부스트	무의식의, 의도적이 아닌
und	운트	그리고, ~과, ~하기도 하고
undeutlich	운도이틀리히	뚜렷하지 않은, 애매한

Er hat sich undeutlich darüber
ausgedrückt.
그는 그것에 관하여 애매모호하게 말했다.

unecht	운에히트	가짜의, 모조의
unehrlich	운에어리히	불성실한, 부정한
unendlich	운엔트리히	무한의, 한이 없는, 굉장한
unentbehrlich	운엔트베어리히	필수적인, 불가결의

unerhört	운에어회어트	**파렴치한, 말도 안 되는**
unerwartet	운에어바르테트	**예기치 않은, 뜻하지 않은**
unfähig	운페이히	**무능한, 어울리지 않는**
Unfall	운팔	🔲 **사고, 재해**

Auf der Kreuzung gab es einen Unfall.
교차로에서 사고가 난 것 같아.

unfreundlich	운프로인트리히	**불친절한, 비우호적인**
ungeduldig	운게둘디히	**성급한, 안달하는**
ungefähr	운게페어	**대략, 약**
ungern	운게른	**마지 못해서**
ungewiss	운게비스	**불확실한, 확신이 없는**
ungewöhnlich	운게뵌리히	**이례적인, 드문**
Unglück	운글뤼크	🔲 **큰 사고, 재난**
unglücklich	운글뤼크리히	**부적합한, 불운한, 불행한**
unglücklicherweise	운글뤼클리혀바이제	**불운하게도, 안타깝게도**
ungültig	운귈티히	**무효의, 통용되지 않은**

Die eingegebene E-Mail-Adresse oder das Passwort ist ungültig.
입력하신 이메일 주소나 비밀번호가 잘못되었습니다.

unheimlich	운하임리히	**꺼림칙한, 기분 나쁜**
unhöflich	운회플리히	**무례한, 거만한**
Union	우니온	🔲 **국가; 연합, 동맹**

Universität	우니베르지테트	〔여〕대학교
unklar	운클라르	불확실한, 모호한
Unkosten	운코스튼	〔복〕예정 외의 지출, 여분의 경비
Unkraut	운크라우트	〔중〕잡초
unmittelbar	운미텔바르	직접적인, 즉시의
unmöglich	운뫼글리히	불가능한, 무리한, 말도 안 되는
unnötig	운뇌티히	불필요한, 쓸데없는
Unordnung	운오르드눙	〔여〕무질서, 혼란
unrecht	운레히트	옳지 않은, 부적절한
Unruhe	운루에	〔여〕소란; 근심, 우려
unruhig	운루이히	불안한, 걱정스러운
Unschuld	운슐트	〔여〕무죄, 결백; 청순
unschuldig	운슐디히	부죄의, 천진난만한, 순결한
unser	운저	우리
unsicher	운지혀	불확실한, 믿음직하지 않은
	Ich bin noch unsicher, ob er ein guter Mensch ist. 나는 그가 좋은 사람인지 아직 잘 모르겠다.	
Unsinn	운진	〔남〕쓸데없는 것, 엉터리, 나쁜 장난
unten	운튼	아래에, 밑에
unter	운터	~의 아래에, 아래쪽에

N
O
P
Q
R
S
T
U
V
W
X
Y
Z

	unter dem Durchschnitt liegen 평균 이하이다.	
unterbrechen	운터브레헌	**중단하다, (일시) 중지하다**
unterdes[sen]	운터데스[센]	**그 동안, 그러는 동안**
unterdrücken	운터드뤼큰	**억압하다, 누르다, 억제하다**
Unterführung	운터퓌룽	예 **지하도**
Untergang	운터강	남 **일몰, 침몰, 몰락**
	Der Untergang der Sonne ist sehr schön. 일몰은 정말 아름답다.	
Untergebene	운터게베네	남예 **부하, 수하**
untergehen	운터게엔	**지다, 침몰하다, 사라지다**
unterhalb	운터할프	**~의 아래에**
unterhalten	운터할튼	**부양하다, 관리하다**
die Unterhaltung	운터할퉁	**잡담, 대화, 환담**
Unterhose	운터호제	예 **팬티**
Unterkunft	운터쿤프트	예 **숙박처, 숙소**
unternehmen	운터네먼	**꾀하다, 계획하다, 벌이다**
Unterricht	운터리히트	남 **수업**
unterrichten	운터리히튼	**가르치다, 알려주다**
unterscheiden	운터샤이든	**구별하다, 식별하다**
Unterschenkel	운터쉥클	남 **종아리**
Unterschied	운터쉬트	남 **차이점, 구별**

	Es macht keinen Unterschied. 그것은 차이가 없다. (똑같다)	
unterschreiben	운터쉬라이븐	서명하다, 동의하다
Unterschrift	운터쉬리프트	예 서명, 사인
unterst	운터스트	최하의, 최저의
unterstützen	운터슈튀첸	원조하다, 후원하다
Unterstützung	운터슈튀충	예 원조, 지원; 촉진
untersuchen	운터주흔	조사하다, 진찰하다
Untersuchung	운터주훙	예 조사; 진찰; 연구
Unterwäsche	운터베쉐	예 속옷
unterwegs	운터벡스	도중의, 여행 중에, 집 밖에
	Ich bin unterwegs. 나는 외출 중이다.	
unterzeichnen	운터차이히넨	서명하다, 사인하다
unverantwortlich	운페어안트보르트리히	무책임한
unverheiratet	운페어하이라테트	미혼의, 독신의
unverschämt	운페어솀트	뻔뻔스러운, 부끄러움을 모르는
unvorsichtig	운포어지히티히	경솔한, 부주의한
unwahrscheinlich	운바르샤인리히	정말 같지 않은, 있을 법 하지 않은
Unwetter	운베터	중 폭풍, 뇌우
unwichtig	운비히티히	중요하지 않은, 사소한
unwohl	운볼	불쾌한, 편치 않은

üppig	위피히	울창한, 풍부한, 탐스러운
Urin	우린	남 소변
Urkunde	우어쿤데	여 (증거) 서류, 문서, 기록물
Urlaub	우얼라우프	남 (장기의) 휴가
	Ich habe ab Samstag Urlaub. 나 토요일부터 휴가야.	
Ursache	우어자헤	여 원인, 이유
Ursprung	우어슈프룽	남 기원, 근원, 유래
ursprünglich	우어슈프륑글리히	원래의, 최초의
Urteil	우어타일	중 판단, 판정, 판단력
urteilen	우어타일런	판단하다, 평가하다
die USA	우에스아	미국
	Meine Schwester wohnt in den USA. 나의 언니는 미국에 산다.	
Utopie	우토피	여 이상, 공상

Vase	바제	예 꽃병
Vater	파터	남 부친
Vaterland	파터란트	중 조국, 고국
vegetarisch	베게타리쉬	채식(주의)의
Veilchen	바일현	중 제비꽃
Ventilator	벤틸라토어	남 선풍기
Venus	베누스	예 금성
verabreden	페어아브레든	만날 약속을 하다
Verabredung	페어아브레둥	예 약속, 협정, 구두합의
verabschieden	페어압쉬던	이별을 고하다, 면하다

Ich muss mich von meiner Familie verabschieden.
나는 가족에게 작별 인사를 해야 한다.

verachten	페어아흐튼	경멸하다, 무시하다
Verachtung	페어아흐퉁	예 경멸, 무시
Veranda	베란다	예 베란다
verändern	페어엔던	바꾸다, 변화시키다
Veränderung	페어엔데룽	예 변화, 변경, 변혁
veranstalten	페어안슈탈튼	개최하다, 거행하다, 실시하다

Veranstaltung	페어안슈탈퉁	폐 개최, 거행, 이벤트
verantwortlich	페어안트보르트리히	책임이 있는, 중요한
Verantwortung	페어안트보르퉁	폐 책임, 책임감, 책무
verarbeiten	페어아르바이튼	가공하(여 만들)다, 처리하다
Verband	페어반트	달 붕대; 연합, 집단
verbergen	페어베르근	감추다, 비밀로 하다
verbessern	페어베썬	개선하다, 개량하다

Er soll noch einmal seinen Aufsatz verbessern.
그는 다시 한 번 그의 논문을 수정해야만 한다.

Verbesserung	페어베세룽	폐 개선, 향상
verbieten	페어비튼	금지하다, 금하다
verbinden	페어빈든	붕대를 감다, 연합하다
Verbindung	페어빈둥	폐 연합, 접속, 관련
Verbot	페어보트	중 금지, 금지령
verboten	페어보튼	금지된, 생각할 수 없는
verbrauchen	페어브라우헨	소비하다, 써서 없애다
Verbraucher	페어브라우허	소비자, 사용자
Verbrechen	페어브레헨	중 범죄, 죄악

Es ist doch kein Verbrechen!
별로 상관없는 거잖아!

Verbrecher	페어브레허	달 범인, 범죄자
verbreiten	페어브라이튼	퍼뜨리다, 전염시키다

verbrennen	페어브레넌	태우다, 소각하다
Verbrennung	페어브레눙	예 화상, 연소, 소각
verbringen	페어브링언	(시간을) 보내다

Ich verbringe meinen Urlaub in Paris.
나는 파리에서 휴가를 보낸다.

Verdacht	페어다흐트	남 의심, 의혹, 혐의
verdächtig	페어데히티히	수상한, 의심스러운
verdächtigen	페어데히티겐	의심하다, 혐의를 두다
verdanken	페어당켄	~덕분이다
verderben	페어데르번	못 쓰게 하다[되다], 상하다
verdienen	페어디넌	벌다, 수입이 있다, 일하다
Verdienst	페어딘스트	남 수익, 벌이, 이익
verehren	페어에런	존경하다, 숭배하다
Verein	페어아인	남 협회, 동호회, 클럽
vereinbaren	페어아인바런	협정을 맺다, 약속하다
vereinigen	페어아이니근	통합하다, 합병하다
Vereinigung	페어아이니궁	예 통합, 일체화, 협동
Verfahren	페어파런	중 방식, 방법, 수법
verfallen	페어팔렌	붕괴하다, 쇠퇴하다
Verfassung	페어파쑹	예 헌법; (몸의) 상태, 컨디션
verfolgen	페어폴근	추적하다, 뒤쫓다, 압박하다

verfügen	페어퓌근	**마음대로 하다[쓰다]**
Verfügung	페어퓌궁	예 **명령, 지시, 처분**

Falls Sie meine Hilfe brauchen, stehe ich Ihnen jederzeit zur Verfügung.
당신이 나의 도움이 필요할 경우에 저는 언제든지 당신을 도울 수 있습니다.

verführen	페어퓌런	**유혹하다, 꾀다**
Verführung	페어퓌룽	예 **유혹, 매력**
vergangen	페어강언	**지나간, 과거의**
Vergangenheit	페어강언하이트	예 **과거**
vergebens	페어게븐스	**성과 없이, 헛되이**
vergeblich	페어게블리히	**헛된, 허무한**
vergehen	페어게엔	**지나가다, 사라지다**
vergessen	페어게쎈	**잊다, 잊어 버리다**

Ich habe die Milch vergessen!
우유 사는 걸 깜빡했네!

vergesslich	페어게쓰리히	**잘 잊어 버리는, 건망증의**
vergiften	페어기프튼	**독을 넣다, 독살하다**
Vergleich	페어글라이히	남 **비교, 대비, 비유**
vergleichen	페어글라이헨	**비교하다, 견주다**
Vergnügen	페어그뉘근	중 **기쁨, 만족, 오락**
vergnügt	페어그뉙트	**즐거운, 유쾌한**

Das Kind spielt vergnügt.
꼬마가 재미있게 놀고 있다.

Vergnügung	페어그뉘궁	예 즐거움, 기분 전환
vergrößern	페어그뢰선	확대하다, 크게 하다, 늘리다
verhaften	페어하프튼	체포하다
Verhaftung	페어하프퉁	예 체포, 구금
verhalten	페어할튼	멈추다, 억제하다; 처신하다
Verhalten	페어할튼	중 행동, 태도, 거동
Verhältnis	페어헬트니스	중 비율; 균형; 관계
verhältnismäßig	페어헬트니스메씨히	비교적; 균형 잡힌
verhandeln	페어한들른	협상하다, 교섭하다
Verhandlung	페어한들룽	예 교섭, 절충, 협의
verheiraten	페어하이라튼	결혼하다

Meine Tochter hat sich mit einem guten Mann verheiratet.
내 딸은 좋은 남자와 결혼했다.

verheiratet	페어하이라테트	결혼한
verhindern	페어힌던	방해하다, 저지하다
Verkauf	페어카우프	남 판매, 영업
verkaufen	페어카우픈	팔다, 매각하다
Verkäufer	페어코이퍼	남 점원, 판매원
Verkehr	페어케어	남 교통, 왕래, 교제
verkehren	페어케런	운행하다, 교제하다

Verkehrsample	페어케어스암플	예 **신호등**
Verkehrsmittel	페어케어스미텔	중 **교통기관**
Verkehrsverein	페어케어스페어아인	남 **관광협회**
Verkehrszeichen	페어케어스차이헨	중 **도로 표지판**
verkehrt	페어케어트	**반대의, 잘못된**
verkleinern	페어클라이넌	**축소하다, 작게 하다**
verknüpfen	페어크뉘펀	**결합시키다, 대어 붙이다**
verkürzen	페어퀴르천	**짧게 하다, 단축하다**
Verlag	페어라크	남 **출판사, 신문사**
verlangen	페어랑언	**추구하다, 요구하다**
verlängern	페어렝건	**길게 하다, 연장하다**

Ich muss mein Visum verlängern lassen.
나는 비자를 연장시켜야만 한다.

verlassen	페어라센	**떠나다, 나가다**
verlaufen	페어라우펀	**(길이) 뻗어 있다, (일이) 진행되다**
verlegen	페어레근	**곤혹스러운, 당황한**
verleihen	페어라이언	**빌려주다, 임대하다, 빌리다**
verletzen	페어레천	**상처 주다, 다치다**
die Verletzung	페어레충	**상처; 위반**
verlieben	페어리번	**반하다, 사랑하다**
verlieren	페어리렌	**지다, 패하다**

verloben	페어로번	**약혼하다**
Verlobte[r]	페어로프스테	답 여 **약혼자**
Verlobung	페어로붕	여 **약혼**
verloren	페어로렌	**잃어버린, 분실한, 버림받은**
	Ich habe meine Kreditkarte verloren. 신용카드를 분실했어요.	
Verlust	페어루스트	답 **상실, 분실; 손해**
vermehren	페어메런	**늘리다, 번식시키다**
vermeiden	페어마이든	**피하다, 회피하다**
	Kann man Krebs vermeiden? 사람이 암을 피할 수 있을까?	
vermieten	페어미텐	**임대하다**
Vermieter	페어미터	답 **집주인**
vermindern	페어민던	**줄이다, 낮추다**
vermissen	페어미센	**없음을 깨닫다, 그리워하다**
vermitteln	페어미텔른	**중개하다, 알선하다**
die Vermittlung	페어미틀룽	**중개, 알선, 조정**
vermögen	페어뫼근	**~할 수 있다, ~할 상황이다**
vermuten	페어무튼	**추측하다, 상상하다**
vermutlich	페어무틀리히	**아마도, 추측건대**
	Vermutlich kommt er nicht. 아마도 그는 오지 않을 거야.	
vernachlässigen	페어나흐레시근	**소홀히 하다, 게을리하다**

N
O
P
Q
R
S
T
U
V
W
X
Y
Z

verneinen	페어나이넨	부정하다, 인정하다
vernichten	페어니히튼	근절시키다, 분쇄하다
die Vernunft	페어눈프트	이성, 판단력
vernünftig	페어뉜프티히	이성적인, 현명한
veröffentlichen	페어외펜틀리현	공개하다, 공표하다
verpacken	페르파큰	포장하다
verpassen	페어파쓴	놓치다, 만나지 못하다
Verrat	페어라트	남 배신, (비밀)누설
verraten	페어라튼	배신하다, (비밀을) 누설하다
verreisen	페어라이젠	여행하다, 여행을 떠나다
verrückt	페어뤼크트	머리가 이상한, 미친, 비상식적인
der Vers	페르스	시(詩)
versagen	페어자근	거부하다, 거절하다
versammeln	페어자멜른	모으다, 집합시키다
Versammlung	페어잠룽	여 집회, 회의, 대회
versäumen	페어조이먼	놓치다, 잡지 못하다
verschieben	페어쉬븐	밀어 움직이다, 연기하다
verschieden	페어쉬든	다른, 별개의

Es gibt viele verschiedene Arten von
Chrysanthemen.
국화의 종류도 아주 다양하다.

verschlechtern	페어쉴레히턴	악화시키다, 저하시키다
Verschmutzung	페어쉬무충	예 오염, 더럽힘
verschreiben	페어쉬라이븐	처방하다, 지시하다
verschweigen	페어쉬바이근	비밀로 하다, 숨기다
verschwenden	페어쉬벤든	낭비하다, 헛되이 하다
verschwinden	페어쉬빈든	사라지다, 없어지다
versehen	페어제언	주다, 지급하다, 공급하다
versetzen	페어제천	옮기다, 이동시키다
versichern	페어지현	단언하다, 보증하다

Er hat sein Auto gegen Unfall versichert.
그는 자동차를 사고보험에 넣었다.

Versichertenkarte	페어지혀텐카르테	예 의료보험증
Versicherung	페어지혀룽	예 보증, 약속, 보험 (계약)
versöhnen	페어죄넌	화해하다, 조정하다
versorgen	페어조르근	주다, 지급하다, 돌보다
verspäten	페어슈페텐	늦다, 지각하다
Verspätung	페어슈페퉁	예 지각, 지연
versprechen	페어슈프레현	약속하다, 기대하게 하다
Verstand	페어슈탄트	남 이해력, 판단력
verständlich	페어슈텐틀리히	이해할 수 있는, 알아들을 수 있는

Verständnis	페어슈텐트니스	중 이해(력), 공감
verstärken	페어슈테르컨	강화하다, 보강하다
verstecken	페어슈테컨	감추다, 은닉하다
verstehen	페어슈테엔	이해하다, 공감하다

Ich kann seine Haltung gar nicht
verstehen.
그 사람 태도는 도저히 이해할 수가 없네.

verstoßen	페어슈토센	내쫓다, 추방하다
Versuch	페어주흐	남 시도, 기도
versuchen	페어주헨	시도하다, 노력하다
verteidigen	페어타이디근	방어하다, 변호하다
Verteidigung	페어타이디궁	여 방어, 변호
verteilen	페어타일런	분배하다, 나눠주다
Vertrag	페어트라크	남 계약, 조약
vertragen	페어트라근	견디다, 참다
vertrauen	페어트라우언	신뢰하다, 신용하다
Vertrauen	페어트라우언	중 신뢰, 신용
vertraut	페어트라우트	친밀한, 잘 알려진
vertreiben	페어트라이번	쫓아내다, 추방하다
vertreten	페어트레튼	대리를 하다, 대표하다
Vertreter	페어트레터	남 대리인, 대표자

Er ist mein gesetzlicher Vertreter.
그는 나의 법정 대리인이다.

verunglücken	페어웅글뤼큰	사고를 당하다
verursachen	페어우어자헨	일으키다, ~의 원인이 되다
verwalten	페어발튼	관리하다, 운영하다
Verwaltung	페어발퉁	예 관리, 처리; 관공서
verwandt	페어반트	친척의, 혈연관계인
Verwandte	페어반테	남 예 친척, 연고자
verwechseln	페어베크셀른	혼동하다, 헷갈리다
verweigern	페어바이건	거부하다, 거절하다
verwenden	페어벤든	사용하다, 이용하다
verwirklichen	페어비르클리현	실현하다, 달성하다

Er will sein Traum verwirklichen.
그는 그의 꿈을 실현하고 싶다.

verwirrt	페어비르트	헷갈리는, 엉킨
verwitwet	페어비트베트	과부(홀아비)가 된, 고독하게 된
verwöhnen	페어뵈넌	버릇없이 키우다, 비위를 맞추다
verwundern	페어분던	놀래다, 이상하게 생각하다
das Verzeichnis	페어차이히니스	목록, 리스트
verzeihen	페어차이언	허용하다, 용서하다
die Verzeihung	페어차이웅	용서, 허락
verzichten	페어치히튼	단념하다, 포기하다
verzweifeln	페어츠바이펠른	실망하다, 절망하다

verzweifelt	페어츠바이플트	절망적인, 필사적인
Verzweiflung	페어츠바이플룽	예 절망, 자포자기
Vetter	페터	남 (남자)사촌
Videogerät	비데오게레트	중 비디오 장치, 영상 녹화기
Vieh	피	중 가축
	wie ein Stück Vieh behandeln (사람을) 가축처럼 취급하다	
viel	필	많은, 다수의
vielfach	필파흐	몇 배나 되는
vielleicht	필라이히트	혹시나, 어쩌면
vielmals	필말스	진심으로; 여러 번, 누차
vier	피어	4
Viereck	피어에크	중 사각형
viert	피어트	네 번째의
viertel	피어텔	4분의 1의
Viertel	피어텔	중 4분의 1, 15분간
	Es ist Viertel vor zwei. 지금은 2시 15분 전이다.	
Viertelstunde	피어텔슈툰데	예 15분(간)
vierzehn	피어첸	14
vierzig	피어치히	40
violett	비올레트	보라색의

Virus	비루스	중 병균
Visum	비줌	중 비자, 사증
Vogel	포겔	남 새, 조류
Volk	폴크	중 민족, 국민, 대중
Volkschule	폴크슐레	여 초등학교
volkstümlich	폴크슈팀리히	대중적인, 알기 쉬운
voll	폴	가득 찬, 충분한

Der Mond ist voll. 달은 보름달이다.

vollenden	폴엔던	완성하다, 마무리하다
Volleyball	볼리발	남 배구
vollgar	볼가르	잘 익힌, 웰던
völlig	뵐리히	완벽한, 온전한
Vollmond	볼몬트	남 보름달
vollständig	폴슈텐디히	전부 갖춰진, 완전한

Die Wunde sollte vollständig heilen.
상처가 완전히 아물어야 할 텐데.

vollversichert	폴페어지허트	종합보험에 가입된
vollziehen	폴치엔	실행하다, 집행하다
Volumen	볼루멘	중 부피, 용량, 음량
von	폰	~에서, ~로부터, ~출신의(귀족을 나타냄)
vor	포어	~앞에, ~면전에서

voran	포란	선두에서, 앞쪽으로
voraus	포라우스	앞에 서서, 선두에, 자진하여
voraussetzen	포라우스제첸	전제로 하다, 가정하다
Voraussetzung	포라우스제충	여 전제 조건, 필요조건
vorbei	포어바이	~옆을 지나서, 통과하여
vorbeikommen	포어바이코멘	옆을 통과하다[지나가다]

Ich komme kurz bei dir vorbei.
내가 너에게 잠시 들렸다가 갈게.

vorbereiten	포어베라이튼	준비를 하다, 각오를 하다
Vorbereitung	포어베라이퉁	여 준비, 채비
Vorbild	포어빌트	중 모범, 견본, 본보기
vorder	포르더	앞쪽의, 겉쪽의
Vorderlicht	포르더리히트	중 헤드라이트
Vorfahrt	포어파르트	여 (교차로에서) 우선통행권
Vorfall	포어팔	남 사건, 좋지 않은 일
vorführen	포어퓌런	보여주다, 상영하다
Vorgang	포어강	남 사건, 일어난 일
Vorgänger	포어갱어	남 전임자
Vorgarten	포어가르텐	남 앞마당
Vorgesetzte	포어게제츠테	남 여 상사, 윗사람
vorgestern	포어게스터른	그저께

	Vorgestern war ich in Köln. 그저께 나는 쾰른에 있었다.	
vorhaben	포어하벤	계획하다, 예정하다
vorhanden	포어한든	수중에 있는, 존재하는
Vorhang	포어항	冏 커튼, 막
vorher	포어헤어	그 전에, 미리
vorhin	포어힌	아까, 방금
vorig	포리히	방금 전의, 요전의
vorkommen	포어코멘	일어나다, 존재하다
vorläufig	포어로이피히	임시적인, 임기응변의
vorlesen	포어레즌	읽어주다, 낭독하다
Vorlesung	포어레중	囮 강의, 낭독
Vormittag	포어미탁	冏 오전
vormittags	포어미탁스	오전에
	Ich arbeite nur vormittags. 나는 오전에만 일한다.	
vorn	포른	앞에, 선두에
Vorname	포어나메	冏 이름, 세례명
vornehm	포어넴	고급스런, 고상한, 품위 있는
vornehmen	포어네먼	착수하다; 계획하다
Vorort	포어오르트	冏 교외, 근교
Vorrang	포어랑	冏 우위, 우선권

Vorrat	포어라트	남 비축, 재고
Vorrichtung	포어리히퉁	여 장치, 설비, 구조
Vorsatz	포어자츠	남 의도, 고의

Der Weg zur Hölle ist mit guten Vorsätzen gepflastert.
좋은 의도도 실행이 따르지 않으면 파멸로 통한다.

Vorschlag	포어쉬라크	남 제안, 신청
vorschlagen	포어쉬라근	제안하다, 추천하다
Vorschrift	포어슈리프트	여 지시; 규정, 규칙
Vorsicht	포어지히트	여 신중, 조심, 주의
vorsichtig	포어지히티히	신중한, 주의 깊은
der / die Vorsitzende	포어지츤데	남 여 회장, 의장, 사회
Vorstadt	포어슈타트	여 교외 지역
Vorstand	포어슈탄트	남 (회사의) 수뇌부, 집행부
vorstellen	포어슈텔른	(자기)소개하다, 면접을 보다

Darf ich Ihnen meinen Mann vorstellen?
제가 당신에게 내 남편을 소개해도 될까요?

Vorstellung	포어슈텔룽	여 소개; 면접; 상연
Vorstellungsgespräch	포어슈텔룽스게슈프레히	중 면접
Vorteil	포어타일	남 이익, 장점
vorteilhaft	포어타일하프트	유리한, 득이 되는
Vortrag	포어트라크	남 강연, 낭독, 연주

vortrefflich	포어트레플리히	뛰어난, 탁월한
Vortritt	포어트리트	남 우선(권)
vorüber	포뤼버	옆을 통과하여, (시간이) 지나서
vorübergehen	포뤼버게엔	옆을 지나가다, 간과하다
	Er ging an mir grußlos vorüber. 그는 인사도 없이 나를 지나쳤다.	
Vorurteil	포어우어타일	중 편견, 선입관
Vorwahl	포어발	여 예비선거; (전화) 지역번호
Vorwand	포어반트	남 핑계, 구실
vorwärts	포어베르츠	전방으로, 전진하여
Vorwurf	포어부르프	남 비난, 비판
vorziehen	포어치언	선호하다, 고르다
Vorzug	포어추크	남 우선, 우위, 특권
Vulkan	불칸	남 화산

N
O
P
Q
R
S
T
U
V
W
X
Y
Z

| 독일어 필수 단어 |

W

Waage	바게	여 저울
waagrecht	바크레히트	수평인
wach	바흐	깨어난, 활발한
wachen	바헨	감시하다, 망보다
Wachs	박스	중 밀랍, 왁스
wachsen	박센	성장하다, 크다, 팽창하다
Wachstum	박스툼	중 성장, 증가
Waffe	바페	중 무기, 병기
wagen	바근	감행하다, 위험을 무릅쓰다

Wer nicht wagt, der nicht gewinnt.
위험을 무릅써야만 이익을 얻는다.

Wagen	바근	남 수레, 마차, 자동차
Waggon	바곤	남 객차
Wahl	발	여 선택, 선거
wählen	베렌	고르다, 선택하다
Wahnsinn	반진	남 광기, 이상한 행동

Das ist ja Wahnsinn! 그것은 미친 짓이다.

wahnsinnig	반지니히	광기의, 말도 안 되는

wahr	바르	진실한, 진짜의
während	베렌트	~동안에
Wahrheit	바르하이트	폐 진실, 진리
wahrnehmen	바르네멘	알아차리다; 이용하다
wahrscheinlich	바르샤인리히	있을 법한, 개연성이 있는
Währung	베룽	폐 통화, 화폐; 가격

Bundeskanzler Helmut Kohl beschloss
1990 eine Währungsunion zwischen
der Bundesrepublik und der DDR.
헬무트 콜 총리는 1990년에 서독과 동독의 화폐 통합을 결정
했다.

Waise	바이제	폐 고아
Wal	발	남 고래
Wald	발트	남 숲
Walnuß	발누쓰	폐 호두
Walzer	발처	남 왈츠
Wand	반트	폐 벽, 암벽; 장애
Wandel	반델	남 변화, 변천
wandeln	반델른	바뀌다, 바꾸다
wandern	반던	하이킹하다, 도보 여행하다
Wanderung	반데룽	폐 도보 여행, 하이킹
Wanduhr	반트우어	폐 벽시계

Wange	방에	여 뺨, 측면
wanken	반켄	흔들리다, 비틀비틀하다
wann	반	언제, 언제든지
war	바르	sein의 1, 3인칭 단수 과거형
Ware	바레	여 상품, 물품
Warenhaus	바렌하우스	중 백화점
warm	바름	(온도, 마음이) 따뜻한

Das Wetter ist warm geworden.
날씨가 따뜻해졌다.

Wärme	베르메	여 열, (마음이) 따뜻함
warnen	바르넨	경고하다, 조심하게 하다
Warnung	바르눙	여 경고, 주의, 경보
warten	바르텐	기다리다, 머물다

Ich warte in der Empfangshalle.
나 호텔 로비에서 기다리고 있어.

warum	바룸	왜, 어째서
was	바스	무엇; 얼마나; 어떤

Was darf's sein? 뭘 드릴까요?

Wäsche	베쉐	여 세탁물, 빨래; 속옷
Waschbecken	바쉬베큰	중 세면기
waschen	바쉔	빨다, 세탁하다(wash)
Wäscherei	베쉐라이	여 세탁소

Waschmaschine	바쉬마쉬네	예 세탁기
Wasser	바써	중 물, 용액, 액체
	Wir sind wie Feuer und Wasser. 우리는 상극이다.	
Wasserfall	바써팔	남 폭포
Wasserhahn	바써한	남 수도꼭지
Wassermelone	바써멜로네	예 수박
Watte	바테	예 솜, 탈지면
WC	베체	중 화장실
Wechsel	벡셀	남 교대, 교환
wechseln	벡셀른	바꾸다, 변경하다
wecken	베큰	깨우다, 불러일으키다
Wecker	베커	남 자명종, 탁상시계
weder	베더	~도 ~도 [어느쪽도] 아니(하)다
	Wir haben weder Geld noch Zeit. 우리는 돈도 시간도 없다.	
weg	베크	(어느 장소에서) 떨어져서, 사라져
Weg	베크	남 방법, 수단
wegbringen	베크브링엔	가져가다, 옮기다
wegen	베근	~이유로, ~때문에
wegfahren	벡파렌	(탈것이) 출발하다, 떠나다
weggehen	벡게엔	떠나다, 가버리다

weglassen	벡글라센	생략하다, 빼먹다
wegnehmen	벡네먼	갖고 가다, 데리고 떠나다, 빼앗다
wegwerfen	벡베르펜	내던지다
weh	베	아픈, 슬픈

Mein Hals tut weh. 목이 너무 아프네.

wehen	베엔	(바람이) 불다, 작용하다
wehren	베런	몸을 지키다
wehtun	베툰	고통을 주다
weiblich	바이플리히	여자의, 암컷의
weich	바이히	부드러운, 온화한
Weide	바이데	⑲ 버드나무
Weideland	바이데란트	⑧ 초원
weigern	바이건	거부하다, 거절하다
Weihnachten	바이나흐튼	⑧ 크리스마스
weil	바일	왜냐하면 ~이기 때문에

Er konnte nicht am Unterricht teilnehmen, weil er krank war.
그는 아팠기 때문에 수업에 참여할 수 없었다.

Weile	바일러	⑲ 잠시, 잠깐 동안
Wein	바인	⑤ 포도주, 와인
weinen	바이넨	울다, 눈물을 흘리다

weise	바이제	**지혜로운, 영리한**
	Er ist sehr weise. 그는 무척 영리하다.	
Weise	바이제	예 **방법, 수단**
weisen	바이즌	**가리키다, 떠나도록 지시하다**
Weisheit	바이스하이트	예 **지혜, 현명함, 식견**
weiß	바이쓰	**흰색, 투명한**
weit	바이트	**넓은; 먼; 오랜; 헐렁한**
Weite	바이테	예 **넓이, 넓음**
weiter	바이터	**더 넓은, 더 먼**
weitergeben	바이터게븐	**다음 사람에게 건네다, 돌리다**
Weizen	바이천	남 **밀가루**
welch	벨히	**어느, 어떤**
Welle	벨레	예 **파도, 물결, 기복**
	Der Klang der Wellen ist wirklich erfrischend. 파도 소리가 정말 시원하다.	
Welt	벨트	예 **세계**
Weltgeschichte	벨트게쉬히테	예 **세계사**
Weltraum	벨트라움	남 **(대기권 밖의) 우주**
wenden	벤든	**뒤집다, 방향을 바꾸다**
wenig	베니히	**적은, 약간의, 조금밖에 ~가 없는**

N
O
P
Q
R
S
T
U
V
W
X
Y
Z

wenigstens	베니히스텐스	적어도, 최소한
wenn	벤	~할 때(when); ~할 때는 언제나
wer	베어	누구(who)
werben	베르벤	선전하다, 광고하다
Werbung	베르붕	예 광고, 권유

Warum gibt es so viel Werbung?
광고가 왜 이리 많지?

werden	베르덴	되다, 바뀌다, 생성되다
werfen	베르펜	던지다, 팽개치다
Werk	베르크	중 작업, 활동, 행위
Werkstatt	베르크슈타트	예 작업장, 아틀리에
Werkzeug	베르크초이크	중 도구, 작업도구 세트
wert	베어트	~의 가치가 있는, 의미 있는
Wert	베어트	남 가격, 가치, 중요성
wertlos	베어트로스	가치 없는, 쓸모없는
Wesen	베젠	중 본질, 본성, 성격
wesentlich	베젠틀리히	본질적인, 핵심을 이루는
weshalb	베스할프	왜, 어째서

Das ist der Grund, weshalb ich kein
Geld verdiene.
그것이 내가 돈을 벌지 않는 이유이다.

wessen	베쎈	wer(누구)의 2격

West	베스트	남 서쪽, 서부
Weste	베스테	여 구명조끼
Westen	베스튼	남 서쪽, 서구
wetten	베튼	내기하다, 도박하다
Wetter	베터	중 날씨; 악천후

Heute ist das Wetter sehr schön.
오늘은 날씨가 아주 좋다.

Wetterbericht	베터베리히트	남 일기예보
Wettkampf	베트캄프	남 경기, 시합
wichtig	비히티히	중요한, 의미 깊은
wickeln	비클른	말다, 감다, 말아넣다
widersprechen	비더슈프레흔	반대하다, 반박하다
Widerstand	비더슈탄트	남 저항, 방해, 반대
widerstehen	비더슈테엔	저항하다, 굽히지 않다
widmen	비트먼	바치다, 헌정하다
wie	비	어떻게, 얼마만큼
wieder	비더	다시, 한 번 더, 반복

Schon wieder Karies!
충치가 하나 더 늘었네!

wiederbekommen	비더베코멘	돌려받다
wiedergeben	비더게븐	돌려주다; 표현하다
wiederholen	비더홀렌	반복하다, 다시 말하다

Wiederhören	비더회렌	중 다시 듣기
wiederkommen	비더코멘	다시 오다
Wiedersehen	비더제엔	중 재회, 다시 만남
Wiege	비게	여 요람
wiegen	비건	무게를 달다, 무게가 나가다
Wiese	비제	여 목초지, 풀밭
wieso	비조	왜, 어째서

Wieso hat mein Freund mich nach
zwei Jahren Beziehung verlassen?
왜 내 남자 친구는 2년간의 연애 후에 떠나갔을까?

wievielt	비필트	몇 번째의
wild	빌트	야생의, 야만적인, 무질서한
Wille	빌레	남 의지, 의욕
willkommen	빌코멘	바람직한, 환영 받는
Willkommen	빌코멘	중 환영 (인사)

Herzlich Willkommen!
어서 오세요! 환영합니다!

willkürlich	빌퀴어리히	자의적인, 멋대로의
Wimper	빔퍼	여 속눈썹
Wind	빈트	남 바람
Winde	빈데	여 나팔꽃
Windel	빈들	여 기저귀

winden	빈든	감다, 두르다, 돌리다
windig	빈디히	바람 부는
Winkel	빙클	뎀 각, 각도, 구석
winken	빙켄	신호하다, 몸짓으로 알리다
Winter	빈터	뎀 겨울
wir	비어	우리
Wirbel	비어벨	뎀 소용돌이; 혼란, 소동
Wirbelsäule	비어블조일레	에 척추
wirken	비어켄	일하다; 작용하다
wirklich	비르클리히	현실의, 실제로, 진정의

Gibt es wirklich UFOs?
UFO가 진짜 있을까?

Wirklichkeit	비르클리히카이트	에 현실 (세계), 진실
wirksam	비르크잠	효과적인, 잘 듣는
Wirkung	비르쿵	에 작용, 효과, 영향
Wirt	비르트	뎀 (집, 식당, 여관의) 주인
Wirtschaft	비르트샤프트	에 경제 (활동), 가사
wirtschaftlich	비르트샤프트리히	경제의, 금전적인, 효율적인
Wirtschaftslehre	비르트샤프츠레레	에 경제학
wischen	비셴	닦다, 씻다
wispern	비스펀	속삭이다

W

wissen	비쎈	**알다, 알고 있다, 이해하다**
	Das habe ich bis jetzt nicht gewusst. 지금까지 그걸 몰랐네요.	
Wissenschaft	비쎈샤프트	예 학문, 과학
der Wissenschaftler	비쎈샤프틀러	예 학자, 과학자
wissenschaftlich	비쎈샤프트리히	학문의, 과학적인
Witwe	비트베	예 미망인
Witz	비츠	남 기지, 재치, 농담
wo	보	어디에
Woche	보헤	예 주, 주간; 평일
	Diese Woche von Montag bis Freitag 이번 주 월요일부터 금요일까지요.	
Wochenende	보흔엔데	중 주말
Wochentag	보흔탁	남 평일
wodurch	보두르히	무엇에 의해, 무엇을 통하여
wofür	보퓌어	무엇을 위해, 무엇에 대해
wogen	보근	큰 파도가 일다, 물결치다
woher	보헤어	어디서부터; 거기로부터
wohin	보힌	어디로; 그쪽으로
wohl	볼	건강하게, 쾌적하게
Wohl	볼	중 행복, 건강; 번영
	Zum Wohl! 건배!	

Wohnblock	본블로크	🔵 주택 구획
wohnen	보넨	~에 살고 있다, 거주하다
Wohnort	본오르트	🔵 거주지, 주소
Wohnung	보눙	🟣 주택, 거처
Wohnzimmer	본치머	🟢 거실
Wolf	볼프	🔵 늑대
Wolke	볼케	🟣 구름, 자욱한 것
wolkig	볼키히	구름 낀
Wolle	볼러	🟣 양털, 털실
wollen	볼런	~하고 싶다, ~할 생각이다

Wir wollen nach Hause gehen.
우리는 집에 가고자 한다.

Wort	보르트	🟢 단어, 말; 표현
Wörterbuch	뵈르터부흐	🟢 사전
Wortschatz	보르트샤츠	🔵 어휘(집)
Wunde	분데	🟣 상처, 외상, 고통

Bitte reiben Sie die Salbe auf die Wunde.
상처에 연고를 발라주세요.

Wunder	분더	🟢 기적, 믿어지지 않는 것, 놀라운 것[사람]
wunderbar	분더바르	놀라운, 뛰어난, 기적적인
wundern	분던	놀래다, 호기심을 자극하다

N O P Q R S T U V W X Y Z

wunderschön	분더쇤	**놀랍게 아름다운**
Wunsch	분쉬	🔵 **소망, 바람, 요망**
wünschen	뷘쉔	**바라다, 소망하다**
	Ich wünsche Ihnen einen schönen Tag! 좋은 하루 보내세요!	
Würde	뷔르데	🟢 **품격, 품위, 존엄**
Würfel	뷔르펠	🔵 **입방체, 주사위**
Wurm	부름	🔵 **벌레, 구더기, 회충**
Wurst	부르스트	🟢 **소시지, 순대**
Würze	뷔르체	🟢 **조미료, 향신료**
Wurzel	부르츨	🟢 **나무 뿌리**
wüst	뷔스트	**황량한, 황폐한; 난잡한**
Wüste	뷔스테	🟢 **사막, 황무지**
wüten	뷔텐	**미쳐 날뛰다, 광란하다**
wütend	뷔텐트	**격노한, 분노한; 맹렬한**

Yacht　　　야흐트　　　예 **요트**

zäh	체	강인한, 튼튼한
Zahl	찰	예 수, 수치, 숫자, 수량
zahlen	찰런	지불하다
	Hier, bitte zahlen! 여기요, 계산 좀 해 주세요!	
zählen	첼렌	세다, 헤아리다
zahlreich	찰라이히	다수의
Zahltag	찰탁	남 월급날
Zahlung	찰룽	예 지불, 변제
zahm	참	길들여진, 온순한
Zahn	찬	남 치아, 이
	sich die Zähne putzen 양치질하다	
Zahnarzt	찬아르츠트	남 치과 의사
Zahnbürste	찬뷔르스테	예 칫솔
Zahnkaries	찬카리에스	예 충치
Zahnklinik	찬클리닉	예 치과
Zahnpasta	찬파스타	예 치약
Zange	창어	예 집게, 펜치

zart	차르트	부드러운, 유연한
Zauber	차우버	믿 마술, 주문; 매력

Die Zauberflöte ist eine Oper von Mozart.
마술 피리는 모차르트 오페라이다.

Zaun	자운	믿 울타리, 담장
Zebra	체브라	중 얼룩말
Zebrastreifen	체브라슈트라이픈	믿 횡단보도
Zeche	체허	여 음식값, 술값
Zehe	체에	여 발가락
zehn	첸	10
zehntausend	첸타우즌트	10,000
Zeichen	차이현	중 신호, 표시; 징조; 몸짓
zeichnen	차이넌	묘사하다, 스케치하다
Zeichnung	차이히눙	여 스케치, 그림, 묘사
zeigen	차이근	보이다, 제시하다, 가르쳐 주다

Ich werde es dir zeigen.
내가 가르쳐 줄게.

Zeiger	차이거	믿 (기계, 시계의) 바늘
Zeile	차일러	여 줄, 행
Zeit	차이트	여 시간, 때, 시기
Zeitalter	차이트알터	중 시대, 연대
Zeitgenosse	차이트게노쎄	믿 동시대 사람

zeitig	차이티히	약간 이른, 늦지 않은
Zeitpunkt	차이트풍크트	남 시점, 일시
Zeitschrift	차이트쉬리프트	여 잡지, 정기간행물
Zeitung	차이퉁	여 신문(사)

Morgens lese ich die regionale Zeitung.
아침마다 나는 지역신문을 읽는다.

Zelle	첼레	여 세포; 작은 방
Zelt	첼트	중 천막, 텐트
Zensur	첸주어	여 검열(기관)
zentral	첸트랄	중심의, 중심적인
Zentrale	첸트랄레	여 본사, 중심지
Zentrum	첸트룸	중 중심, 중앙; 본부
zerbrechen	체어브레현	부수다, 깨다, 파괴하다
zerreißen	체어라이쎈	찢다, 잡아 뜯다
zerren	체런	(무리하게) 당기다, 질질 끌다
zerschlagen	체어슐라근	때려부수다, 파괴하다
zerstören	체어슈퇴런	파괴하다, 부수다

Sein Glück wurde zerstört.
그의 행복은 깨졌다.

zerstreuen	체어슈트로이언	흩뿌리다, (주의를) 분산시키다
Zertifikat	체어티피카트	중 증명서, 인증서
Zettel	체텔	남 종잇조각, 메모지

Zeug	초이크	중 잡동사니, 쓸데없는 것
Zeuge	초이게	남 목격자, 입회인
Zeugnis	초이크니스	중 (성적)증명서; 감정
Ziege	치게	여 염소
Ziegel	치글	남 기와, 벽돌
ziehen	치엔	당기다; 사육하다
Ziel	칠	중 목표, 표적, 목적지
zielen	칠런	노리다, 목표하다
ziemlich	침리히	상당한, 어지간한; 상당히, 무척

Ich bin ziemlich neugierig.
나는 이 여행이 무척 기대된다.

zierlich	치어리히	사랑스러운, 우아한
Ziffer	치퍼	여 숫자; 조항
Zigarette	치가레터	여 담배
Zigarre	치가러	여 여송연; 질책
Zimmer	치머	중 방, 객실

Im Zimmer gibt es Zigaretten.
방에 담배가 있다.

Zimmerdecke	치머데케	여 천장
Zimmermann	치머만	남 목수
Zinn	친	중 주석
Zins	친스	남 이자, 금리

Zirkel	치르켈	남 컴퍼스; 원형
Zirkus	치르쿠스	남 서커스(의 관객)
zitieren	치티런	인용하다; 불러내다
Zitrone	치트로네	여 레몬
zittern	치턴	떨다, 진동하다, 전율하다
zivil	치빌	문민의, 시민의
Zivillisation	치빌리자치온	여 문명(사회)
zögern	최건	망설이다, 주저하다

Er zögerte einen Moment.
그는 잠시 망설였다.

Zoll	촐	남 세관
Zone	초네	여 지역, 구역
Zoo	초	남 동물원
Zorn	초른	남 분노, 노여움
zornig	초르니히	화가 난, 분개한
zu	추	(방향) ~로, (시간) ~의 때에
Zucchini	추키니	여 애호박
Zucht	추흐트	여 사육, 배양, 재배
züchten	취히튼	사육하다, 양식하다
zucken	추켄	경련하다, 움찔하다
Zucker	추커	남 설탕

zudecken	추데켄	덮다, 뚜껑을 덮다

Ich habe mein Kind mit einer
Decke zugedeckt.
나는 나의 아이에게 이불을 덮어주었다.

zuerst	추에어스트	제일 먼저, 최초로
Zufall	추팔	📘 우연(한 사건)
zufällig	추펠리히	우연한, 불의의

Ich habe ihn auf der Straße
zufällig getroffen.
나는 그를 길거리에서 우연히 만났다.

zufrieden	추프리든	만족스러운, 흡족한
Zug	축	📘 열차, 기차
zugänglich	추겡리히	도달할 수 있는, 들어갈 수 있는
zugeben	추게븐	자백하다, 인정하다
Zügel	취걸	📘 고삐
zugleich	추글라이히	동시에, 게다가
zugreifen	추그라이펀	손을 내밀다, 붙잡다
Zuhause	추하우제	📗 우리 집, 고향
zuhören	추회렌	귀를 기울이다
Zuhörer	추회러	📘 청취자, 듣는 사람
zukommen	추코멘	다가오다, 접근하다; 전달되다
Zukunft	추쿤프트	📙 미래, 장래, 앞으로

Was wird in Zukunft wohl aus der Erde werden?
지구의 미래는 어떻게 되나?

zulassen	추라쎈	허락하다, 허용하다
zuletzt	추레츠트	제일 나중에, 마지막에는, 마침내
zumachen	추마헨	닫다, 폐쇄하다
zunächst	추네히스트	최초로, 우선 먼저
Zunahme	추나머	여 증가, 증대
Zünder	췬더	남 점화장치
Zündholz	췬트홀츠	중 성냥
zunehmen	추네멘	늘리다, 증가하다, 강화하다
Zuneigung	추나이궁	여 호감, 애정
Zunge	충에	여 혀, 말투
zurück	추뤼크	뒤로, 원래대로
zurückbekommen	추뤼크베코멘	되돌려받다, 회복하다
zurückfahren	추뤼크파렌	(탈것으로) 돌아오다, 물러서다
zurückgeben	추뤼크게븐	돌려주다, 반환하다
zurückhalten	추뤼크할튼	만류하다, 잡아두다, 삼가다

Er ist ruhig und zurückhaltend.
그는 조용하고 소극적이다.

zurückkehren	추뤼크케런	(의식, 기억이) 돌아오다, 살아나다
zurückkommen	추뤼크코멘	돌아오다; 재고하다

zusammen	추자멘	함께, 협력하여, 공동으로

Wir sind schon sehr lange zusammen.
우린 아주 오래 사귀었어.

zusammenarbeiten	추자멘아르바이턴	협력하여 작업하다
zusammenfassen	추자멘파쎈	요약하다; 통합하다
Zusammenhang	추자멘항	🗀 관련, 관계, 연결
zusammensetzen	추자멘제첸	함께 두다; 조립하다; 구성하다
zusammenstoßen	추자멘슈토쎈	충돌하다, 부딪치다, 교차하다
Zuschauer	추샤우어	🗀 관객, 시청자
Zuschlag	추쉴라크	🗀 할증요금, 특별수당
zuschließen	추쉴리쎈	자물쇠로 잠그다, 폐쇄하다
zusehen	추제엔	바라보다, 구경하다
Zustand	추스탄트	🗀 상태, 상황
Zustellung	추쉬텔룽	🗀 우송, 배달
zustimmen	추슈티멘	찬성하다, 동의하다

Ich stimme dem Vorschlag zu.
나는 그 제안에 동의한다.

Zutritt	추트리트	🗀 입장 (허가), 들어감
zuverlässig	추페어레씨히	신뢰할 수 있는, 확실한
zuvor	추포어	그 전에, 미리, 사전에
Zwang	츠방	🗀 강제, 강요, 구속
zwanzig	츠반치히	20

zwar	츠바르	과연(~이긴 하지만), 더 정확히 말하면
Zweck	츠베크	🚹 목적, 의도, 의미
zwei	츠바이	2
zweifach	츠바이파흐	두 배
Zweifel	츠바이펠	🚹 의심, 의혹
zweifellos	츠바이펠로스	확실하게, 의심의 여지 없이

Es ist zweifellos richtig.
그것은 의심할 여지 없이 맞다.

zweifeln	츠바이펠른	의심하다, 수상하게 생각하다
Zweig	츠바이크	🚹 (나뭇)가지, 분가, 지점
zweit	츠바이트	두 번째의
zwicken	츠비큰	꼬집다, 끼우다
Zwiebel	츠비블	🚺 양파
Zwilling	츠빌링	🚹 쌍둥이(중 한쪽)
zwingen	츠빙언	강요하다, 강제로 시키다
zwischen	츠비쉰	~의 사이에, ~에서 ~까지의 사이에

sich zwischen zwei Stühle setzen
양다리 걸치다, 불충을 저지르다

zwitschern	츠비천	(새가) 지저귀다, 노래하다
zwölf	츠뵐프	12
zwölft	츠뵐프트	12번째의
Zylinder	칠린더	🚹 원기둥

한국어
+
독일어 단어

가게	🗒 **Laden**	라든
가격	🗒 **Preis**	프라이스
	🗒 **Wert**	베어트
가격표	🗒 **Preisschild**	프라이스쉴트
가공하다	**bearbeiten**	베아르바이텐
	verarbeiten	페어아르바이튼
가공할만한	**grässlich**	그레스리히
가구	🗒 **Möbel**	뫼블
가까스로	**beinah[e]**	바이나[에]
가까운	**kurz**	쿠르츠
	nahe	나에
가까움	🗒 **Nähe**	네에
가끔	**manchmal**	만히말
가끔의	**gelegentlich**	게레근트리히
가난	🗒 **Armut**	아르무트
가난뱅이	🗒🗒 **Arme[r]**	아르메
가난한	**arm**	아름
가능성	🗒 **Möglichkeit**	뫼클리히카이트

가능한	**möglich**	뫼클리히
가능한 한	**möglichst**	뫼클리히스트
	gehen	게엔
가동하는	**beweglich**	베베글리히
가두다	**einschließen**	아인쉴리쎈
가득 찬	**voll**	폴
가득 채우다	**füllen**	퓔른
가라앉다	**sinken**	징큰
가렵다	**jucken**	유켄
가로	여 **Breite**	브라이테
가로놓이다	**liegen**	리근
가로등	여 **Laterne**	라테르너
가로수	남 **Straßenbaum**	슈트라쓴바움
가로질러	**quer**	크베어
가르치다	**beibringen**	바이브링엔
	lehren	레런
	unterrichten	운터리히튼
가리키다	**weisen**	바이즌
가망	여 **Hoffnung**	호프눙
가면	여 **Maske**	마스커
가문	여 **Herkunft**	헤어쿤프트

가뭄	예 **Dürre**	뒤레
가방	예 **Tasche**	타쉐
가벼운	**leicht**	라이히트
가사(家事)	남 **Haushalt**	하우스할트
가설	예 **These**	테제
가솔린	중 **Benzin**	벤친
가수	남 **Sänger**	젱어
가스	중 **Gas**	가스
가슴(여자의)	예 **Brust**	브루스트
	남 **Busen**	부젠
가시(동식물의)	남 **Stachel**	슈타헬
	남 **Dorn**	도른
가요	중 **Lied**	리트
가운데	예 **Mitte**	미테
가위	예 **Schere**	쉐레
가을	남 **Herbst**	헤르프스트
가입	남 **Eintritt**	아인트리트
가장자리	남 **Rand**	란트
가재	남 **Krebs**	크렙스
가정	예 **Familie**	파밀리에
	남 **Haushalt**	하우스할트

가정하다	**voraussetzen**	포라우스제첸
가져가다	**mitnehmen**	미트네먼
	wegbringen	베크브링엔
가져오다	**holen**	홀른
	bringen	브링언
가족	예 **Familie**	파밀리에
가죽	중 **Fell**	펠
	예 **Haut**	하우트
	중 **Leder**	레더
가지	예 **Aubergine**	오베르지네
가지다	**haben**	하븐
가짜의	**falsch**	팔쉬
	unecht	운에히트
가차 없는	**rücksichtslos**	뤽지히츠로스
가축	중 **Vieh**	피
가치	예 **Bedeutung**	베도이퉁
	남 **Wert**	베어트
가치관	예 **Ideologie**	이데올로기
가치 있는	**kostbar**	코스트발
가톨릭의	**katholisch**	카톨리쉬
가해자	남 **Täter**	테터

ㄱ
ㄴ
ㄷ
ㄹ
ㅁ
ㅂ
ㅅ
ㅇ
ㅈ
ㅊ
ㅋ
ㅌ
ㅍ
ㅎ

ㄱ

각(角)	예 **Ecke**	에케
	예 **Kante**	칸테
	남 **Winkel**	빙클
각각의	**jeder**	예더
각도	남 **Winkel**	빙클
각본	중 **Schauspiel**	샤우스필
각오하다	**vorbereiten**	포어베라이튼
간(肝)	예 **Leber**	레버
간격	남 **Abstand**	압쉬탄트
	예 **Entfernung**	엔트페어눙
간과하다	**übersehen**	위버제엔
	vorübergehen	포뤼버게엔
간소한	**schlicht**	쉴리히트
간식	남 **Imbiss**	임비스
간신히	**kaum**	카움
간이숙박시설	**die Herberge**	헤르베르거
간접적인	**mittelbar**	미텔바르
간주하다	**ansehen**	안제엔
간판	중 **Schild**	쉴트
간호	예 **Pflege**	플레거
간호사	**die Krankenschwester**	크랑큰쉬베스터

간호하다	pflegen	플레근
갈고리	甘 Haken	하큰
갈다(칼을)	schärfen	셰르펀
	schleifen	쉴라이펀
갈대	中 Rohr	로어
	中 Schilf	쉴프
갈라지다	spalten	슈팔튼
갈라진 틈	여 Spalte	슈팔터
갈망하다	sehnen	제넌
갈매기	여 Möwe	뫼베
갈비뼈	여 Rippe	리페
갈색의	braun	브라운
갈아타다	umsteigen	움슈타이근
갈증	甘 Durst	두르스트
갈증나는	durstig	두르스티히
갈퀴	여 Gabel	가블
갉아먹다	nagen	나근
감	여 Persimone	페르지모네
감각	die Empfindung	엠프핀둥
	中 Gefühl	게퓔
	甘 Sinn	진

ㄱ

감각이 마비된	**taub**	타우프
감격시키다	**begeistern**	베가이스턴
감금하다	**einschließen**	아인쉴리쎈
감기	예 **Erkältung**	에어켈퉁
감기 걸리다	**erkälten**	에어켈튼
감기에 걸린	**erkältet**	에어켈텟
감다	**wickeln**	비클른
감독	예 **Leitung**	라이퉁
감동	**die Begeisterung**	베가이스테룽
감사 인사	남 **Dank**	당크
감사하다	**bedanken**	베당켄
	dankbar	당크바르
	danken	당켄
감상(感傷)적인	**sentimental**	젠티멘탈
감성	남 **Sinn**	진
감성적인	**sinnlich**	진리히
감수하다	**ertragen**	에어트라겐
감시원	예 **Aufsicht**	아우프지히트
감시하다	**bewachen**	베바헨
	hüten	휘튼
	wachen	바헨

감옥	중 **Gefängnis**	게펭니스
감자	여 **Kartoffel**	카르토펠
감정	die Empfindung	엠프핀둥
감추다	verbergen	페어베르근
	verstecken	페어슈테컨
감탄하다	bewundern	베분더른
	staunen	슈타우언
감행하다	wagen	바근
갑각류	남 **Krebs**	크렙스
갑작스러운	plötzlich	플뢰츨리히
갑판	중 **Deck**	데크
값싼	billig	빌리히
강(江)	남 **Fluss**	플루스
강가	중 **Ufer**	우퍼
강도	남 **Räuber**	로이버
강력한	gewaltig	게발티히
	kräftig	크레프티히
	mächtig	메히티히
	stark	슈타르크
강력함	여 **Stärke**	슈테르커
강렬한	heftig	헤프티히

ㄱ
ㄴ
ㄷ
ㄹ
ㅁ
ㅂ
ㅅ
ㅇ
ㅈ
ㅊ
ㅋ
ㅌ
ㅍ
ㅎ

강사	㉠ **Dozent**	도첸트
강습	㉠ **Kurs**	쿠르스
강연	㉠ **Vortrag**	포어트라크
강요	㉠ **Zwang**	츠방
강요하다	**zwingen**	츠빙언
강의	㉠ **Vorlesung**	포어레중
강의실(대형)	㉠ **Hörsaal**	회어잘
강의하다	**lesen**	레즌
강인한	**zäh**	체
강제	㉠ **Gewalt**	게발트
	㉠ **Zwang**	츠방
강조	㉠ **Betonung**	베토눙
	㉠ **Nachdruck**	나흐드러크
강조하다	**betonen**	베토넨
	markieren	마르키런
강철	㉠ **Stahl**	슈탈
강화하다	**steigern**	슈타이건
	verstärken	페어슈테르컨
	zunehmen	추네멘
갖고 가다	**wegnehmen**	벡네먼
갖다 주다	**liefern**	리펀

개	남 **Hund**	훈트
개구리	남 **Frosch**	프로쉬
개념	남 **Begriff**	베그리프
개똥벌레	중 **Glühwürmchen**	글뤼뷔름헨
개량하다	**verbessern**	페어베썬
개미	여 **Ameise**	아마이제
개별적인	**einzeln**	아인첼른
개선	여 **Besserung**	베써룽
	여 **Verbesserung**	페어베써룽
개선되다	**bessern**	베썬
개선하다	**verbessern**	페어베썬
개시하다	**eröffnen**	에어외프넨
개울	남 **Bach**	바하
개인	중 **Individuum**	인디비두움
	여 **Person**	페르존
개인적인	**persönlich**	페르죈리히
	privat	프리바트
개점	여 **Einrichtung**	아인리히퉁
개최	여 **Veranstaltung**	페어안슈탈퉁
개최되다	**stattfinden**	슈타트핀든
개최하다	**durchführen**	두르히퓌렌렌

ㄱ
ㄴ
ㄷ
ㄹ
ㅁ
ㅂ
ㅅ
ㅇ
ㅈ
ㅊ
ㅋ
ㅌ
ㅍ
ㅎ

	feiern	파이언
	veranstalten	페어안슈탈튼
개축	閏 **Umbau**	움바우
개축하다	**umbauen**	움바우엔
개혁	예 **Reform**	레포름
개혁된	**reformiert**	레포르미어트
개회	예 **Sitzung**	지충
객관적인	**sachlich**	자흐리히
객실	예 **Kabine**	카비네
	중 **Zimmer**	치머
객차	閏 **Waggon**	바곤
갱신하다	**erneuern**	에어노이언
거기	**dort**	도르트
거기에	**daran**	다란
거기에서	**da**	다
	daher	다헤어
	davon	다폰
거닐다	**spazieren**	슈파치런
거대한	**gewaltig**	게발티히
	kolossal	콜로살
	riesig	리지히

거들다	**mithelfen**	미트헬펀
거래	남 **Handel**	한델
거리(간격)	남 **Abstand**	압쉬탄트
	여 **Strecke**	슈트레커
거리(街)	여 **Straße**	슈트라쎄
거만한	**arrogant**	아로간트
	stolz	슈톨츠
	unhöflich	운회플리히
거미	여 **Spinne**	슈피네
거부	여 **Absage**	압자게
거부하다	**ablehnen**	압레넨
	weigern	바이건
거북이	여 **Schildkröte**	쉴트크로테
거시기	중 **Ding**	딩
거실	여 **Stube**	슈투버
	중 **Wohnzimmer**	본치머
거울	남 **Spiegel**	슈피겔
거위	여 **Gans**	간스
거의	**beinah[e]**	바이나
	fast	파스트
거인	남 **Riese**	리제

거장	남 **Meister**	마이스터
거절	여 **Absage**	압자게
거절하다	**ablehnen**	압레넨
	versagen	페어자근
	verweigern	페어바이건
거주자	남 **Bewohner**	베보너
	남 **Einwohner**	아인보너
거주지	남 **Wohnort**	본오르트
거주하다	**wohnen**	보넨
거즈	여 **Gaze**	가제
거지	남 **Bettler**	베틀러
거짓	여 **Lüge**	뤼게
거짓말하다	**lügen**	뤼근
거처	여 **Wohnung**	보눙
거친	**grob**	그로프
거품	남 **Schaum**	샤움
거행	여 **Veranstaltung**	페어안슈탈퉁
거행하다	**veranstalten**	페어안슈탈튼
걱정	여 **Angst**	앙스트
	복 **Kopfschmerzen**	코프쉬메르천
	여 **Sorge**	조르게

ㄱ

걱정스러운	**unruhig**	운루이히
걱정시키다	**beunruhigen**	베운루이겐
건강	여 **Gesundheit**	게준트하이트
	중 **Heil**	하일
	중 **Wohl**	볼
건강보험	여 **Krankenkasse**	크랑큰카세
건강보험증	여 **Krankenversiche-rungskarte**	크랑켄페어지혀룽스카르테
건강한	**fit**	피트
	gesund	게준트
	heil	하일
건너다	**überqueren**	위버크베런
건너편으로	**hin**	힌
건네다	**geben**	게븐
	überlassen	위버라쎈
건네주다	**hergeben**	헤어게븐
건망증의	**vergesslich**	페어게쓰리히
건물	중 **Gebäude**	게보이데
	중 **Haus**	하우스
건반	여 **Taste**	타스터
건방진	**frech**	프레히

건배!	**Prost**	프로스트
건설	**der Bau**	바우
건전	예 **Gesundheit**	게준트하이트
건전지	예 **Batterie**	바테리
건전한	**gesund**	게준트
건조	예 **Dürre**	뒤레
건조한	**dürr**	뒤르
	trocken	트로큰
건축	남 **Bau**	바우
	예 **Konstruktion**	콘스트룩치온
건축가	남 **Architekt**	아르히텍트
건포도	예 **Rosine**	로지네
걷다	**gehen**	게엔
	schreiten	슈라이튼
	treten	트레튼
걸레	남 **Lappen**	라펜
	남 **Putzlappen**	푸츠라픈
걸려 있다	**hängen**	헹언
걸음	남 **Gang**	강
	남 **Tritt**	트리트
	남 **Schritt**	쉬리트

걸치다(옷을)	anlegen	안레겐
검(劍)	중 Schwert	슈베어트
검사	여 Kontrolle	콘트롤러
	여 Probe	프로버
	여 Prüfung	프뤼풍
검사하다	prüfen	프뤼펜
검색하다	untersuchen	운터주흔
검소한	sparsam	슈파르잠
검열(기관)	여 Zensur	첸주어
검정색	schwarz	쉬바르츠
겁 많은	feige	파이게
	scheu	쇼이
겉치레 말	중 Kompliment	콤플리멘트
게	여 Krabbe	크라베
	남 Krebs	크렙스
게다가	nebenbei	네븐바이
게르만인	남 Germane	게르마네
게시판	여 Tafel	타펄
게으른	faul	파울
게을리하다	vernachlässigen	페어나흐레시근
	bummeln	부멜른

겨울	냄 **Winter**	빈터
겨자 소스	냄 **Senf**	젠프
격노	여 **Wut**	부트
격려	냄 **Trost**	트로스트
격언	중 **Sprichwort**	슈프리히보르트
	냄 **Spruch**	슈프루흐
격자	중 **Gitter**	기터
격조 있는	**feierlich**	파이어리히
견고한	**haltbar**	할트바
	solide	졸리더
견과류	여 **Nuss**	누스
견디다	**aushalten**	아우스할튼
	ertragen	에어트라겐
	vertragen	에어트라근
견본	중 **Beispiel**	바이슈필
	중 **Exemplar**	엑셈플라르
	중 **Modell**	모델
견습생	냄 여 **Auszubildende[r]**	아우스추빌덴데
	냄 **Junge**	융에
	냄 **Lehrling**	레어링
견실한	**solide**	졸리더

ㄱ

견인하다	**schleppen**	쉴레픈
견적내다	**berechnen**	베레히넨
	schätzen	셰천
견학하다	**besichtigen**	베지히티겐
견해	예 **Anschauung**	안샤우웅
	예 **Auffassung**	아우프파쑹
	남 **Gesichtspunkt**	게지히츠풍크트
	예 **Meinung**	마이눙
결과	중 **Ergebnis**	에어겝니스
	예 **Folge**	폴거
	중 **Resultat**	레줄타트
결국	**also**	알조
	eigentlich	아이겐틀리히
	endlich	엔틀리히
	schließlich	쉴리쓰리히
결단	남 **Entschluss**	엔트쉴루스
결단코	**durchaus**	두르히아우스
결말	남 **Schluss**	쉴루스
결백	예 **Unschuld**	운슐트
결부시키다	**binden**	빈든
결산하다	**abrechnen**	압레히넨

ㄴ
ㄷ
ㄹ
ㅁ
ㅂ
ㅅ
ㅇ
ㅈ
ㅊ
ㅋ
ㅌ
ㅍ
ㅎ

결석한	**abwesend**	압베젠트
결심	엥 **Entscheidung**	엔트샤이둥
	띱 **Entschluss**	엔트쉴루스
결심하다	**beschließen**	베슈리센
결연한	**entschlossen**	엔트쉴로쎈
결점	띱 **Tadel**	타덜
결정	띱 **Beschluss**	베슈루스
	엥 **Bestimmung**	베스티뭉
	엥 **Entscheidung**	엔트샤이둥
결정적인	**endgültig**	엔트귈티히
	entscheidend	엔트샤이덴트
결정하다	**bestimmen**	베스티멘
	entscheiden	엔트샤이덴
결코 ~아니다	**nie**	니
결코 ~하지 않다	**keineswegs**	카이네스벡스
	niemals	니말스
	nimmer	니머
결핍	띱 **Mangel**	망글
결핍된	**knapp**	크납
결함	엥 **Lücke**	뤼커

결합	여 **Bindung**	빈둥
결합시키다	**verknüpfen**	페어크뉘펀
결합하다	**fügen**	퓌근
결혼	여 **Heirat**	하이라트
결혼 생활	여 **Ehe**	에에
결혼반지	남 **Ehering**	에어링
결혼식	여 **Hochzeit**	호흐차이트
결혼하다	**heiraten**	하이라튼
	verheiraten	페어하이라튼
결혼한	**verheiratet**	페어하이라테트
겸손	여 **Demut**	데무트
겸손한	**demütig**	데뮈티히
겸용의	**gleichzeitig**	글라이히차이티히
겹쳐서	**darüber**	다뤼버
경감시키다	**erleichtern**	에어라이히턴
경건한	**fromm**	프롬
	religiös	렐리기외스
경계(境界)	여 **Grenze**	그렌처
경고	여 **Erinnerung**	에어인네룽
	여 **Warnung**	바르눙
경고하다	**warnen**	바르넨

경기자	🔵 **Spieler**	슈필러
경기장	🔵 **Rasen**	라즌
	🔵 **Stadion**	슈타디온
경도(硬度)	🔵 **Härte**	헤르터
경력	🔵 **Karriere**	카리에러
경련하다	**zucken**	추켄
경멸	🔵 **Verachtung**	페어아흐퉁
경멸하다	**verachten**	페어아흐튼
경보	🔵 **Alarm**	알람
경비	🔵 **Aufwand**	아우프반트
경사	🔵 **Neigung**	나이궁
경사면	🔵 **Abhang**	압항
경사진	**schief**	쉬프
	schräg	슈레크
경솔한	**liederlich**	리더리히
	unvorsichtig	운포어지히티히
경악	🔵 **Schreck**	슈레크
	🔵 **Schrecken**	슈레큰
경영자	🔵 **Arbeitgeber**	아르바이트게버
경영하다	**ausüben**	아우스위벤
	betreiben	베트라이벤

경영협의회	남 **Betriebsrat**	베트리프스라트
경유(輕油)	남 **Diesel**	디즐
경의	여 **Ehre**	에레
경제(학)	여 **Ökonomie**	외코노미
경제(활동)	여 **Wirtschaft**	비르트샤프트
경제적인	**sparsam**	슈파르잠
경제학	여 **Wirtschaftslehre**	비르트샤프츠레레
경주하다	**laufen**	라우픈
경직된	**starr**	슈타르
	steiff	슈타이프
경찰관	남 **Polizist**	폴리치스트
경찰서	여 **Polizei**	폴리차이
경치	여 **Landschaft**	란트샤프트
경향	여 **Richtung**	리히퉁
	여 **Tendenz**	텐덴츠
	남 **Trend**	트렌트
경험	여 **Erfahrung**	에어파룽
	중 **Erlebnis**	에어레프니스
경험하다	**erfahren**	에어파렌
	erleben	에어레벤
경호하다	**bewachen**	베바헨

계곡	중 **Tal**	탈
계기	남 **Anlass**	안라스
계기를 주다	**anstoßen**	안슈토센
계단	여 **Stufe**	슈투퍼
	여 **Treppe**	트레페
계란	중 **Ei**	아이
계산	중 **Rechnen**	레히넨
계산기	남 **Taschenrechner**	타쉔레히너
계산서	여 **Rechnung**	레히눙
계산하다	**rechnen**	레히넨
계산하여 풀다	**ausrechnen**	아우스레히넨
계속	여 **Fortsetzung**	포르트제충
	여 **Serie**	제리어
계속하다	**fortsetzen**	포르트제첸
계약	여 **Abmachung**	압마훙
	남 **Vertrag**	페어트라크
계절	여 **Jahreszeit**	야레스차이트
	여 **Saison**	제종
계좌	중 **Girokonto**	지로콘토
	중 **Konto**	콘토
계좌 번호	여 **Kontonummer**	콘토누머

계좌 이체	예 **Überweisung**	위버바이중
계층	예 **Klasse**	클라써
	예 **Schicht**	쉬히트
계획	남 **Plan**	플란
	das Programm	프로그람
	das Projekt	프로옉트
계획하다	**planen**	플라넌
	unternehmen	운터네먼
	vorhaben	포어하벤
	vornehmen	포어네먼
고가의	**kostbar**	코스트발
고객	남 **Kunde**	쿤데
고구마	예 **Süßkartoffel**	쥐스카르토플
고급스런	**vornehm**	포어넴
고기	중 **Fleisch**	플라이쉬
고난	남 **Dorn**	도른
	예 **Not**	노트
고뇌	예 **Pein**	파인
고대	중 **Altertum**	알터툼
고대(미술품)	예 **Antike**	안티커
고도	예 **Höhe**	회에

고된	**anstrengend**	안슈트렝언트
	schwer	슈베어
고등어	예 **Makrele**	마크렐레
고래	답 **Wal**	발
고려하다	**bedenken**	베덴켄
	überlegen	위버레겐
고르다	**vorziehen**	포어치언
	wählen	베렌
고릴라	답 **Gorilla**	고릴라
고립된	**abgeschlossen**	압게쉬로센
고맙습니다	**danke**	당케
고모	예 **Tante**	탄테
고삐	답 **Zügel**	취걸
고상한	**edel**	에델
	geschmackvoll	게쉬마크폴
고생	예 **Anstrengung**	안슈트렝궁
	예 **Beschwerde**	베슈베어더
	예 **Mühe**	뮈에
고생하다	**bemühen**	베뮈엔
고소(告訴)	예 **Anklage**	앙클라게
고소(告訴)하다	**anklagen**	안클라근

	klagen	클라근
고아	예 **Waise**	바이제
고양이	예 **Katze**	카체
고요한	**still**	슈틸
고용된	**beschäftigt**	베쉐프티히트
고용하다	**einstellen**	아인슈텔른
고의	남 **Vorsatz**	포어자츠
	Absicht	압지히트
고인(故人)	남예 **Tote[r]**	토테
고장	예 **Panne**	파네
고장난	**entzwei**	엔트츠바이
	kaputt	카푸트
고전 문화	예 **Klassik**	클라식
고전의	**klassisch**	클라씨쉬
고전적인	**antik**	안틱
고정시키다	**anmachen**	안마헨
	befestigen	베페스티겐
고정시키다 (죔쇠로)	**anschnallen**	안슈날렌
고체	남 **Festkörper**	페스트쾨르퍼
고추	남 **Chili**	칠리

고층 건물	중 **Hochhaus**	호흐하우스
고통	중 **Leid**	라이트
	여 **Pein**	파인
	여 **Qual**	크발
	여 **Wunde**	분데
고통을 주다	**wehtun**	베툰
고향	여 **Heimat**	하이마트
	중 **Zuhause**	추하우제
곡물	중 **Getreide**	게트라이더
	중 **Korn**	코른
곡선	남 **Bogen**	보겐
	여 **Kurve**	쿠르버
곤란	여 **Schwierigkeit**	슈비리히카이트
곤충	중 **Insekt**	인젝트
곤혹스러운	**verlegen**	페어레근
곧	**sogleich**	조글라이히
골라내다	**aussuchen**	아우스주헨
골목	여 **Gasse**	가쎄
골절하다	**brechen**	브레헨
곰	남 **Bär**	베어
곰팡내 나는	**dumpf**	둠프

곱슬머리	예 **Locke**	로케
곱하기	예 **Multiplikation**	물티플리카치온
곱하다	**mal**	말
공	남 **Ball**	발
공간	남 **Raum**	라움
공감	예 **Sympathie**	쥠파티
	중 **Verständnis**	페어슈텐트니스
공감하다	**verstehen**	페어슈테엔
공개적인	**öffentlich**	외펜틀리히
공개하다	**veröffentlichen**	페어외펜틀리현
공격	남 **Angriff**	앙그리프
공격하다	**angreifen**	안그라이펜
공고	예 **Anzeige**	안차이게
공공시설	예 **Anstalt**	안슈탈트
공교롭게도	**leider**	라이더
공급하다	**versehen**	페어제언
공기	예 **Luft**	루프트
공동 결정	예 **Mitbestimmung**	미트베슈티뭉
공동 기숙사	예 **Stube**	슈투버
공동으로	**zusammen**	추자멘
공동의	**gemeinsam**	게마인잠

공동 작업하다	**mitarbeiten**	미트아르바이튼
공동체	예 **Gemeinde**	게마인더
	예 **Gemeinschaft**	게마인샤프트
공략하다	**erobern**	에로번
공무원	남 **Beamte[r]**	베암테
공복의	**hungrig**	훙그리히
공부	예 **Arbeit**	아르바이트
	중 **Studium**	슈투디움
공부하다	**arbeiten**	아르바이튼
	lernen	레르넨
	studieren	슈투디렌
공산주의	남 **Kommunismus**	코무니스무스
공상	예 **Fantasie**	판타지
	예 **Utopie**	우토피
공상적인	**fantastisch**	판타스티쉬
공손한 말	중 **Kompliment**	콤플리멘트
공식적인	**offiziell**	오피치엘
공업	예 **Industrie**	인두스트리
공연하다	**aufführen**	아우프퓌렌
공원	남 **Park**	파르크
공인된	**öffentlich**	외펜틀리히

공작하다 (취미로)	**basteln**	바스텔른
공장	圖 **Betrieb**	베트리프
	國 **Fabrik**	파브릭
공정한	**fair**	페어
	gerecht	게레히트
	sachlich	자흐리히
공중	國 **Luft**	루프트
공중전화 부스	國 **Telefonzelle**	텔레폰첼러
공직	圈 **Amt**	암트
공짜의	**umsonst**	움존스트
공통의	**gemeinsam**	게마인잠
공평한	**neutral**	노이트랄
공포	國 **Furcht**	푸르히트
	圖 **Schreck**	슈레크
	圖 **Schrecken**	슈레큰
공학	國 **Technik**	테히닉
공항	圖 **Flughafen**	플룩하펜
공허한	**hohl**	홀
공헌	圖 **Beitrag**	바이트라크
공화국	國 **Republik**	레푸블릭

과거	예 **Vergangenheit**	페어강언하이트
과거의	**vergangen**	페어강언
과격한	**extrem**	엑스트렘
과목	예 **Disziplin**	디스치플린
과반수	예 **Mehrheit**	메어하이트
과수원	남 **Garten**	가르튼
과실(過失)	남 **Fehler**	펠러
	예 **Schuld**	슐트
과일	예 **Frucht**	프루흐트
	중 **Obst**	옵스트
과자	남중 **Keks**	켁스
	중 **Gebäck**	게벡
과장된	**dick**	딕
과장하다	**übertreiben**	위버트라이븐
과제	중 **Problem**	프로블렘
과학	예 **Wissenschaft**	비쎈샤프트
과학기술	예 **Technik**	테히닉
과학적인	**wissenschaftlich**	비쎈샤프트리히
관(파이프)	남 **Schlauch**	쉴라우흐
	예 **Röhre**	뢰레
관객	**der Besucher**	베주허

	중 **Publikum**	푸블리쿰
	남 **Zuschauer**	추샤우어
관계	여 **Beziehung**	베치훙
	남 **Faden**	파든
	중 **Verhältnis**	페어헬트니스
	남 **Zusammenhang**	추자멘항
관계하다	**angehen**	안게엔
	betreffen	베트레펜
관공서	중 **Ministerium**	미니스터리움
	여 **Verwaltung**	페어발퉁
관광객	남 **Tourist**	투리스트
관광 안내소	중 **Reisebüro**	라이제뷔로
	여 **Touristeninformation**	투리스인포르마치온
관광하다	**reisen**	라이즌
관광 협회	남 **Verkehrsverein**	페어케어스페어아인
관념	남 **Gedanke**	게당케
	여 **Idee**	이데
관대한	**großzügig**	그로쓰취기히
	gütig	귀티히
	liberal	리베랄
	menschlich	멘쉬리히

	tolerant	톨레란트
관람	냄 **Anblick**	안블릭
관련	여 **Verbindung**	페어빈둥
	냄 **Zusammenhang**	추자멘항
관례	여 **Tradition**	트라디치온
관리(管理)	여 **Kontrolle**	콘트롤러
	여 **Leitung**	라이퉁
관리자	냄 **Hausmeister**	하우스마이스터
	냄 **Direktor**	디렉토어
관리하다	**unterhalten**	운터할튼
	verwalten	페어발튼
관목	냄 **Busch**	부쉬
	냄 **Strauch**	슈트라우흐
관습	여 **Gewohnheit**	게본하이트
	여 **Sitte**	지터
관심	중 **Interesse**	인터레쎄
	여 **Neigung**	나이궁
	여 **Teilnahme**	타일나머
관심을 끌다	**interessieren**	인터레씨어런
관용구	여 **Formel**	포르멜
관자놀이	여 **Schläfe**	쉴레퍼

관절	중 **Gelenk**	겔렝크
관점	남 **Gesichtspunkt**	게지히츠풍크트
	여 **Hinsicht**	힌지히트
	남 **Standpunkt**	슈탄트풍크트
관찰	여 **Anschauung**	안사우웅
관찰하다	**beobachten**	베오바하텐
	betrachten	베트라흐텐
	erblicken	에르블리큰
관철하다	**dringen**	드링언
관행	여 **Praxis**	프락시스
광고	여 **Anzeige**	안차이게
	여 **Reklame**	레클라머
	여 **Annonce**	아농세
광고하다	**werben**	베르벤
광기	남 **Wahnsinn**	반진
광기의	**wahnsinnig**	반지니히
광대한	**groß**	그로쓰
광물	중 **Mineral**	미네랄
광선	남 **Strahl**	슈트랄
광장	남 **Markt**	마르크트
광채	남 **Schein**	샤인

광택	🔲 **Glanz**	글란츠
	🔲 **Schein**	샤인
괜찮은	**befriedigend**	베프리디겐트
괴로운	**bitter**	비터
	hart	하르트
	herb	헤르프
	mühsam	뮈잠
	peinlich	파인리히
	sauer	자우어
	traurig	트라우리히
괴로움	🔲 **der Kummer**	쿠머
	🔲 **Not**	노트
	🔲 **Qual**	크발
괴로워하다	**leiden**	라이든
괴롭히다	**bekümmern**	베퀴먼
	nagen	나근
	plagen	플라근
	quälen	크벨런
굉장한	**entsetzlich**	엔트젯츨리히
	erstaunlich	에어슈타운리히
	unendlich	운엔트리히

굉장히	**gar**	가르
	so	조
교과서	중 **Schulbuch**	슐부흐
교단	남 **Orden**	오르던
교대	남 **Wechsel**	벡셀
교대하다	**abwechseln**	압베크세른
교도소	중 **Gefängnis**	게펭니스
교란하다	**stören**	슈퇴런
교류	여 **Beziehung**	베치훙
	남 **Umgang**	움강
교사	남 **Lehrer**	레러
교섭	여 **Verhandlung**	페어한들룽
교섭하다	**verhandeln**	페어한들른
교실	여 **Klasse**	클라써
	중 **Klassenzimmer**	클라쓴치머
교양	여 **Kultur**	쿨투어
교양 있는	**gebildet**	게빌데트
교외	남 **Vorort**	포어오르트
	여 **Vorstadt**	포어슈타트
교육	여 **Bildung**	빌둥
	여 **Erziehung**	에어치훙

교육하다	**ausbilden**	아우스빌덴
	erziehen	에어치엔
교제	예 **Bekanntschaft**	베칸트샤프트
	남 **Umgang**	움강
	남 **Verkehr**	페어케어
교제하다	**verkehren**	페어케런
교차로	예 **Kreuzung**	크로이충
교차시키다	**kreuzen**	크로이첸
교차하다	**zusammenstoßen**	추자멘슈토쎈
교체	예 **Abwechslung**	압베크스룽
	남 **Umtausch**	움타우쉬
교체하다	**austauschen**	아우스타우셴
	ersetzen	에어제첸
	tauschen	타우셴
교통	남 **Verkehr**	페어케어
교통 기관	중 **Verkehrsmittel**	페어케어스미텔
교통비	남 **Fahrpreis**	파르프라이스
교통사고	남 **Autounfall**	아우토운팔
교통 신호등	예 **Ampel**	암펠
교통 표지	중 **Signal**	지그날
교향악	예 **Symphonie**	쥠포니

교환	閉 **Austausch**	아우스타우슈
	閉 **Umtausch**	움타우쉬
	閉 **Wechsel**	벡셀
교환하다	**austauschen**	아우스타우셴
	tauschen	타우셴
	umtauschen	움타우셴
교활한	**schlau**	쉴라우
교활함	囡 **List**	리스트
교황	閉 **Papst**	팝스트
교훈	囡 **Lehre**	레러
9	**neun**	노인
구(救)하다	**retten**	레튼
구(球)	囡 **Kugel**	쿠글
구간	囡 **Strecke**	슈트레커
구걸하다	**betteln**	베텔른
구경	囡 **Besichtigung**	베지히티궁
구경하다	**besichtigen**	베지히티겐
	zusehen	추제엔
구급차	閉 **Krankenwagen**	크랑큰바근
구더기	閉 **Wurm**	부름
구덩이	㿟 **Loch**	로흐

구두	🗄 **Schuh**	슈
구두의	**mündlich**	뮌트리히
구두 합의	🗄 **Verabredung**	페어아브레둥
구르다	**rollen**	롤런
구름	🗄 **Wolke**	볼케
구름 낀	**wolkig**	볼키히
구리(제품)	🗄 **Kupfer**	쿱퍼
구매	🗄 **Einkauf**	아인카우프
구매하다	**einkaufen**	아인카우픈
구멍	🗄 **Grube**	그루버
	🗄 **Loch**	로흐
구멍 내다	**hacken**	하크
구명조끼	🗄 **Weste**	베스테
구별	🗄 **Unterschied**	운터쉬트
구별하다	**unterscheiden**	운터샤이든
구부러지다	**abbiegen**	압비겐
구부러진	**krumm**	크룸
구부리다	**beugen**	보이겐
	knicken	크니큰
	biegen	비겐
구분	🗄 **Abteilung**	압타일룽

	중 **Fach**	파하
구분하다	**scheiden**	셰이든
구석	여 **Ecke**	에케
	여 **Kante**	칸테
구성하다	**zusammensetzen**	추자멘제첸
구속	여 **Fessel**	페쎌
	남 **Zwang**	츠방
구속하다	**fesseln**	페쎌른
90	**neunzig**	노인치히
구역	남 **Bezirk**	베치르크
	여 **Zone**	초네
구월	남 **September**	젭템버
구조	중 **System**	쥐스템
구출	여 **Rettung**	레퉁
구타	남 **Anschlag**	안슈라크
	남 **Schlag**	쉴라크
구타하다	**prügeln**	프뤼겔른
구혼	**bewerben**	베베르벤
국가	중 **Land**	란트
	여 **Nation**	나치온
	남 **Staat**	슈타트

국가의	national	나치오날
국내	중 Inland	인란트
국내에	drinnen	드리넨
국립의	staatlich	슈타트리히
국민	남 Bürger	뷔르거
	중 Volk	폴크
국민의	bürgerlich	뷔르거리히
	national	나치오날
국수주의적인	nationalistisch	나치오날리스티쉬
국왕의	königlich	쾨니클리히
국자	남 Schöpflöffel	쇠프뢰펠
국제적인	international	인터나치오날
국화(菊花)	여 Chrysantheme	크뤼잔테메
국회	중 Parlament	팔라멘트
군대	여 Armee	아르메
	중 Heer	헤어
	중 Militär	밀리테어
군인	남 Soldat	졸다트
군주	남 Fürst	퓌르스트
	남 Herrscher	헤르셔
	남 König	쾨니히

	여 **Krone**	크로네
굴뚝	남 **Schornstein**	쇼른슈타인
굴러가다, 굴리다	**rollen**	롤런
굴레	남 **Band**	반트
굴복시키다	**beugen**	보이겐
굶주리다	**hungern**	훙거른
굶주림	남 **Hunger**	훙거
굽다	**backen**	박켄
	rösten	뢰스턴
	braten	브라텐
굽히다	**abbiegen**	압비겐
	nachgeben	나흐게븐
궁전	남 **Palast**	팔라스트
권(券)	남 **Teil**	타일
	남 **Band**	반트
권력	여 **Gewalt**	게발트
	여 **Herrschaft**	헤르샤프트
	여 **Macht**	마흐트
권력을 가진	**gewaltig**	게발티히
권리	중 **Recht**	레히트
권리를 주다	**berechtigen**	베레히티겐

권위(자)	예 **Autorität**	아우토리테트
권유	예 **Aufforderung**	아우프포르데룽
	예 **Werbung**	베르붕
권유하다	**anbieten**	안비텐
권총	예 **Pistole**	피스톨레
권투	중 **Boxen**	복슨
권한	예 **Gewalt**	게발트
	중 **Recht**	레히트
궤도	중 **Gleis**	글라이스
	예 **Bahn**	반
귀	중 **Ohr**	오어
귀걸이	남 **Ohrring**	오어링
귀뚜라미	예 **Grille**	그릴레
귀로(탈것으로)	예 **Rückfahrt**	뤼크파르트
귀를 기울이다	**zuhören**	추회렌
귀신	중 **Gespenst**	게슈펜스트
귀여운	**hübsch**	휩쉬
	lieblich	리프리히
	niedlich	니트리히
	süß	쥐스
귀족	남 **Adel**	아델

귀찮게 하다	**belästigen**	벨레스티겐
귀찮은	**lästig**	레스티히
	laut	라우트
귀찮음	🔵 **Umstand**	움슈탄트
귀환	🔴 **Rückkehr**	뤼크케어
규모	🔴 **Dimension**	디멘지온
	🔴 **Größe**	그뢰쎄
규범	🔴 **Norm**	노름
규율	🔴 **Disziplin**	디스치플린
규제하다	**regeln**	레글른
규칙	🔴 **Bestimmung**	베스티뭉
	🟢 **Gebot**	게보트
	🟢 **Gesetz**	게제츠
	🔴 **Regel**	레겔
	🔴 **Vorschrift**	포어슈리프트
규칙적인	**gleichmäßig**	글라이히마씨히
	regelmäßig	레겔메씨히
균등하게 하다	**ausgleichen**	아우스글라이헨
균열	🔴 **Lücke**	뤼커
	🔵 **Riss**	리스
	🔴 **Spalte**	슈팔터

균형	중 **Gleichgewicht**	글라이히게비히트
균형 잡힌	**gleichmäßig**	글라이히마씨히
	verhältnismäßig	페어헬트니스메씨히
귤	여 **Mandarine**	만다리네
그	**das**	다스
	der	데어
그 결과	**dass**	다스
그 경우	**dann**	단
그 남자	**er**	에어
그 대신	**stattdessen**	슈타트데센
그 뒤에	**dahinter**	다힌터
	danach	다나하
그 사람	**derjenige**	데어예니게
	jener	예너
그 외의	**ander**	안데르
	übrig	위브리히
그 위에	**darauf**	다라우프
	darüber	다뤼버
그 이전	**davor**	다포어
그 이후	**seitdem**	자이트뎀
	danach	다나흐

	darauf	다라우프
	später	슈페터
그건 그렇고	**übrigens**	위브리겐스
그것	**derjenige**	데어예니게
	er	에어
	es	에스
	jener	예너
	sie	지
그네	예 **Schaukel**	샤우클
그네 타다	**schaukeln**	샤우클린
그녀	**sie**	지
그늘	**Schatten**	샤튼
그다지	**so**	조
그동안	**inzwischen**	인츠비션
	unterdes[sen]	운터데스
그때	**da**	다
그때마다	**jeweils**	예바일스
그래도	**immerhin**	이머힌
그래서	**also**	알조
	deshalb	데스할프
	deswegen	데스베겐

그램(g)	중 **Gramm**	그람
그러나	**aber**	아버
	doch	도흐
그러니까	**deshalb**	데스할프
그러면	**denn**	덴
그럭저럭 꾸려 나가다	**auskommen**	아우스코멘
그런	**solch**	졸히
그런 까닭에	**sodass**	조다스
그런데도	**trotzdem**	트로츠뎀
	dennoch	데노흐
그렇게	**so**	조
그렇습니다	**jawohl**	야볼
그렇지만	**allerdings**	알러딩스
그를 위해	**dass**	다스
그릇	남 **Behälter**	베헬터
	중 **Gefäß**	게페스
	중 **Geschirr**	게쉬어
그리고	**und**	운트
그리다	**malen**	말런
그리스	**Griechenland**	그리헨란트

그리워하다	entbehren	엔트베렌
	vermissen	페어미센
그림	중 Bild	빌트
	중 Gemälde	게멜더
	여 Malerei	말레라이
그림자	남 Schatten	샤튼
그만두다	abgehen	압게헨
	entsagen	엔트자겐
그물	중 Netz	네츠
그밖에	außerdem	아우서뎀
	sonst	존스트
그와 동시에	damit	다미트
그저	lauter	라우터
	nur	누어
그저께	vorgestern	포어게스터른
그중에서	daraus	다라우스
그쪽으로	dazu	다추
극	남 Pol	폴
극단적인	extrem	엑스트렘
극도의	extrem	엑스트렘
극복하다	besiegen	베지겐

	überwinden	위버빈던
극장	예 **Bühne**	뷔네
	중 **Theater**	테아터
극점	남 **Pol**	폴
근거	중 **Argument**	아구멘트
	예 **Grundlage**	그룬트라거
근거하다	**beruhen**	베루엔
근면	남 **Fleiß**	플라이쓰
근무	예 **Arbeit**	아르바이트
	남 **Dienst**	딘스트
	예 **Tätigkeit**	테티히카이트
근무 시간	예 **Dienstzeit**	딘스트차이트
근무 중인	**tätig**	테티히
근무하다	**dienen**	디넨
근본적인	**elementar**	엘레멘타르
	gründlich	그륀틀리히
근심	예 **Unruhe**	운루에
근원	남 **Ursprung**	우어슈프룽
근육	남 **Muskel**	무스클
근절시키다	**vernichten**	페어니히튼
근질근질하다	**jucken**	유켄

근처의	nahe	나에
글씨체	여 Schrift	슈리프트
금	중 Gold	골트
금발의	blond	블론트
금성	여 Venus	베누스
금속	중 Metall	메탈
금액	남 Betrag	베트라크
	여 Geldsumme	겔트주메
금요일	남 Freitag	프라이탁
금융적인	finanziell	피난치엘
금으로 된	golden	골든
금전	중 Geld	겔트
금전적인	wirtschaftlich	비르트샤프트리히
금지(령)	중 Verbot	페어보트
금지된	verboten	페어보튼
금지하다	verbieten	페어비튼
급강하하다	stürzen	슈튀르천
급경사의	steil	슈타일
급사(給仕)	남 Kellner	켈너
	남 Ober	오버
급여	남 Lohn	론

급행열차	남 **Schnellzug**	슈넬추크
긍정적인	**positiv**	포지티프
긍정하다	**nicken**	니큰
긍지	남 **Stolz**	슈톨츠
기가 죽은	**niedergedrückt**	니더게드뤽트
기간	여 **Dauer**	다우어
	여 **Periode**	페리오더
기계	중 **Gerät**	게레트
	중 **Instrument**	인스트루멘트
	여 **Maschine**	마쉬너
기계공학	여 **Mechanik**	메하닉
기관	남 **Apparat**	아파라트
	중 **Organ**	오르간
기구(器具)	중 **Instrument**	인스트루멘트
	중 **Gerät**	게레트
기구(氣球)	남 **Ballon**	발롱
	남 **Luftballon**	루프트발론
기꺼이	**gern[e]**	게른
기껏해야	**höchstens**	회히스텐스
기념	중 **Andenken**	안덴켄
기념비	중 **Denkmal**	뎅크말

	중 **Monument**	모누멘트
기념식	여 **Gedächtnisfeier**	게데히트니스파이어
기념일	남 **Feiertag**	파이어탁
기념품	중 **Souvenir**	주버니어
기능	여 **Funktion**	풍크치온
기능하다	**funktionieren**	풍크치오니른
기다, 포복하다	**kriechen**	크리현
기다리다	**erwarten**	에어바르튼
	warten	바르텐
기대	여 **Erwartung**	에어바르퉁
	여 **Hoffnung**	호프눙
기대고 있다	**lehnen**	레넨
기대하다	**erwarten**	에어바르튼
기도	여 **Andacht**	안다흐트
	중 **Gebet**	게베트
기도하다 (소리내어)	**beten**	베텐
기독교	중 **Christentum**	크리스텐툼
기독교의	**Christlich**	크리스트리히
기독교인	남 **Christ**	크리스트
기둥	남 **Pfahl**	팔

	여 **Säule**	조일레
	여 **Stange**	슈탕어
기록(記錄)	중 **Papier**	파피어
기록(紀錄)	남 **Rekord**	레코르트
기록물	여 **Urkunde**	우어쿤데
기록해 두다	**aufschreiben**	아우프쉬라이벤
기름	중 **Öl**	욀
기린	여 **Giraffe**	기라페
기만	여 **Täuschung**	토이슝
기묘한	**merkwürdig**	메르크뷔르디히
	seltsam	젤트잠
	sonderbar	존더발
기반	남 **Boden**	보덴
	여 **Grundlage**	그룬트라거
기복	여 **Welle**	벨레
기본적인	**elementar**	엘레멘타르
	grundsätzlich	그룬트제츨리히
기부하다	**spenden**	슈펜던
기분	여 **Laune**	라우너
	여 **Stimmung**	슈티뭉
기분 나쁜	**ungemütlich**	운게뮈트리히

기분 전환	여 Erfrischung	에어프리슝
기분 전환하다	umschalten	움샬튼
기쁘게 하다	erfreuen	에어프로이엔
기쁜	freudig	프로이디히
	여 Freude	프로이데
기쁨	중 Vergnügen	페어그뉘근
기사(記事)	남 Artikel	아르티켈
	남 Bericht	베리히트
기사(技師)	남 Techniker	테히니커
	남 Mechaniker	메하니커
기사(騎士)	남 Ritter	리터
기상하다	aufstehen	아우프슈테엔
기세	남 Schwung	쉬붕
기숙사	중 Studentenwohnheim	슈투덴튼본하임
기술	여 Kunst	쿤스트
기술자	남 Ingenieur	인제니에어
	남 Techniker	테히니커
기술적인	technisch	테히니쉬
기어오르다	klettern	클레터른
기억	여 Erinnerung	에어인네룽
기억(력)	중 Gedächtnis	게데히트니스

기억하다	**merken**	메르큰
기업	🔵**Betrieb**	베트리프
	🔴**Firma**	피르마
기온	🔴**Temperatur**	템페라투어
기와	🔵**Ziegel**	치글
기울다	**kippen**	키펜
기울이다	**neigen**	나이근
기원(起源)	🔵**Ursprung**	우어슈프룽
기입하다	**aufschreiben**	아우프쉬라이벤
기저귀	🔴**Windel**	빈들
기적	🟢**Wunder**	분더
기적적인	**wunderbar**	분더바르
기절	🔴**Ohnmacht**	온마흐트
기준	🔵**Maßstab**	마쓰슈탑
	🟢**Schema**	셰마
기질	🟢**Gemüt**	게뮈트
	🟢**Temperament**	템페라멘트
기초	🔴**Grundlage**	그룬트라거
	🔴**Basis**	바지스
기침	🔵**Husten**	후스튼
기침하다	**husten**	후스튼

기타(악기)	예 **Gitarre**	기타레
기하학	예 **Geometrie**	게오메트리
기한	남 **Termin**	테르민
기호(記號)	예 **Marke**	마르커
	중 **Symbol**	쥠볼
기호(嗜好)	남 **Geschmack**	게쉬막
기회	예 **Chance**	샨세
	예 **Gelegenheit**	걸리근하이트
	예 **Möglichkeit**	뫼클리히카이트
기획	남 **Plan**	플란
기후	중 **Klima**	클리마
긴	**lang**	랑
긴급 통보	남 **Notruf**	노트루프
긴장	예 **Spannung**	슈파눙
	남 **Stress**	슈트레스
긴장된	**nervös**	네르뵈스
긴장시키다	**anstrengen**	안슈트렝언
긴장하다	**anstrengen**	안슈트렝언
길	남 **Weg**	벡
길들여진	**zahm**	참
길이	예 **Länge**	렝에

깃	남 **Flügel**	플뤼글
	여 **Feder**	페더
깃발	여 **Fahne**	파네
	여 **Flagge**	플라게
깊은	**tief**	티프
깊이	여 **Tiefe**	티페
까마귀	여 **Krähe**	크레어
	남 **Rabe**	라베
～까지	**bis**	비스
깔끔한	**sauber**	자우버
깔다	**belegen**	벨레겐
	beziehen	베치엔
깜박이다	**schimmern**	쉬먼
깜짝 놀라게 하다	**schocken**	쇼켄
깨끗이 하다	**putzen**	푸첸
깨끗한	**durchsichtig**	두르히지히티히
	sauber	자우버
깨다	**brechen**	브레헨
	zerbrechen	체어브레헨
깨뜨리다	**einschlagen**	아인쉴라근

	sprengen	슈프렝언
깨물다	**beißen**	바이센
	kauen	카우엔
깨어난	**wach**	바하
깨우다	**wecken**	베큰
꺼내다	**auspacken**	아우스팍켄
	herausnehmen	헤라우스네먼
꺼림칙한	**beängstigend**	베앵스티겐트
꺼지다	**erlöschen**	에어뢰쉔
껌	남중 **Kaugummi**	카우구미
껍질	여 **Haut**	하우트
껍질을 벗기다	**schälen**	셸런
껴안다	**umarmen**	움아르먼
꼬리	남 **Schwanz**	쉬반츠
꼬집다	**kneifen**	크나이픈
	zwicken	츠비큰
꼭두각시	여 **Puppe**	푸페
꽂다(핀으로)	**anstecken**	안슈텍큰
꽂아 넣다	**stecken**	슈테큰
꽃	여 **Blume**	블루메
	여 **Blüte**	블뤼테

꽃가루	🅑 **Blütenstaub**	블뤼텐슈타웁
	🅑 **Staub**	슈타우프
꽃다발	🅑 **Strauß**	슈트라우쓰
꽃병	🅕 **Vase**	바제
꽃봉오리	🅕 **Blütenknospe**	블뤼텐크노스페
꽃잎	🅝 **Blütenblatt**	블뤼텐블라트
꾀하다	**unternehmen**	운터네먼
꾸미다	**einrichten**	아인리히튼
	spinnen	슈피넌
꿈	🅑 **Traum**	트라움
꿈을 꾸다	**träumen**	트로이멘
꿰매다	**nähen**	네엔
끄다	**ausmachen**	아우스마헨
	abschalten	압샬텐
	löschen	뢰쉔
	ausschalten	아우스샬튼
끈	🅕 **Leine**	라이너
	🅕 **Schnur**	슈누르
	🅑 **Strang**	슈트랑
끈질긴	**hartnäckig**	하르트넥키히
끊임없이	**ständig**	슈텐디히

끌다	**schleppen**	쉴레픈
끌어올리다	**aufziehen**	아우프치엔
끓다	**sieden**	지던
끓이다	**kochen**	코헨
끝	중 **Ende**	엔데
	남 **Schluss**	쉴루스
끝나다	**aufhören**	아우프회렌
	enden	엔덴
끝내다	**abschließen**	압쉬리쎈
	beenden	베엔덴
	schließen	쉴리쎈
끼다(반지를)	**anstecken**	안슈텍큰
끼우다	**klemmen**	클레먼
	kneifen	크나이픈
	zwicken	츠비큰

나	**ich**	이히
나가다	**ausgehen**	아우스게엔
	hinausgehen	히나우스게엔
	verlassen	페어라센
나귀	남 **Esel**	에젤
나누기	여 **Division**	디비지온
나누다	**scheiden**	셰이든
	teilen	타일런
	trennen	트레넨
나눠 주다	**verteilen**	페어타일런
나라	중 **Land**	란트
	남 **Staat**	슈타트
나란히	**nebeneinander**	네븐아이난더
나르다	**tragen**	트라근
	transportieren	트란스포르티런
나른한	**schläfrig**	쉴레프리히
나머지	남 **Rest**	레스트
나무	남 **Baum**	바움

나무뿌리	예 **Wurzel**	부르츨
나무줄기	남 **Stamm**	슈탐
나무통	중 **Fass**	파스
나뭇가지	남 **Ast**	아스트
	남 **Zweig**	츠바이크
나뭇잎	중 **Laub**	라우프
나방	남 **Nachtfalter**	나흐트팔터
나비	남 **Schmetterling**	슈메터링
나쁜	**arg**	아르크
	böse	뵈제
	schlecht	슐레히트
나사	예 **Schraube**	슈라우버
나아가게 하다	**befördern**	베푀르던
나의	**mein**	마인
나이	중 **Alter**	알터
나중에	**hinterher**	힌터헤어
	nachher	나흐헤어
	später	슈페터
나타나다	**auftauchen**	아우프타우헌
	erscheinen	에어샤이넨
나타내다	**äußern**	오이선

	bedeuten	베도이텐
	bieten	비텐
나태한	**träge**	트레거
나팔	㉎ **Trompete**	트롬페터
나팔꽃	㉎ **Winde**	빈데
낙관주의	㉡ **Optimismus**	옵티미스무스
낙원	㉢ **Paradies**	파라디스
낙타	㉢ **Kamel**	카멜
낙하	㉡ **Fall**	팔
	㉡ **Sturz**	슈투르츠
낙하산	㉡ **Schirm**	쉬름
낙하하다	**sinken**	징큰
낚시하다	**angeln**	안겔른
	fischen	피슨
낚싯대	㉎ **Angel**	앙얼
난민	㉡ **Flüchtling**	플뤼히틀링
난방장치	㉎ **Heizung**	하이충
난방하다	**heizen**	하이츤
난잡한	**wüst**	뷔스트
난제	㉡ **Knoten**	크노튼
난초	㉎ **Orchidee**	오르히데에

날개	圈 **Flügel**	플뤼글
날다	**fliegen**	플리겐
날씨	圈 **Wetter**	베터
날씬한	**schlank**	쉴랑크
날아가다	**fliegen**	플리겐
날인	圈 **Stempel**	슈템플
날짜	圈 **Datum**	다툼
날카로운	**scharf**	샤르프
낡은	**altmodisch**	알트모디쉬
남극	圈 **Südpol**	쥐트폴
남성	圈 **Mann**	만
남성의	**männlich**	멘리히
남아 있는	**übrig**	위브리히
남용	圈 **Missbrauch**	미쓰브라우흐
남자 조카	圈 **Neffe**	네페
남쪽	圈 **Süd**	쥐트
	圈 **Süden**	쥐든
남쪽의	**südlich**	쥐트리히
남편	圈 **Gatte**	가테
	圈 **Mann**	만
납	圈 **Blei**	블라이

납득시키다	**überzeugen**	위버초이근
낫다	**heilen**	하일른
낭독	예 **Vorlesung**	포어레중
낭독하다	**vorlesen**	포어레즌
낭만적인	**romantisch**	로만티쉬
낭비하다	**verschwenden**	페어쉬벤든
낮	남 **Tag**	탁
낮은	**niedrig**	니드리히
	nieder	니더
낮추다	**vermindern**	페어민던
낯 두꺼운	**dreist**	드라이스트
낳다	**erzeugen**	에어초이겐
내각	중 **Kabinett**	카비넷
내기하다	**wetten**	베튼
내던지다	**wegwerfen**	벡베르펜
내려놓다	**niederlegen**	니더레근
내리다(아래로)	**senken**	젠큰
	herunternehmen	헤룬터네먼
내리다(눈, 비가)	**fallen**	팔른
내리다(차에서)	**aussteigen**	아우스슈타이겐
	absteigen	압쉬타이겐

내부의	**innen**	넨인
	innerlich	이너리히
내성적인	**scheu**	쇼이
내용	중 **Gehalt**	게할트
	남 **Inhalt**	인할트
	여 **Substanz**	줍스탄츠
내일	**morgen**	모르근
내장	남 **Darm**	다름
내쫓다	**verstoßen**	페어슈토센
냄비	남 **Kessel**	케슬
	남 **Topf**	토프
냄새	남 **Geruch**	게루흐
냄새가 나다	**riechen**	리현
냅킨	여 **Serviette**	제르비에테
냉담한	**gleichgültig**	글라이히귈티히
	kalt	칼트
냉장고	남 **Kühlschrank**	퀼쉬랑크
냉정한	**herzlos**	헤르츠로스
	gefühlskalt	게퓔스칼트
냉혹한	**eisern**	아이전
너	**du**	두

너무나	**allzu**	알추
너의	**dein**	다인
	ihr	이어
너희의	**euer**	오이어
널빤지	囲 **Bord**	보르트
넓은	**weit**	바이트
넓음	여 **Weite**	바이테
넓이	여 **Fläche**	플레헤
	여 **Weite**	바이테
넓적다리	囲 **Schenkel**	셴클
넓히다	**erweitern**	에어바이턴
	öffnen	외프넌
넘기다	**hergeben**	헤어게븐
넘다	**übertreten**	위버트레텐
넣다	**einsetzen**	아인제첸
	einstellen	아인슈텔른
	füllen	퓔른
네덜란드인	囲 **Holländer**	홀렌더
네 번째의	**viert**	피어트
넥타이	여 **Krawatte**	크라바테
	囲 **Schlips**	쉴립스

녀석	담 **Kerl**	케를
년(年)	예 **Jahreszahl**	야레스찰
노	중 **Ruder**	루더
노골적인	**bloß**	블로스
	nackt	나크트
노동자	담 **Arbeiter**	아르바이터
노동조합	예 **Gewerkschaft**	게베르크샤프트
노란색	**gelb**	겔프
노래	중 **Lied**	리트
노래하다	**singen**	징언
	zwitschern	츠비천
노랫소리	담 **Gesang**	게장
	예 **Stimme**	슈티메
노력	예 **Anstrengung**	안슈트렝궁
	예 **Bemühung**	베뮈옹
	담 **Fleiß**	플라이쓰
	예 **Mühe**	뮈에
노력하다	**bemühen**	베뮈엔
	streben	슈트레븐
노를 젓다	**rudern**	루던
노리다	**zielen**	칠런

노선	예 **Linie**	리니어
노인	남예 **Alte[r]**	알테
	남 **Senior**	제니오어
노크하다	**klopfen**	클롭펜
	pochen	포헨
녹	남 **Rost**	로스트
녹다	**schmelzen**	슈멜천
녹색의	**grün**	그륀
녹음테이프	중 **Tonband**	톤반트
녹이다	**auflösen**	아우프뢰젠
	schmelzen	슈멜천
논리적인	**logisch**	로기쉬
논문	예 **Abhandlung**	압한드룽
	남 **Artikel**	아르티켈
	남 **Aufsatz**	아우프자츠
논의	예 **Diskussion**	디스쿠시온
논하다	**erörtern**	에어외르턴
놀다	**spielen**	슈필런
놀라게 하다	**erschrecken**	에어쉬레큰
	erstaunen	에어슈타우넨
	schrecken	슈레큰

	überraschen	위버라쉔
놀라다	erschrecken	에어쉬레큰
	schrecken	슈레큰
	staunen	슈타우넌
놀라운	wunderbar	분더바르
	erstaunlich	에어슈타운리히
놀람	남 Schreck	슈레크
	남 Schrecken	슈레큰
놀래다	verwundern	페어분던
	wundern	분던
놀리다	necken	네큰
놀림	남 Scherz	셰르츠
놀이	중 Spiel	슈필
놈	남 Affe	아페
농경지	남 Acker	아커
농구	남 Basketball	바스켓발
농담	남 Scherz	셰르츠
	남 Spaß	슈파쓰
	남 Witz	비츠
농도	중 Gehalt	게할트
농민	남 Bauer	바우어

농산물	㐀 **Gewächs**	게베크스
농업	여 **Landwirtschaft**	란트비르트샤프트
농장	남 **Hof**	호프
농축하다	**konzentrieren**	콘첸트리런
높은	**hoch**	호흐
높이	여 **Höhe**	회에
높이다	**heben**	헤번
	steigern	슈타이건
놓다	**hinlegen**	힌레근
	hinsetzen	힌제천
	legen	레근
놓아주다	**loslassen**	로스라쓴
놓치다	**verpassen**	페어파쓴
	versäumen	페어조이먼
뇌물	여 **Bestechung**	베스테훙
누구	**wer**	베어
누구나	**jeder**	예더
누군가	**irgend**	이르겐트
	jemand	예만트
누르다	**pressen**	프레쓴
	unterdrücken	운터드뤼큰

누설하다	**verraten**	페어라튼
누워 있다	**liegen**	리근
누차	**vielmals**	필말스
누출하다	**austreten**	아우스트레텐
눈(동자)	쥥 **Auge**	아우게
눈(雪)	냄 **Schnee**	슈네
눈금	쥥 **Kennzeichen**	켄차이현
눈매	쥥 **Auge**	아우게
	냄 **Blick**	블릭
눈물	예 **Träne**	트레네
눈에 띄는	**auffällig**	아우프펠리히
눈에 띄다	**auffallen**	아우프팔렌
	glänzen	글렌첸
눈이 내리다	**schneien**	쉬나이엔
눈치 채다	**bemerken**	베메르켄
눕히다	**hinlegen**	힌레근
	legen	레근
뉘우치다	**reuen**	로이언
느끼다	**empfinden**	엠프핀덴
	spüren	슈퓌런
느린	**langsam**	랑잠

느슨한	locker	로커
	lose	로제
늑대	🔳 Wolf	볼프
늘리다	vergrößern	페어그뢰선
	vermehren	페어메런
	zunehmen	추네멘
늙은	alt	알트
능력	🔳 Kraft	크라프트
능숙한	geschickt	게쉬크트
	gewandt	게반트
늦다	verspäten	페어슈페튼
늦은	spät	슈페트
늦지 않은	zeitig	차이티히
늪	🔳 Teich	타이히
	🔳 Sumpf	줌프

ㄷ

다가가다	nähern	네언
다가오다	zukommen	추코멘
다량	남 Haufen	하우펀
다루는 법	남 Griff	그리프
다루다	behandeln	베한데른
다르게	anders	안더스
다른	verschieden	페어쉬든
다리(脚)	중 Bein	바인
다리(橋)	여 Brücke	브뤼케
다리미질하다	bügeln	뷔겔른
다방	중 Cafe	카페
다소	einigermaßen	아이니거마쓴
다수	여 Menge	멩어
	여 Schar	샤르
다수의	zahlreich	찰라이히
다스(12개)	중 Dutzend	두첸트
다시	wieder	비더
다시 듣기	중 Wiederhören	비더회렌

다시 말하다	**wiederholen**	비더홀렌
다시 오다	**wiederkommen**	비더코멘
다양한	**vielfältig**	필펠티히
다음의	**nächst**	네히스트
다이아몬드	冒 **Diamant**	디아만트
다채로운	**bunt**	분트
	farbig	파르비히
다치게 하다	**aufschlagen**	아우프쉬라겐
다치다	**verletzen**	페어레천
다행히	**glücklicherweise**	글뤼클리혀바이제
닦다	**putzen**	푸첸
	wischen	비셴
단검	冒 **Dolch**	돌히
단것	예 **Süßigkeit**	쥐씨히카이트
단과대학	예 **Hochschule**	호흐슐레
단념하다	**verzichten**	페어치히튼
단단한	**hart**	하르트
	starr	슈타르
단단함	예 **Härte**	헤르터
단독으로	**allein**	알라인
단독의	**ausschließlich**	아우스슐리스리히

단락	🔲 **Absatz**	압자츠
	🔲 **Abschnitt**	압쉬니트
단련하다	**trainieren**	트레니런
단발머리	🔲 **Bubikopf**	부비코프
단서	🔲 **Schlüssel**	쉴뤼셀
단순한	**primitiv**	프리미티프
	schlicht	쉴리히트
	einfach	아인파흐
단식하다	**hungern**	훙거른
단어	🔲 **Wort**	보르트
단언하다	**versichern**	페어지현
단점	🔲 **Nachteil**	나흐타일
단조로운	**flach**	플라흐
단체	🔲 **Gesellschaft**	게젤샤프트
	🔲 **Organisation**	오르가니자치온
단추	🔲 **Knof**	크노프
단축하다	**verkürzen**	페어퀴르천
단편소설	🔲 **Novelle**	노벨레
단풍나무	🔲 **Ahorn**	아호른
닫다	**schließen**	쉴리쎈
	zumachen	추마헨

닫힌	**geschlossen**	게쉴로쓴
달	閏 **Mond**	몬트
달라붙다	**haften**	하프튼
달력	閏 **Kalender**	칼렌더
달리다	**laufen**	라우픈
	rennen	레넌
달리다(탈것이)	**fahren**	파렌
달성하다	**erfüllen**	에어퓔렌
	leisten	라이스튼
달아나다	**entfliehen**	엔트플리엔
	fliehen	플리엔
달아난	**los**	로스
달콤한	**süß**	쥐스
달팽이	圀 **Schnecke**	슈네커
달하다 (금액, 거리가)	**betragen**	베트라겐
닭	閏 **Huhn**	훈
담배	閏 **Tabak**	타박
	圀 **Zigarette**	치가레터
담배가게	閏 **Tabakladen**	타박라던
담보	閏 **Pfand**	판트

담요	예 **Decke**	덱케
담장	남 **Zaun**	자운
답답한	**schwül**	슈뷜
당구	중 **Billiard**	빌야르트
당국	예 **Behörde**	베회르데
당근	예 **Karotte**	카로테
	예 **Möhre**	뫼레
당기다	**ziehen**	치엔
당당한	**großartig**	그로쓰아르티히
	stattlich	슈타트리히
당시	**damals**	다말스
당신	**du**	두
당신(들)	**Sie**	지
당연한	**gerecht**	게레히트
	selbstverständlich	젤프스트페어슈텐트리히
당황한	**verlegen**	페어레근
닻	남 **Anker**	앙커
대가를 치르다	**belohnen**	벨로넨
대개	**meistens**	마이스턴스
	überhaupt	위버하웁트
대규모의	**groß**	그로쓰

ㄱ ㄴ ㄷ ㄹ ㅁ ㅂ ㅅ ㅇ ㅈ ㅊ ㅋ ㅌ ㅍ ㅎ

대나무	甘 **Bambus**	밤부스
대다수	여 **Mehrheit**	메어하이트
대단한	**klasse**	클라써
대단히	**höchst**	회히스트
	sehr	제어
대담한	**keck**	켁
	kühn	퀸
	tapfer	탑퍼
대답하다	**antworten**	안트보르텐
	beantworten	베안트보르텐
	erwidern	에어비던
대도시	여 **Großstadt**	그로쓰슈타트
대략	**etwa**	에트바
	ungefähr	운게페어
대량	여 **Masse**	마쎄
	여 **Menge**	멩어
대륙	남 **Erdteil**	에르트타일
대륙(유럽)	남 **Kontinent**	콘티넨트
대리	남 **Ersatz**	에어자츠
대리석	남 **Marmor**	마르모어
대리인	남 **Vertreter**	페어트레터

대립	남 **Gegensatz**	게근자츠
	남 **Konflikt**	콘플릭트
대머리	여 **Glatze**	글라체
대머리의	**kahl**	칼
대변(大便)	중 **das Exkrement**	엑스크레멘트
대부(貸付)	남 **Kredit**	크레디트
대사(大使)	남 **Botschafter**	보트샤프터
대사건	중 **Phänomen**	페노멘
	여 **Sensation**	젠자치온
대상	남 **Gegenstand**	게근슈탄트
대서양	남 **Atlantik**	아틀란틱
대성공	남 **Triumph**	트리움프
대성당	남 **Dom**	돔
~대신에	**anstatt**	안슈타트
	statt	슈타트
대양	남 **Ozean**	오체안
대장(大腸)	남 **Dickdarm**	딕다름
대저택	남 **Palast**	팔라스트
대중	**die Öffentlichkeit**	외펜틀리히카이트
	중 **Volk**	폴크
대중적인	**populär**	포풀레어

	volkstümlich	폴크슈팀리히
대참사	예 **Katastrophe**	카타스트로페
대책	예 **Maßnahme**	마쓰나메
	중 **Mittel**	미텔
대통령	남 **Präsident**	프레지덴트
대포	중 **Geschütz**	게쉬츠
	예 **Kanone**	카노네
대표자	남 **Vertreter**	페어트레터
대표하다	**vertreten**	페어트레텐
대하(大河)	남 **Strom**	쉬트롬
대학교	예 **Universität**	우니베르지테트
대학교수	남 **Professor**	프로페소어
대학생	남 **Student**	슈투던트
대학의	**akademisch**	아카데미쉬
대학 입학 시험	중 **Abitur**	아비투어
대형 사고	중 **Unglück**	운글뤼크
대화	중 **Gespräch**	게슈프레히
	die Unterhaltung	운터할퉁
대화하다	**sprechen**	슈프레헌
대회	예 **Versammlung**	페어잠룽
더 한층	**mehr**	메어

더듬이	엥 **Antenne**	안테너
더러운	**schmutzig**	슈무치히
더러운 것	엥 **Schmutz**	슈무츠
더욱 더	**desto**	데스토
더운	**heiß**	하이스
더위	엥 **Hitze**	히처
더하다	**hinzufügen**	힌추퓌건
던지다	**schmeißen**	슈마이쎈
	werfen	베르펜
덤불	엥 **Strauch**	슈트라우흐
덩어리	엥 **Haufen**	하우펀
	엥 **Masse**	마쎄
	엥 **Block**	블록
덩어리(음식)	엥 **Laib**	라이프
덮개	엥 **Hülle**	휠레
덮다	**bedecken**	베덱켄
	belegen	벨레겐
	decken	덱켄
	zudecken	추데켄
덮치다 (질병, 슬픔이)	**überfallen**	위버팔렌
	befallen	베팔렌

데려가다	**mitnehmen**	미트네먼
	ausführen	아우스퓨런
데리러 가다	**abholen**	압홀렌
도(度)	🔵 **Grad**	그라트
도구	🔵 **Werkzeug**	베르크초이크
도넛	🔵 **Donut**	도나트
도달하다	**erlangen**	에어랑언
	erreichen	에어라이흔
	gelangen	걸랑언
	langen	랑언
	reichen	라이헌
도달할 수 있는	**zugänglich**	추겡리히
도덕	🔴 **Moral**	모랄
	🔵 **Moralunterricht**	모랄운터리히트
도덕적인	**moralisch**	모랄리쉬
	sittlich	지틀리히
도도히 흐르다	**strömen**	슈트뢰먼
~도 또한	**sowohl**	조볼
	auch	아우흐
도둑	🔵 **Dieb**	딥
도랑	🔵 **Graben**	그라븐

도로	예 **Straße**	슈트라쎄
도로 교통	남 **Straßenverkehr**	슈트라쓴페어케어
도로 표지판	중 **Verkehrszeichen**	페어케어스차이헨
도마	중 **Schneidebrett**	쉬나이데브레트
도망	여 **Flucht**	플루흐트
도망가다	**fliehen**	플리엔
	flüchten	플뤼히튼
도망자	남 **Flüchtling**	플뤼히틀링
도박하다	**wetten**	베튼
도보 여행하다	**wandern**	반던
도서관	여 **Bibliothek**	비블리오테크
도시	여 **Stadt**	슈타트
도시고속철도	여 **S-Bahn**	에스반
도약	남 **Sprung**	슈프룽
도약하다	**springen**	슈프링언
도와주다	**mithelfen**	미트헬펀
도움	여 **Hilfe**	힐페
도움이 되다	**behilflich**	베힐플리히
도입	여 **Einführung**	아인퓌룽
도자기	중 **Porzellan**	포르첼란
도장	중 **Siegel**	지걸

ㄱ
ㄴ
ㄷ
ㄹ
ㅁ
ㅂ
ㅅ
ㅇ
ㅈ
ㅊ
ㅋ
ㅌ
ㅍ
ㅎ

	🔲 **Stempel**	슈템플
도장공	🔲 **Maler**	말러
도중의	**unterwegs**	운터벡스
도착(시간)	🔲 **Ankunft**	안쿤프트
도착(우편물의)	🔲 **Eingang**	아인강
도착하다	**ankommen**	앙코멘
	eintreffen	아인트레펜
	gelangen	게랑엔
	landen	란든
도착하다 (우편물이)	**eingehen**	아인게엔
도처에	**überall**	위버알
도축업자	🔲 **Metzger**	메츠거
독감	🔲 **Grippe**	그리페
독립된	**souverän**	주버렌
	unabhängig	운아프헹기히
	selbstständig	젤프스트슈텐디히
독살하다	**vergiften**	페어기프튼
독서	🔲 **Lektüre**	렉튀러
	🔲 **Lesen**	레즌
독수리	🔲 **Adler**	아들러
독신의	**ledig**	레디히

	unverheiratet	운페어하이라테트
독실한	**religiös**	렐리기외스
독약	중 **Gift**	기프트
독일	**Deutschland**	도이췰란트
독일(인)의	**deutsch**	도이취
독일어	중 **Deutsch**	도이취
독일연방공화국	여 **BRD**	베에르데
독일인	남 **der &** **die Deutsche(r)**	도이체
독재자	남 **Tyrann**	튀란
독침	남 **Stachel**	슈타헬
돈	중 **Geld**	겔트
돈을 벌다	**einnehmen**	아인네멘
돈보이게 하다	**auszeichnen**	아우스차이히넨
돌	남 **Stein**	슈타인
돌려받다	**wiederbekommen**	비더베코멘
돌려주다	**wiedergeben**	비더게븐
	zurückgeben	추뤼크게븐
돌리다	**drehen**	드레엔
	kehren	케런
	umdrehen	움드레엔

	winden	빈든
돌보다	bedienen	베디넨
	kümmern	퀴먼
	pflegen	플레근
	versorgen	페어조르근
돌아오다	zurückkommen	추뤼크코멘
	zurückfahren	추뤼크파렌
돌아오다(의식이)	zurückkehren	추뤼크케런
돕다	helfen	헬픈
동감	예 Sympathie	쥠파티
동감하다	übereinstimmen	위버아인슈티먼
동경	예 Sehnsucht	젠주흐트
	남 Traum	트라움
동경하다	sehnen	제넌
동굴	예 Höhle	횔레
동그라미	남 Kreis	크라이스
동기	중 Motiv	모티프
동력 장치	중 Laufwerk	라우프베르크
동료	남 Bruder	브루더
	남 Gefährte	게페어테
	남 Genosse	게노쎄

	🔲 **Kamerad**	카메라트
	🔲 **Kollege**	콜레게
동맹	🔲 **Bund**	분트
	🔲 **Bündnis**	뷘트니스
	die Union	우니온
동무, 동료	🔲 **Genosse**	게노쎄
동물	🔲 **Tier**	티어
동물원	🔲 **Zoo**	초
동성애의	**schwul**	슈불
동승하다	**mitfahren**	미트파런
동시대 사람	🔲 **Zeitgenosse**	차이트게노쎄
동시에	**daneben**	다네벤
	zugleich	추글라이히
동시의	**gleichzeitig**	글라이히차이티히
동아리	🔲 **Klub**	클룹
동의	🔲 **Beifall**	바이팔
동의하는	**einverstanden**	아인페어슈탄든
동의하다	**unterschreiben**	운터쉬라이븐
	zustimmen	추슈티멘
동의한	**einig**	아이니히
동일한	**derselbe**	데어젤베

ㄱ
ㄴ
ㄷ
ㄹ
ㅁ
ㅂ
ㅅ
ㅇ
ㅈ
ㅊ
ㅋ
ㅌ
ㅍ
ㅎ

	gleich	글라이히
동전	**Münze**	뮌체
동정	중 **Mitleid**	미트라이트
동쪽	남 **Ost**	오스트
	남 **Osten**	오스튼
동참하다	**mitmachen**	미트마헨
동트다	**dämmern**	데먼
동행하다	**begleiten**	베글라이텐
동호회	남 **Club**	클루프
	남 **Verein**	페어아인
동화	중 **Märchen**	메르헨
돛	중 **Segel**	제글
돼지	중 **Schwein**	쉬바인
되다	**werden**	베르덴
	würde	뷔르데
되돌려 받다	**zurückbekommen**	추뤼크베코멘
두 배	**zweifach**	츠바이파흐
두 배의	**doppel**	도플
두개골	남 **Schädel**	셰델
두꺼운	**dick**	딕
두께	여 **Dichte**	디히테

두뇌	중 **Gehirn**	게히른
	중 **Hirn**	히른
	남 **Kopf**	코프
두다	**setzen**	제천
	stellen	슈텔른
두드리다	**stampfen**	슈탐펀
두려운	**furchtbar**	푸르히트바르
	fürchterlich	퓌르히털리히
	grässlich	그레스리히
	schrecklich	슈레클리히
두려움	여 **Furcht**	푸르히트
두려워하다	**fürchten**	퓌르히튼
	grauen	그라우언
두르다	**winden**	빈든
두 번째의	**zweit**	츠바이트
두터움	여 **Stärke**	슈테르커
두통	die Kopfschmerzen (Plural)	코프쉬메르천
둔한	**dumpf**	둠프
	langsam	랑잠
	matt	마트

	stumpf	쉬툼프
둘	zwei	츠바이
둘러싸다	umgeben	움게븐
둥근	rund	룬트
둥지	쥥 Nest	네스트
뒤꿈치	예 Ferse	페르제
뒤로	rückwärts	뤽베르츠
	zurück	추뤼크
뒤섞다	rühren	뤼런
뒤섞여	durcheinander	두르히아이난더
뒤에 남기다	hinterlassen	힌터라쎈
뒤집다	wenden	벤든
뒤쫓다	verfolgen	페어폴근
드디어	schließlich	쉴리쓰리히
드라마	쥥 Drama	드라마
드라이버	남 Schraubenzieher	슈라우븐치허
드럼	예 Trommel	트로믈
드럼통	예 Tonne	토네
드레스	쥥 Kostüm	코스튐
드레싱	예 Soße	조쎄
드문	ungewöhnlich	운게뵌리히

드물게	**selten**	젤튼
득점	**Punkt**	풍크트
듣다	**hören**	회렌
들리다	**hören**	회렌
	tönen	퇴넨
들어가다	**betreten**	베트레텐
	eintreten	아인트레튼
들어감	**Zutritt**	추트리트
들어오다	**hereinkommen**	헤라인코멘
들어올리다	**aufnehmen**	아우프네멘
	stemmen	슈테먼
들이다	**aufwenden**	아우프벤덴
들판	**Feld**	펠트
등	**Rücken**	뤼큰
등급	**Sorte**	조르터
등기	**Einschreiben**	아인슈라이븐
등장하다	**auftreten**	아우프트레텐
디저트	**Dessert**	데세르트
	Nachspeise	나흐슈파이제
	Nachtisch	나흐티쉬
따다 (꽃, 과일을)	**pflücken**	플뤼큰

따뜻한	**warm**	바름
따뜻함	여 **Wärme**	베르메
따르다	**gehorchen**	게호르헨
딱딱한	**hart**	하르트
딸	여 **Tochter**	토흐터
딸기	**Erdbeere**	에르트베레
딸꾹질	남 **Schluckauf**	슐룩아우프
딸꾹질하다	**schluchzen**	쉴루흐첸
땀	남 **Schweiß**	슈바이스
땀 흘리다	**schwitzen**	슈비첸
땅	남 **Boden**	보덴
땅거미 지다	**dämmern**	데먼
땅콩	여 **Erdnuß**	에르트누스
때	여 **Zeit**	차이트
때때로	**manchmal**	만히말
때려눕히다	**strecken**	슈트레큰
때려부수다	**zerschlagen**	체어슐라근
	einschlagen	아인쉴라근
때리다	**anschlagen**	안슐라겐
	hauen	하우언
	schlagen	쉴라근

	stoßen	슈토쎈
	prügeln	프뤼겔른
~때문에	wegen	베근
떠나다	abgehen	압게헨
	losgehen	로스게엔
	räumen	로이멘
	verlassen	페어라센
	weggehen	벡게엔
떠넘기다	schieben	쉬번
떠다니다	schweben	슈베번
떠맡다	übernehmen	위버네먼
떠오르다	auftauchen	아우프타우헌
떨다	zittern	치턴
떨어지다	abfallen	압팔른
	durchfallen	두르히팔렌
	fallen	팔른
떫은	herb	헤르프
떼다	absetzen	압제첸
	lösen	뢰즌
떼어내다	abnehmen	압네먼
	abschneiden	압쉬나이든

ㄱ
ㄴ
ㄷ
ㄹ
ㅁ
ㅂ
ㅅ
ㅇ
ㅈ
ㅊ
ㅋ
ㅌ
ㅍ
ㅎ

	entnehmen	엔트네멘
떼어두다	reservieren	레저비런
또 다시	nochmals	노흐말스
또는	beziehungsweise	베치웅스바이제
똑같이	ebenfalls	에벤팔스
	ebenso	에벤조
	genauso	게나우조
똑바르게	geradeaus	게라데아우스
똑바른	direkt	디렉트
	gerade	게라더
	aufrecht	아우프레흐트
똥	🔲 Dreck	드렉
뚜껑	🔲 Deckel	덱켈
뚜렷한	eindeutig	아인도이티히
	offenbar	오펜바
뚫다	bohren	보렌
뚱뚱한	dick	딕
	fett	페트
뛰다	rennen	레넌
뛰어난	ausgezeichnet	아우스게차이히넷
	besonder	베존더

	edel	에델
	fähig	페이히
	hervorragend	헤어포어라근트
	toll	톨
	vortrefflich	포어트레플리히
뜨개질	중 **Stricken**	슈트리큰
뜨개질하다	**stricken**	슈트리큰
뜨거운	**heiß**	하이스
뜨다(해가)	**aufgehen**	아우프게엔
뜻밖의	**plötzlich**	플뢰츨리히
	unerwartet	운에어바르테트

ㄱ
ㄴ
ㄷ
ㄹ
ㅁ
ㅂ
ㅅ
ㅇ
ㅈ
ㅊ
ㅋ
ㅌ
ㅍ
ㅎ

라디오	중 **Radio**	라디오
	남 **Rundfunk**	룬트풍크
라이터	중 **Feuerzeug**	포이어초이크
라인강	**der Rhein**	라인
라켓	남 **Schläger**	슐레거
라틴어	중 **Latein**	라타인
러시아	**Russland**	루쓰란트
러시아인	남 **Russe**	루쎄
레몬	여 **Zitrone**	치트로네
레어(스테이크)	**roh**	로
레이스(옷 장식)	여 **Spitze**	슈피체
렌즈	여 **Linse**	린제
로켓	여 **Rakete**	라케테
루비	남 **Rubin**	루빈
리듬	남 **Rhythmus**	리트무스
리모컨	여 **Fernbedienung**	페른베디눙
리스트	여 **Tabelle**	타벨러
리터(ℓ)	남 **Liter**	리터
리프트(스키장)	남 **Lift**	리프트
린스	여 **Spülung**	슈퓔룽

ㅁ

마가린	예 **Margarine**	마르가리너
마감일	예 **Frist**	프리스트
마녀	예 **Hexe**	헥서
마늘	남 **Knoblauch**	크노블라우흐
마디	남 **Knoten**	크노튼
마루	남 **Fußboden**	푸스보덴
마르다	**trocknen**	트로크넨
마르크 (독일 화폐)	예 **Mark**	마르크
마른 사람	남 **Hering**	헤링
마무리하다	**vollenden**	폴엔던
마비되다	**einschlafen**	아인쉴라픈
마비된	**lahm**	람
마술	남 **Zauber**	차우버
마시다	**saufen**	자우펀
	trinken	트린큰
마약	예 **Droge**	드로게
마우스	예 **Maus**	마우스
마을	중 **Dorf**	도르프

	남 **Ort**	오르트
마음	중 **Gemüt**	게뮈트
	여 **Seele**	젤러
마음 속의	**innerlich**	이너리히
마음가짐	여 **Gesinnung**	게지눙
마음대로 하다	**verfügen**	페어퓌근
마음에 들다	**belieben**	벨리벤
	gefallen	게팔렌
마일(M)	여 **Meile**	마일러
마중 나가다	**entgegenkommen**	엔트게겐코멘
마지 못해서	**ungern**	운게른
마지막에	**zuletzt**	추레츠트
마지막의	**letzt**	레츠트
마찬가지로	**ebenfalls**	에벤팔스
	gleichfalls	글라이히팔스
마찬가지의	**egal**	에갈
마찰시키다	**reiben**	라이번
마치다	**beenden**	베엔덴
마침내	**endlich**	엔틀리히
	schließlich	쉴리쓰리히
	zuletzt	추레츠트

막(幕)	🔵 **Vorhang**	포어항
막(膜)	🔴 **Schicht**	쉬히트
막다	**schützen**	쉬첸
막대기	🔵 **Stab**	슈타프
막연한	**unbestimmt**	운베슈팀트
만(灣)	🔴 **Bucht**	부흐트
만(萬)	**zehntausend**	첸타우즌트
만나다	**treffen**	트레펜
	begegnen	베게그넨
만날 약속을 하다	**verabreden**	페어아브레든
만남	🔴 **Begegnung**	베게그눙
만년필	🔵 **Füller**	퓔러
만들다	**machen**	마헨
만류하다	**abhalten**	압할텐
	zurückhalten	추뤼크할텐
만일 ～라면	**falls**	팔스
만일의	**eventuell**	에벤투엘
만족	🟢 **Vergnügen**	페어그뉘겐
만족스러운	**zufrieden**	추프리든
만족시키다	**genügen**	게뉘겐
만족하는	**satt**	자트

만족할 만한	**befriedigend**	베프리디겐트
만지다	**anfassen**	안파센
	berühren	베뤼렌
	streifen	슈트라이펀
많은	**viel**	필
말(馬)	중 **Pferd**	페르트
말(言)	중 **Wort**	보르트
말기의	**spät**	슈페트
말다	**wickeln**	비클른
말다툼	남 **Streit**	슈트라이트
	여 **Szene**	스체너
말다툼하다	**streiten**	슈트라이튼
말도 안 되는	**unerhört**	운에어회어트
	unmöglich	운뫼글리히
말리다	**aufhalten**	아우프할텐
	trocknen	트로크넨
말리다(乾燥)	**abtrocknen**	압트로크넨
말씨	여 **Sprache**	쉬프라헤
말을 걸다	**anreden**	안레덴
	ansprechen	안슈프레헨
	rufen	루펀

말을 더듬다	stammeln	슈타머른
	stottern	쉬토터른
말투	⑭ Sprache	쉬프라헤
	⑭ Zunge	충에
말하다	erzählen	에어첼렌
	sagen	자근
	sprechen	슈프레헌
말하자면	gewissermaßen	게비써마쎈
맑은	heiter	하이터
	hell	헬
	klar	클라
맛	⑭ Geschmack	게쉬막
맛보다	probieren	프로비렌
맛있는	köstlich	쾨스틀리히
	lecker	레커
맛있다	schmecken	쉬메큰
망가뜨리다	beschädigen	베쉐디겐
망가지다	kaputtgehen	카푸트게엔
망상	⑭ Illusion	일루지온
망설이다	zögern	최건
망치	⑭ Hammer	하머

망하다	untergehen	운터게엔
맞다	treffen	트레펜
맞이하다	empfangen	엠프팡언
맞추다	anpassen	안파센
맡기다	anvertrauen	안페어트라우엔
맡다	aufbewahren	아우프베바렌
매	남 Falke	팔케
매각하다	verkaufen	페어카우픈
매끄러운	glatt	글라트
매년의	jährlich	예를리히
매다	knüpfen	크뉩펀
매달려 있다	hängen	헹언
매도(罵倒)	남 Fluch	플루흐
매듭	남 Knoten	크노튼
매력	남 Charm	샤름
	남 Reiz	라이츠
	여 Verführung	페어퓌룽
	남 Zauber	차우버
매력적인	aufregend	아우프레겐트
	reizend	라이첸드
매료시키다	entzücken	엔트취큰

매매	밤 **Handel**	한델
매매하다	**handeln**	한델른
매스컴	예 **Presse**	프레써
매운	**scharf**	샤르프
매월의	**monatlich**	모나트리히
매일의	**täglich**	테글리히
매장하다	**begraben**	베그라벤
매점	예 **Bude**	부데
	밤 **Kiosk**	키오스크
매트리스	예 **Matratze**	마트라체
매혹하다	**reizen**	라이첸
맥박(수)	밤 **Puls**	풀스
맥주	중 **Bier**	비어
맹렬한	**wütend**	뷔텐트
맹목적인	**blind**	블린트
맹세하다	**beschwören**	베슈뵈렌
	schwören	슈뵈런
맹아(萌芽)	예 **Knospe**	크노스퍼
머나먼	**fern**	페른
머리	중 **Dach**	다흐
	중 **Haupt**	하웁트

	남 **Kopf**	코프
	남 **Schädel**	셰덜
머리기사	여 **Schlagzeile**	쉴라크차일러
	여 **Überschrift**	위버쉬리프트
머리칼	중 **Haar**	하르
머핀	남 **Muffin**	마핀
먹다	**essen**	에쎈
먹이를 주다	**füttern**	퓌턴
먼지	남 **Schmutz**	슈무츠
	남 **Staub**	슈타우프
먼지투성이의	**staubig**	슈타우비히
멀리 떨어진	**entfernt**	엔트페른트
멀리하다	**entfernen**	엔트퍼넨
멀쩡한(정신이)	**nüchtern**	뉘히턴
멈추다	**anhalten**	안할텐
	aufhören	아우프회렌
	ruhen	루언
	stehen	슈테언
	stoppen	슈토펜
	verhalten	페어할튼
멋진	**gut aussehend**	구트 아우스제헨트

	herrlich	헤를리히
	super	주퍼
	toll	톨
메뉴	여 **Speisekarte**	쉬파이제카르테
메달	여 **Medaille**	메달려
메뚜기	여 **Heuschrecke**	호이쉬레케
메모	여 **Notiz**	노티츠
메우다	**ausfüllen**	아우스퓔런
메인 요리	중 **Hauptgericht**	하웁트게리히트
멕시코	**Mexiko**	멕시코
멜론	여 **Melone**	멜로너
며느리	여 **Schwiegertochter**	슈비거토흐터
면(麵)	여 **Nudel**	누덜
면도날	여 **Klinge**	클링어
면도하다	**rasieren**	라지런
면밀한	**gründlich**	그륀틀리히
	sorgfältig	조륵펠티히
면적	여 **Fläche**	플레헤
	여 **Größe**	그뢰쎄
면접	여 **Vorstellung**	포어슈텔룽
	중 **Vorstellungsgespräch**	포어슈텔룽스게슈프레히

ㄱ ㄴ ㄷ ㄹ ㅁ ㅂ ㅅ ㅇ ㅈ ㅊ ㅋ ㅌ ㅍ ㅎ

면접 시간	예 **Sprechstunde**	슈프레히슈툰데
면접시험	남 **der Einstellungstest**	아인슈텔룽스테스트
면접을 보다	**vorstellen**	포어슈텔른
면접 조사	중 **Interview**	인터뷰
면하다	**verabschieden**	페어압쉬던
명랑한	**heiter**	하이터
명령	예 **Anordnung**	안오르드눙
	예 **Anweisung**	안바이중
	남 **Befehl**	베펠
	예 **Verfügung**	페어퓌궁
명령하다	**befehlen**	베펠렌
	bezeichnen	베차이히넨
명백한	**deutlich**	도이틀리히
	durchsichtig	두르히지히티히
	eindeutig	아인도이티히
명부	예 **Liste**	리스터
명성	남 **Ruhm**	룸
명예	예 **Ehre**	에레
명인	남 **Künstler**	퀸스틀러
	남 **Meister**	마이스터
명절	남 **Feiertag**	파이어탁

명제	여 **These**	테제
명중하다	**treffen**	트레펜
명칭	여 **Bezeichnung**	베차이히눙
	남 **Name**	나머
명확한	**offenbar**	오펜바
몇 개의	**manch**	만히
몇 명의	**mehrere**	메러러
몇 번째의	**wievielt**	비필트
모국어	여 **Muttersprache**	무터슈프라헤
모금	여 **Sammlung**	잠룽
모기	남 **Moskito**	모스키토
	여 **Mücke**	뮈커
모니터	남 **Monitor**	모니토어
모두	**sämtlich**	젬틀리히
모든	**all**	알
	gesamt	게잠트
	jeder	예더
모래	남 **Sand**	잔트
모레	**übermorgen**	위버모르근
모발	중 **Haar**	하르
모범	중 **Modell**	모델

	종 **Muster**	무스터
	종 **Vorbild**	포어빌트
모서리	여 **Kante**	칸테
모순	남 **Gegensatz**	게근자츠
모습	남 **Anschein**	안샤인
	종 **Aussehen**	아우스제엔
	여 **Figur**	피구어
	여 **Form**	포름
	여 **Gestalt**	게슈탈트
모욕하다	**beleidigen**	벨라이디겐
	demütigen	데뮈티겐
모으다	**sammeln**	자멜른
	sparen	슈파런
	versammeln	페어자멜른
	sammeln	자멜른
모자(테 있는)	남 **Hut**	후트
모자(테 없는)	여 **Mütze**	뮈체
모자라다	**mangeln**	망을른
모조품	여 **Imitation**	이미타치온
모터	남 **Motor**	모토어
모퉁이	여 **Ecke**	에케

모피	図 **Fell**	펠
모피 제품	남 **Pelz**	펠츠
모험 (사랑의)	図 **Risiko**	리지코
	図 **Abenteuer**	아븐토이어
모호한	**unklar**	운클라르
목	남 **Hals**	할스
	여 **Kehle**	켈러
목걸이	여 **Halskette**	할스케테
목격자	남 **Zeuge**	초이게
목덜미	남 **Nacken**	낙큰
목록	남 **Katalog**	카탈로그
	das Verzeichnis	페어차이히니스
목마	図 **Pferd**	페르트
목마른	**durstig**	두르스티히
목사	남 **Pater**	파터
	남 **Pfarrer**	파러
목소리	여 **Stimme**	슈티메
목수	남 **Zimmermann**	치머만
목요일	남 **Donnerstag**	도너스탁
목욕(물)	図 **Bad**	바트
목욕하다	**baden**	바덴

목재	중 **Holz**	홀츠
목적	남 **Gegenstand**	게근슈탄트
	남 **Zweck**	츠베크
목적지	중 **Reiseziel**	라이제칠
	중 **Ziel**	칠
목초지	여 **Wiese**	비제
목표	중 **Ziel**	칠
목표하다	**zielen**	칠런
몫	남 **Anteil**	안타일
몰다 (사람, 가축을)	**treiben**	트라이번
몰락	남 **Sturz**	슈투르츠
	남 **Untergang**	운터강
몰래	**heimlich**	하임리히
몰래 나오다	**schleichen**	쉴라이현
몰래 들어가다	**schleichen**	쉴라이현
몸	남 **Körper**	쾨르퍼
	남 **Leib**	라이프
몸무게	중 **Gewicht**	게비히트
몸서리치다	**schaudern**	샤우던
	schauern	샤우언

몸짓	예 **Gebärde**	게베어데
	중 **Zeichen**	차이현
못	남 **Nagel**	나글
못 쓰게 하다	**verderben**	페어데르번
몽둥이	남 **Stock**	슈토크
묘사	예 **Beschreibung**	베슈라이붕
	die Schilderung	쉴더룽
	예 **Zeichnung**	차이히눙
묘사하다	**beschreiben**	베슈라이벤
	darstellen	다르슈텔른
	schildern	쉴던
	zeichnen	차이넌
묘지	남 **Friedhof**	프리트호프
무(채소)	남 **Rettich**	레티히
무거운	**schwer**	슈베어
무게	중 **Gewicht**	게비히트
무게를 재다	**wiegen**	비건
무결점의	**tadellos**	타델로스
무관심한	**gleichgültig**	글라이히귈티히
무기	예 **Waffe**	바페
무너지다	**einfallen**	아인팔렌

ㄱ
ㄴ
ㄷ
ㄹ
ㅁ
ㅂ
ㅅ
ㅇ
ㅈ
ㅊ
ㅋ
ㅌ
ㅍ
ㅎ

무능한	**unfähig**	운페이히
무당벌레	圄 **Marienkäfer**	마리엔케퍼
무대	예 **Bühne**	뷔네
무더운	**schwül**	슈뷜
무덤	중 **Grab**	그랍
무뚝뚝한	**schroff**	슈로프
무력(武力)	예 **Macht**	마흐트
	중 **Schwert**	슈베어트
무력함	예 **Ohnmacht**	온마흐트
무례한	**unhöflich**	운회플리히
무료로	**gratis**	그라티스
무료의	**umsonst**	움존스트
무릎	중 **Knie**	크니
	圄 **Schoß**	쇼쓰
무릎 꿇다	**knien**	크니언
무리 짓다	**schwärmen**	슈베르먼
무리한	**unmöglich**	운뫼글리히
무모한	**keck**	켁
무사한	**heil**	하일
무서운	**entsetzlich**	엔트젯츨리히
	schrecklich	슈레클리히

무시	예 **Verachtung**	페어아흐퉁
무시하다	**übersehen**	위버제엔
	verachten	페어아흐튼
무언가	**irgend**	이르겐트
무엇	**was**	바스
무용	남 **Tanz**	탄츠
무의미한	**sinnlos**	진로스
무의식의	**unbewusst**	운베부스트
무장	예 **Rüstung**	뤼스퉁
무장시키다	**bewaffnen**	베바프넨
무조건의	**unbedingt**	운베딩크트
무죄	예 **Unschuld**	운슐트
무죄의	**unschuldig**	운슐디히
무지개	남 **Regenbogen**	레근보근
무질서	예 **Unordnung**	운오르드눙
무책임한	**unverantwortlich**	운페어안트보르트리히
무척	**sehr**	제어
무한의	**unendlich**	운엔트리히
무효의	**ungültig**	운귈티히
묶다	**binden**	빈덴
	fesseln	페쎌른

	knüpfen	크뉩펀
문	图 **Tor**	토어
	예 **Tür**	튀어
문고본	图 **Taschenbuch**	타셴부흐
문명(사회)	예 **Zivillisation**	치빌리자치온
문방구	예 **Schreibwaren**	쉬라입바렌
문법(서)	예 **Grammatik**	그라마틱
문서	예 **Urkunde**	우어쿤데
	图 **Dokument**	도쿠멘트
문서의	**schriftlich**	쉬리프트리히
문외한	冒 **Laie**	라이에
문의	예 **Anfrage**	안프라게
문의하다	**erkundigen**	에어쿤디겐
문자	冒 **Buchstabe**	부흐슈타베
	예 **Schrift**	슈리프트
문장	冒 **Satz**	자츠
문제	图 **Problem**	프로블렘
문제없는	**problemlos**	플로블렘로스
문지르다	**reiben**	라이번
	streichen	슈트라이헌
문책하다	**quälen**	크벨런

문패	중 **Türschid**	튀어쉴트
문학	여 **Literatur**	리테라투어
문학작품	여 **Dichtung**	디히퉁
문헌	여 **Literatur**	리테라투어
문화	여 **Kultur**	쿨투어
묻다(땅에)	**begraben**	베그라벤
	fragen	프라겐
물	중 **Wasser**	바써
물가	남 **Preis**	프라이스
물건	남 **Gegenstand**	게근슈탄트
	여 **Sache**	자헤
물결	여 **Welle**	벨레
물결치다	**wogen**	보근
물고기	남 **Fisch**	피쉬
물다(벌레가)	**stechen**	슈테현
물러서다	**zurückfahren**	추뤼크파렌
물려받다	**erben**	에르벤
물론	**freilich**	프라일리히
물리학	여 **Physik**	퓌직
물질	여 **Materie**	마테리
	남 **Stoff**	슈토프

	예 **Substanz**	줍스탄츠
물질적인	**körperlich**	쾨르퍼리히
물집	예 **Blase**	블라제
물체	남 **Gegenstand**	게근슈탄트
물품 보관소	예 **Garderobe**	가르데로베
뮤지컬	중 **Musical**	무지클
미국	**Amerika**	아메리카
	die USA	우에스아
미국인	남 **Amerikaner**	아메리카너
미끄러지다	**gleiten**	글라이튼
	rutschen	루천
미덕	예 **Tugend**	투겐트
미등(尾燈)	중 **Rücklicht**	뤼크리히트
미디엄 (스테이크)	**halbgar**	할프가르
미래	예 **Zukunft**	추쿤프트
미래의	**künftig**	퀸프티히
미리	**vorher**	포어헤어
미망인	예 **Witwe**	비트베
미사	예 **Messe**	메쎄
미소 짓다	**lächeln**	레혀른
미술	남 **Kunstunterricht**	쿤스트운터리히트

미술관	여 **Galerie**	갈러리
미신	남 **Aberglaube**	아버글라우베
미용사	여 **Friseur**	프리제어
미인	여 **Schönheit**	쇤하이트
미정의	**unbestimmt**	운베슈팀트
미지근한	**lau**	라우
미지의	**unbekannt**	운베칸트
미쳐 날뛰다	**wüten**	뷔텐
미친	**irre**	이러
	verrückt	페어뤼크트
미터	남 **Meter**	메터
미풍	남 **Hauch**	하우허
미혼의	**ledig**	레디히
	unverheiratet	운페어하이라테트
민감한	**empfänglich**	엠프펭리히
	empfindlich	엠프핀틀리히
민들레	남 **Löwenzahn**	뢰븐찬
민소매의	**ärmellos**	에르믈로스
민영의	**privat**	프리바트
민족	여 **Nation**	나치온
	중 **Volk**	폴크

민주주의	예 **Demokratie**	데모크라티
민주주의적인	**demokratisch**	데모크라티쉬
민첩한	**behände**	베헨데
믿다	**glauben**	글라우븐
밀가루	중 **Mehl**	멜
	남 **Weizen**	바이천
밀고 나아가다	**dringen**	드링언
밀다	**drücken**	드뤼큰
	schieben	쉬번
	stoßen	슈토쎈
밀랍	중 **Wachs**	박스
밀림	남 **Busch**	부쉬
밀물	예 **Flut**	플루트
밀수	남 **Schmuggel**	슈무걸
밀어넣다	**schieben**	쉬번
밀어서 열다	**aufstoßen**	아우프쉬토쎈
밀집된	**dicht**	디히트

ㅂ

바구니	閏 **Korb**	코르프
바깥 둘레	閏 **Umfang**	움팡
바꾸다	**abwechseln**	압베크세른
	ändern	엔던
	umtauschen	움타우셴
	verändern	페어엔던
	wandeln	반델른
	wechseln	벡셀른
바뀌다	**wandeln**	반델른
바나나	阅 **Banane**	바나네
바느질	图 **Nähen**	네엔
바느질하다	**nähen**	네엔
바늘	阅 **Nadel**	나들
바다	图 **Meer**	메어
	閏 **Ozean**	오체안
바라건대	**hoffentlich**	호펜틀리히
바라다	**hoffen**	호펜
	wünschen	뷘쉔

바라보다	**gucken**	구큰
	schauen	샤우언
	zusehen	추제엔
바람	냄 **Wind**	빈트
바람 부는	**windig**	빈디히
바람이 불다	**blasen**	블라젠
	wehen	베엔
바람직한	**willkommen**	빌코멘
바래다주다	**begleiten**	베글라이텐
바른	**richtig**	리히티히
바보	냄 **Esel**	에젤
	냄 **Narr**	나르
바보 같은	**dumm**	둠
바위	냄 **Fels**	펠스
	냄 **Felsen**	펠즌
바이올린	여 **Geige**	가이거
바지	여 **Hose**	호제
바치다	**widmen**	비트먼
바퀴	중 **Rad**	라트
바퀴벌레	여 **Küchenschabe**	퀴헨샤베
박두하다	**herankommen**	헤란코멘

박물관	중 **Museum**	무제움
박사	여 **Doktor**	독토어
박수	남 **Beifall**	바이팔
박자	남 **Takt**	탁트
박쥐	여 **Fledermaus**	플레더마우스
밖에서	**draußen**	드라우센
밖으로	**auswärts**	아우스베르츠
	heraus	헤라우스
반감	여 **Abneigung**	압나이궁
반달	남 **Halbmond**	할프몬트
반대	남 **Gegensatz**	게근자츠
	중 **Gegenteil**	게근타일
반대의	**umgekehrt**	움게케어트
	verkehrt	페어케어트
반대파	여 **Opposition**	오포지치온
반대하다	**widersprechen**	비더슈프레흔
반도	여 **Halbinsel**	할프인즐
반드시	**sicher**	지허
	bestimmt	베스팀트
반란	남 **Aufstand**	아우프슈탄트
반론	여 **Opposition**	오포지치온

반말하다	**duzen**	두첸
반복	**wieder**	비더
반복하다	**wiederholen**	비더홀렌
반응	예 **Reaktion**	레악치온
반응하다	**reagieren**	레아기런
반점	남 **Fleck**	플렉
반죽	남 **Teig**	타이크
반지	남 **Ring**	링
반짝이다	**blitzen**	블리첸
	sprühen	슈프뤼언
	strahlen	슈트랄런
반창고	중 **Pflaster**	플라스터
반환하다	**zurückgeben**	추뤼크게븐
받다	**bekommen**	베코멘
	kriegen	크리근
받아들이다	**annehmen**	안네멘
	empfangen	엠프팡언
받아 오다	**abholen**	압홀렌
받치다	**stemmen**	슈테먼
발	중 **Bein**	바인
	남 **Fuß**	푸스

발가락	예 **Zehe**	체에
발견하다	**entdecken**	엔트덱큰
	finden	핀든
	herausfinden	헤라우스핀던
발굽	남 **Huf**	후프
발단	남 **Ansatz**	안자츠
발랄한	**frisch**	프리쉬
발매되다	**herauskommen**	헤라우스코멘
발명(品)	예 **Erfindung**	에어핀둥
발명하다	**erfinden**	에어핀든
발목	중 **Fußgelenk**	푸스겔렝크
발바닥	예 **Sohle**	졸러
발발(勃發)하다	**ausbrechen**	아우스브레헨
발사하다	**schießen**	쉬쎈
발생	예 **Bildung**	빌둥
발생하다	**entstehen**	엔트슈테엔
	ereignen	에어아이그넨
발소리	남 **Tritt**	트리트
발송	예 **Sendung**	젠둥
발신인	남 **Absender**	압젠더
발언	예 **Aussage**	아우스자게

ㄱ
ㄴ
ㄷ
ㄹ
ㅁ
ㅂ
ㅅ
ㅇ
ㅈ
ㅊ
ㅋ
ㅌ
ㅍ
ㅎ

	圀 **Bemerkung**	베메르쿵
	圀 **Rede**	레더
	圀 **Sprache**	쉬프라헤
발언자	圄 **Sprecher**	슈프레허
발을 구르다	**stampfen**	슈탐펀
발음	圀 **Aussprache**	아우스슈프라헤
발음하다	**aussprechen**	아우스슈프라헨
발작	圄 **Anfall**	안팔
발전(發展)	圀 **Entwicklung**	엔트비클룽
	圄 **Fortschritt**	포르트쉬리트
발전소	**das Kraftwerk**	크라프트베르크
발전하다	**entwickeln**	엔트비켈른
발주	圄 **Auftrag**	아우프트락
발차하다	**losfahren**	로스파런
발코니	圄 **Balkon**	발콘
발톱(짐승의)	圀 **Kralle**	크랄레
발행 부수	圀 **Auflage**	아우프라게
밝은	**hell**	헬
밝혀내다	**feststellen**	페스트쉬텔른
밝혀지다	**aufklären**	아우프클레런
밟고 지나가다	**überfahren**	위버파런

밤(夜)	閏 **Abend**	아븐트
	閏 **Nacht**	나흐트
밤(栗)	閏 **Kastanie**	카스타니에
밧줄	閏 **Leine**	라이너
	閏 **Seil**	자일
	閏 **Strang**	슈트랑
방	閏 **Kammer**	카머
	閏 **Raum**	라움
	閏 **Zimmer**	치머
방광	閏 **Harnblase**	하른블라제
방귀	閏 **Furz**	푸르츠
방금	**eben**	에븐
	soeben	조에번
방대한	**umfangreich**	움팡라이히
방문자	閏 **Besucher**	베주허
방문하다	**besuchen**	베주헨
방법	閏 **Art**	아르트
	閏 **Methode**	메토더
	閏 **Verfahren**	페어파런
	閏 **Weg**	베크
	閏 **Weise**	바이제

방송국	閏 **Sender**	젠더
방식	閏 **Verfahren**	페어파런
방심	閏 **Unachtsamkeit**	운아흐트잠카이트
방어	閏 **Schutz**	슈츠
방어하다	**verteidigen**	페어타이디근
방울	閏 **Schelle**	셸러
방적(紡績)하다	**spinnen**	슈피넌
방치하다	**aussetzen**	아우스제첸
방탕한	**liederlich**	리더리히
방학	**die Ferien**	페리엔
방해	閏 **Hindernis**	힌더니스
	閏 **Widerstand**	비더슈탄트
방해하다	**abhalten**	압할텐
	behindern	베힌던
	hemmen	헤먼
	hindern	힌던
	stören	슈퇴런
	verhindern	페어힌던
방향	閏 **Richtung**	리히퉁
방향타	閏 **Ruder**	루더
방황하다	**irren**	이런

	schwanken	슈방큰
밭	🔵 **Acker**	아커
	🔵 **Feld**	펠트
배(船)	🔵 **Schiff**	쉬프
배(腹)	🔵 **Bauch**	바우흐
배경	🔵 **Hintergrund**	힌터그룬트
	🔵 **Landschaft**	란트샤프트
	🔵 **Szene**	스체너
배고픈	**hungrig**	훙그리히
배구	🔵 **Volleyball**	볼리발
배기가스	🔵 **das Abgas**	압가스
배낭	🔵 **Rucksack**	룩자크
배달	🔵 **Zustellung**	추쉬텔룽
배달부	🔵 **Träger**	트레거
배달하다	**liefern**	리펀
배려	🔵 **Aufmerksamkeit**	아우프메르크잠카이트
	🔵 **Mitleid**	미트라이트
	🔵 **Rücksicht**	뢱지히트
배려하다	**sorgen**	조르건
배부른	**satt**	자트
배설물	🔵 **Exkrement**	엑스크레멘트

배수구	🔵 **Graben**	그라븐
	🔵 **Überlaufventil**	위버라우프벤틸
배신	🔵 **Verrat**	페어라트
배신하다	**täuschen**	토이쉔
	verraten	페어라튼
배역	🔵 **Rolle**	롤레
배열	🔵 **Reihe**	라이에
배열하다	**ordnen**	오르드넨
배우	🔵 **Schauspieler**	사우슈필러
배우다	**lernen**	레르넨
배우자	🔵 **Partner**	파르트너
배웅하다	**nachsehen**	나흐제엔
배제하다	**ausschalten**	아우스샬튼
	ausschließen	아우스슐리센
배추	🔵 **Chinakohl**	히나콜
배치하다	**hinstellen**	힌슈텔른
배타적인	**ausschließlich**	아우스슐리스리히
	geschlossen	게쉴로쓴
백(百)	**hundert**	훈더르트
백과사전	🔵 **Enzyklopädie**	엔취클로페디
	🔵 **Lexikon**	렉시콘

백만	예 **Million**	밀리온
백열전구	예 **Birne**	비르네
백조	남 **Schwan**	슈반
백합	예 **Lilie**	릴리에
백화점	중 **Kaufhaus**	카우프하우스
	중 **Warenhaus**	바렌하우스
뱀	예 **Schlange**	쉴랑어
버드나무	예 **Weide**	바이데
버릇	예 **die Gewohnheit**	게본하이트
버리다(습관을)	**ablegen**	압레겐
버림받은	**verloren**	페어로렌
버섯	남 **Pilz**	필츠
버스	남 **Bus**	부스
버스정류장	예 **Bushaltestelle**	부스할테스텔레
버찌	예 **Kirsche**	키르쉐
버클	예 **Schnalle**	슈날러
버터	예 **Butter**	부터
버팀목	예 **Stütze**	슈튀처
번개	남 **Blitz**	블리츠
번개가 치다	**blitzen**	블리첸
번거로운	**lästig**	레스티히

ㄱ ㄴ ㄷ ㄹ ㅁ ㅂ ㅅ ㅇ ㅈ ㅊ ㅋ ㅌ ㅍ ㅎ

번식시키다	**vermehren**	페어메런
번역	예 **Übersetzung**	위버제충
번역하다	**übersetzen**	위버제츤
번영	중 **Wohl**	볼
번호	예 **Nummer**	누머
번호판(자동차)	중 **Nummernschild**	누먼쉴트
벌(蜂)	예 **Biene**	비네
벌거벗은	**bloß**	블로스
	nackt	나크트
벌금	예 **Strafe**	슈트라페
벌꿀	남 **Honig**	호니히
벌다	**verdienen**	페어디넌
벌레	남 **Wurm**	부름
벌써	**bereits**	베라이츠
	schon	숀
벌이	남 **Verdienst**	페어딘스트
벌채하다	**fällen**	펠른
범위	남 **Bereich**	베라이히
범인	남 **Täter**	테터
	남 **Verbrecher**	페어브레허
범죄	중 **Verbrechen**	페어브레헨

범죄자	남 **Verbrecher**	페어브레허
범주	여 **Kategorie**	카테고리
법률	중 **Gesetz**	게제츠
법률상의	**gesetzlich**	게제츠리히
법원	중 **Gericht**	게리히트
벗기다	**lösen**	뢰즌
	ausziehen	아우스치엔
벗다	**ablegen**	압레겐
	absetzen	압제첸
	ausziehen	아우스치엔
벚나무	여 **Kirsche**	키르쉐
베개	중 **Kissen**	키쓴
베갯잇	남 **Bezug**	베추크
베껴 쓰다	**abschreiben**	압쉬라이벤
베끼다	**kopieren**	코피런
베란다	여 **Veranda**	베란다
베를린	**Berlin**	베를린
베를린 시민	**Berliner**	베를리너
베이지색	**beige**	베이쥐
베일	남 **Schleier**	쉴라이어
벤치	여 **Bank**	방크

ㄱ ㄴ ㄷ ㄹ ㅁ ㅂ ㅅ ㅇ ㅈ ㅊ ㅋ ㅌ ㅍ ㅎ

벨	예 **Schelle**	셸러
벨이 울리다	**klingeln**	클링얼른
벨트	남 **Gürtel**	귀르틀
벽	예 **Mauer**	마우어
	예 **Wand**	반트
벽난로	남 **Kamin**	카민
벽돌	남 **Ziegel**	치글
벽보	중 **Plakat**	플라카트
벽시계	예 **Wanduhr**	반트우어
벽지	예 **Tapete**	타페터
변경	예 **Änderung**	엔더룽
	예 **Veränderung**	페어엔데룽
변경하다	**ändern**	엔던
	wechseln	벡셀른
변기	예 **Toilette**	토알레테
변두리	남 **Ausgang**	아우스강
	남 **Rand**	란트
변명	예 **Entschuldigung**	엔트슐디궁
	예 **Rechenschaft**	레현샤프트
변천	남 **Wandel**	반델
변혁	예 **Veränderung**	페어엔데룽

변호	여 **Verteidigung**	페어타이디궁
변호사	남 **Anwalt**	안발트
	남 **Rechtsanwalt**	레히츠안발트
변호하다	**rechtfertigen**	레히트페르티근
	verteidigen	페어타이디근
변화	여 **Abwechs[e]lung**	압베크스[세]룽
	여 **Veränderung**	페어엔데룽
	남 **Wandel**	반델
변화시키다	**verändern**	페어엔던
별	남 **Stern**	슈테른
별개의	**extra**	엑스트라
	verschieden	페어쉬든
병(瓶)	여 **Flasche**	플라쉐
병균	남 **Virus**	비루스
병력	여 **Truppe**	트루페
병원	중 **Krankenhaus**	크랑큰하우스
볕에 탄	**braun**	브라운
보강하다	**verstärken**	페어슈테르컨
보고(報告)	남 **Bericht**	베리히트
	여 **Meldung**	멜둥
	여 **Angabe**	안가버

보고하다	**berichten**	베리히텐
	melden	멜든
보관하다	**aufbewahren**	아우프베바렌
보기 싫은	**häßlich**	헤쓸리히
보내다	**schicken**	쉬큰
	senden	젠든
보너스	예 **Prämie**	프레미에
보다	**blicken**	블릭켄
	schauen	샤우언
	sehen	제엔
보답	예 **Belohnung**	벨로눙
보답하다	**belohnen**	벨로넨
보도(報道)	예 **Meldung**	멜둥
보도(步道)	남 **Bürgersteig**	뷔르거슈타이크
	남 **Gehsteig**	게슈타이크
보라색의	**violett**	비올레트
보름달	남 **Vollmond**	볼몬트
보리수	예 **Linde**	린더
보물	남 **Schatz**	샤츠
보복하다	**rächen**	레헨
보상	예 **Entschädigung**	엔트셰디궁

보상하다	büßen	뷔센
보석	팀 Schmuck	쉬묵
보수(報酬)	에 Belohnung	벨로눙
	에 Bezahlung	베찰룽
보수하다	reparieren	레파리런
보여주다	vorführen	포어뛰런
	behalten	베할텐
보이다	sehen	제엔
	zeigen	차이근
보조 설명	에 Anmerkung	안메르쿵
보존	중 Speichern	스파이허른
보존하다	erhalten	에어할튼
보증	에 Versicherung	페어지허룽
보증기간	에 Garantie	가란티
보증금	에 Kaution	카우치온
보증하다	sichern	지현
	versichern	페어지현
	ergänzen	에어겐첸
보통의	gemein	게마인
	gewöhnlich	게뵌리히
	mäßig	메씨히

	normal	노르말
보편적인	allgemein	알게마인
보행	🟦 Lauf	라우프
보행자	🟦 Fußgänger	푸스겡어
	🟦 Läufer	로이퍼
보행자 전용구역	🟩 Fußgängerzone	푸스겡어조너
보행하다	schreiten	슈라이튼
보험(계약)	🟥 Versicherung	페어지허룽
보호	🟦 Schutz	슈츠
보호하다	behüten	베휘텐
	bewahren	베바렌
복권	🟩 Los	로스
복귀	🟥 Rückkehr	뤼크케어
복무하다	dienen	디넨
복사	🟥 Kopie	코피
복사기	🟦 Kopierer	코피러
복사하다	kopieren	코피런
복수	🟥 Rache	라허
복숭아	🟦 Pfirsich	피르지히
복용하다	einnehmen	아인네멘
복장	🟥 Kleidung	클라이둥

복종하는	**gehorsam**	게호르잠
복종하다	**gehorchen**	게호르헨
볶다	**braten**	브라텐
	rösten	뢰스턴
본관	중 **Hauptgebäude**	하웁트게보이더
본능	남 **Instinkt**	인스팅크트
본래의	**eigentlich**	아이겐틀리히
본문	남 **Text**	텍스트
본보기	중 **Muster**	무스터
	중 **Vorbild**	포어빌트
본보기로 하다	**nachahmen**	나흐아멘
본부	중 **Zentrum**	첸트룸
본사	여 **Zentrale**	첸트랄레
본성	여 **Natur**	나투어
본심의	**ernsthaft**	에른스트하프트
본질	중 **Wesen**	베젠
본질적인	**wesentlich**	베젠틀리히
볼링	중 **Bowling**	볼링
볼트	여 **Schraube**	슈라우버
볼펜	남 **Kugelschreiber**	쿠글쉬라이버
봄	남 **Frühling**	프륄링

봉기	냄 **Aufstand**	아우프슈탄트
봉기하다	**aufstehen**	아우프슈테엔
봉사	여 **Bedienung**	베디눙
봉사하다	**bedienen**	베디넨
봉쇄하다	**sperren**	슈페런
봉인	중 **Siegel**	지걸
봉투	냄 **Briefumschlag**	브리프움쉬라크
	여 **Hülle**	휠레
	냄 **Umschlag**	움쉴라크
부(富)	냄 **Reichtum**	라이히툼
부끄러움	여 **Scham**	샴
부끄러워하는	**schüchtern**	쉬히터른
부끄러워하다	**schämen**	셰먼
부담	여 **Last**	라스트
부담을 주다	**belasten**	벨라스텐
부대	여 **Truppe**	트루페
부동산	중 **Grundstück**	그룬트슈튀크
	여 **Immobilienfirma**	이모빌리엔피르마
부두	중 **Dock**	도크
부드러운	**sanft**	잔프트
	weich	바이히

	zart	차르트
부디	**bitte**	비테
부딪치다	**zusammenstoßen**	추자멘슈토쎈
부러워하는	**neidisch**	나이디쉬
부러워하다	**beneiden**	베나이덴
부록	圓 **Anhang**	안항
부르다	**anrufen**	안루펜
	rufen	루펜
부리(새의)	圓 **Schnabel**	슈나블
부모	囲 **Eltern**	엘터른
부분	圓 **Teil**	타일
부분적으로	**teils**	타일스
부서진	**entzwei**	엔트츠바이
	kaputt	카푸트
부수다	**brechen**	브레헨
	kaputtmachen	카푸트마헨
	reißen	라이쎈
	zerbrechen	체어브레현
	zerstören	체어슈퇴런
부양하다	**unterhalten**	운터할튼
부업	圓 **Job**	욥

ㄱ
ㄴ
ㄷ
ㄹ
ㅁ
ㅂ
ㅅ
ㅇ
ㅈ
ㅊ
ㅋ
ㅌ
ㅍ
ㅎ

부엉이	예 **Eule**	오일레
부엌	예 **Küche**	퀴혀
부유한	**reich**	라이히
부인(夫人)	예 **Dame**	다메
	예 **Frau**	프라우
	예 **Gattin**	가틴
부인하다	**leugnen**	로이그넌
	verneinen	페어나이넨
부임하다	**begeben**	베게벤
부자연스러운	**steiff**	슈타이프
부재의	**abwesend**	압베젠트
부적절한	**unrecht**	운레히트
	unpassend	운파쎈트
부정적인	**negativ**	네가티프
부정(否定)하다	**verneinen**	페어나이넨
부정(不貞)한	**unehrlich**	운에어리히
부정한	**arg**	아르크
부족	예 **Armut**	아르무트
	남 **Mangel**	망글
부족하다	**mangeln**	망른
부족한	**arm**	아름

	mager	마거
부주의한	**unvorsichtig**	운포어지히티히
부지런한	**emsig**	엠지히
	fleißig	플라이씨히
부친	閏 **Senior**	제니오어
	閏 **Vater**	파터
부탁	여 **Bitte**	비테
부탁하다	**bitten**	비텐
부패한	**faul**	파울
부품	閏 **Bestandteil**	베쉬탄트타일
부피	중 **Volumen**	볼루멘
부하	閏 여 **Untergebene**	터게베네
부활절	중 **Ostern**	오스턴
북극	閏 **Nordpol**	노르트폴
북부	閏 **Nord**	노르트
북부의	**nördlich**	뇌르틀리히
북쪽	閏 **Norden**	노르든
분(分)	여 **Minute**	미누테
분가	閏 **Zweig**	츠바이크
분개한	**zornig**	초르니히
분노	閏 **Ärger**	에르거

	🔲 **Ekel**	에켈
	🔲 **Zorn**	초른
분노한	**wütend**	뷔텐트
분류	🔲 **Abteilung**	압타일룽
분리되어	**ab**	압
분리하다	**trennen**	트레넨
분배	🔲 **Teilung**	타일룽
분배하다	**verteilen**	페어타일런
분산시키다	**zerstreuen**	체어슈트로이언
분석	🔲 **Analyse**	아날류제
분석하다	**analysieren**	아날류지어른
분쇄하다	**vernichten**	페어니히튼
분실	🔲 **Verlust**	페어루스트
분실물 보관소	🔲 **Fundbüro**	푼트뷔로
분실한	**verloren**	페어로렌
분위기	🔲 **Atmosphäre**	아트모스페레
	🔲 **Klima**	클리마
	🔲 **Stimmung**	슈티뭉
분쟁	🔲 **Konflikt**	콘플릭트
분출	🔲 **Strahl**	슈트랄
분필	🔲 **Kreide**	크라이더

분할	阅 **Teilung**	타일룽
분할하다	**teilen**	타일런
분해	阅 **Analyse**	아날류제
분해하다	**analysieren**	아날류지어른
분홍색의	**rosa**	로자
불	冏 **Brand**	브란트
	冏 **Feuer**	포이어
불가능한	**ausgeschlossen**	아우스게슈로센
	unmöglich	운뫼글리히
불결한	**schmutzig**	슈무치히
불고기	冏 **Braten**	브라텐
불교	冏 **Buddhismus**	부디스무스
불길한	**finster**	핀스터
불꽃	阅 **Flamme**	플라메
	冏 **Funke**	풍커
불러내다	**bestellen**	베스텔렌
	zitieren	치티런
불리	冏 **Nachteil**	나흐타일
불리한	**nachteilig**	나흐타일리히
불명예	阅 **Schande**	샨더
불모의	**dürr**	뒤르

불변의	**beständig**	베스텐디히
	ewig	에비히
불붙이다	**anzünden**	안췬던
불성실한	**unehrlich**	운에어리히
불신	중 **Misstrauen**	미스트라우언
불안	여 **Angst**	앙스트
	여 **Furcht**	푸르히트
불안한	**ängstlich**	엥스트리히
	bange	방어
	unruhig	운루이히
불운	중 **Pech**	페히
불운하게도	**unglücklicherweise**	운글뤼클리허바이제
불운한	**schlecht**	슐레히트
	unglücklich	운글뤼크리히
불을 붙이다	**entzünden**	엔트췬든
불의의	**zufällig**	추펠리히
불이익	남 **Schaden**	샤든
불충분한	**bescheiden**	베샤이덴
불친절한	**unfreundlich**	운프로인트리히
불쾌	남 **Ärger**	에르거
불쾌한	**ärgerlich**	에르거리히

	böse	뵈제
	ekelhaft	에켈하프트
	häßlich	헤쓸리히
	schlecht	슐레히트
	übel	위벨
	unangenehm	운앙게넴
	unwohl	운볼
불타다	**brennen**	브레넨
불투명한	**trübe**	트뤼버
불편한	**unwohl**	운볼
불평	예 **Beschwerde**	베슈베어더
	예 **Klage**	클라거
불평하다	**beschweren**	베슈베렌
	klagen	클라근
	stöhnen	슈퇴넌
불필요한	**überflüssig**	위버플뤼시히
	unnötig	운뇌티히
불합리	남 **Nachteil**	나흐타일
불행한	**unglücklich**	운글뤽크리히
불확실한	**ungewiss**	운게비스
	unklar	운클라르

ㄱ
ㄴ
ㄷ
ㄹ
ㅁ
ㅂ
ㅅ
ㅇ
ㅈ
ㅊ
ㅋ
ㅌ
ㅍ
ㅎ

	unsicher	운지허
붉은	**rot**	로트
붓다	**gießen**	기쎈
	schütten	쉬텐
붕괴	📙 **bruch**	브루흐
붕괴하다	**verfallen**	페어팔렌
붕대	📙 **Verband**	페어반트
붕대를 감다	**verbinden**	페어빈든
붙이다	**kleben**	클레번
	heften	헤프튼
붙잡다	**ergreifen**	에어그라이픈
	fangen	팡언
	greifen	그라이펀
	halten	할튼
	zugreifen	추그라이펀
브라질	**Brasilien**	브라질리엔
브래지어	📙 **Büstenhalter**	뷔스튼할터
브레이크	🔵 **Bremse**	브렘제
블라우스	🔵 **Bluse**	블루제
비	📙 **Regen**	레근
비가 오다	**regnen**	레그넨

비관주의	🔵 **Pessimismus**	페씨미스무스
비교	🔵 **Vergleich**	페어글라이히
비교하다	**vergleichen**	페어글라이현
비극	🔴 **Tragödie**	트라괴디에
비극적인	**tragisch**	트라기쉬
비난	🔴 **Kritik**	크리틱
	🔵 **Tadel**	타덜
	🔵 **Vorwurf**	포어부르프
비난하다	**angreifen**	안그라이펜
	schelten	셸턴
	tadeln	타덜른
비누	🔴 **Seife**	자이페
비닐봉지	🔴 **Tüte**	튀터
비단	🔴 **Seide**	자이더
비둘기	🔴 **Taube**	타우베
비등하다	**sieden**	지던
비명	🔵 **Schrei**	슈라이
비명을 지르다	**stöhnen**	슈퇴넌
비밀	🟢 **Geheimnis**	게하임니스
비밀 누설	🔵 **Verrat**	페어라트
비밀로 하다	**verbergen**	페어베르근

	verschweigen	페어쉬바이근
비밀번호	⑩ Geheimzahl	게하임찰
비상사태	⑲ Alarm	알람
비상식적인	verrückt	페어뤼크트
비서	⑲ Sekretär	제크레테어
비슷한	ähnlich	엔리히
	gleichen	글라이헨
비싼	teuer	토이어
비어 있는	leer	레어
	frei	프라이
비열한	feige	파이게
	gemein	게마인
비옥한	fett	페트
비옷	⑲ Regenmantel	레겐만틀
비용	die Kosten	코스튼
비웃다	spotten	슈포튼
비위를 맞추다	verwöhnen	페어뵈넌
비유	⑲ Vergleich	페어글라이히
비율	⑳ Verhältnis	페어헬트니스
비자	⑳ Visum	비줌
비질하다	fegen	페근

비참한	elend	엘렌트
	tragisch	트라기쉬
비치다	leuchten	로이히튼
비키니	圈 Bikini	비키니
비탈	圈 Hang	항
	圈 Neigung	나이궁
비틀거리다	stolpern	슈톨펀
	wanken	반켄
비판	圈 Angriff	앙그리프
	圈 Kritik	크리틱
비판하다	kritisieren	크리티지런
비평	圈 Besprechung	베쉬프레훙
비행	圈 Flug	플루크
비행(조종)하다	fliegen	플리겐
비행기	圈 Flugzeug	플룩초이크
비행기 조종사	圈 Pilot	필로트
비흡연자	圈 Nichtraucher	니히트라우허
빈번한	häufig	호이피히
빈번히	öfter	외프터
빈약한	elend	엘렌트
	gering	게링

	knapp	크납
	schmal	쉬말
빈틈	예 **Lücke**	뤼커
빈틈없는	**schlau**	쉴라우
빌딩	중 **Gebäude**	게보이데
빌려주다	**ausborgen**	아우스보르겐
	leihen	라이엔
	verleihen	페어라이언
빌리다	**ausborgen**	아우스보르겐
	mieten	미튼
	verleihen	페어라이언
빗	남 **Kamm**	캄
빗자루	남 **Besen**	베젠
빗질하다	**frisieren**	프리지런
빛	중 **Licht**	리히트
	남 **Schein**	샤인
	남 **Strahl**	슈트랄
빛나다	**glänzen**	글렌첸
	leuchten	로이히튼
	scheinen	샤이넌
빠른	**geschwind**	게쉬빈트

	rasch	라쉬
	schnell	쉬넬
빠져들다	geraten	게라튼
빠지다 (치아, 모발이)	ausfallen	아우스팔렌
빡빡한	eng	엥
빨간색	rot	로트
빨다	saugen	자우근
	waschen	바쉔
빨래	예 Wäsche	베쉐
빵	중 Brot	브로트
빵집	예 Bäckerei	벡케라이
빼기	minus	미누스
	예 Subtraktion	줍트락치온
빼다	abrechnen	압레히넨
빼앗다	benehmen	베니멘
	rauben	라우번
	stehlen	슈텔렌
	wegnehmen	벡네먼
빽빽한	dicht	디히트
뺨	예 Backe	박케

뻔뻔스러운	**unverschämt**	운페어솀트
	frech	프레히
뻗다	**dehnen**	데넨
	strecken	슈트레큰
뼈	남 **Knochen**	크노흔
뽑아내다	**abziehen**	압치엔
뾰족한	**spitz**	슈피츠
뿌리다	**streuen**	슈트로이언
뿔	중 **Horn**	호른
삐걱거리다	**knacken**	크나큰
	krachen	크라흔

ㅅ

4	vier	피어
사각형	중 Viereck	피어에크
사거리	여 Kreuzung	크로이충
사건	중 Ereignis	에어아이그니스
	여 Sache	자헤
	남 Vorfall	포어팔
	남 Vorgang	포어강
사격	남 Schuss	슈쓰
사격하다	schießen	쉬썬
사고(事故)	남 Unfall	운팔
사고(思考)	남 Gedanke	게당케
사과(나무)	남 Apfel	압펠
사과 주스	남 Apfelsaft	압펠자프트
사과하다	entschuldigen	엔트슐디겐
사교적인	gesellschaftlich	게젤샤프트리히
사기	남 Betrug	베트룩
	여 Täuschung	토이슝
사기 치다	betrügen	베트뤼겐

사납게 날뛰다	**sausen**	자우젠
사냥	예 **Jagd**	야크트
사냥하다	**jagen**	야근
사다	**kaufen**	카우펀
	anschaffen	안샤펜
사다리	예 **Leiter**	라이터
사라지다	**untergehen**	운터게엔
	vergehen	페어게엔
	verschwinden	페어쉬빈든
사람	**man**	만
	남 **Mensch**	멘쉬
	예 **Person**	페르존
사랑	예 **Liebe**	리베
사랑스러운	**anmutig**	안무티히
	hold	홀트
	lieb	리프
	lieblich	리프리히
	niedlich	니트리히
	zierlich	치어리히
사랑스러움	예 **Anmut**	안무트
사랑하다	**lieben**	리벤

	verlieben	페어리번
사러 가다	**holen**	홀른
사례(謝禮)	달 **Dank**	당크
사료	중 **Futter**	푸터
사막	여 **Wüste**	뷔스테
사망하다	**sterben**	슈테르븐
사명	여 **Mission**	미씨온
사모	여 **Sehnsucht**	젠주흐트
사무실	중 **Büro**	뷔로
사무적인	**geschäftlich**	게쉐프트리히
사물	중 **Ding**	딩
사발	여 **Schüssel**	쉬쎌
4분의 1	중 **Viertel**	피어텔
사소한	**unwichtig**	운비히티히
사슴	달 **Hirsch**	히르쉬
사실	여 **Tatsache**	타트자헤
40	**vierzig**	피어치히
사악한	**böse**	뵈제
사용	여 **Anwendung**	안벤둥
사용설명서	여 **Gebrauchsanweisung**	게브라우흐스안바이중

사용자	**der Verbraucher**	페어브라우허
사용하다	**anwenden**	안벤든
	benutzen	베누첸
	gebrauchen	게브라우헨
	verwenden	페어벤든
4월	남 **April**	아프릴
사위	남 **Schwiegersohn**	슈비거존
사육	여 **Zucht**	추흐트
사육제	여 **Fastnacht**	파스트나흐트
사육하다	**ziehen**	치엔
	züchten	취히튼
사이 좋게 지내다	**auskommen**	아우스코멘
사인하다	**unterzeichnen**	운터차이히넨
사임	남 **Rücktritt**	뤽크트리트
사자	남 **Löwe**	뢰베
사장	남 **Direktor**	디렉토어
사적인	**privat**	프리바트
사전	중 **Lexikon**	렉시콘
	중 **Wörterbuch**	뵈르터부흐
사전에	**zuvor**	추포어

사정	예 **Situation**	지투아치온
	남 **Umstand**	움스탄트
사지(四肢)	중 **Glied**	글리트
사진	중 **Bild**	빌트
	중 **Foto**	포토
사진 찍다	**fotografieren**	포토그라피렌
사촌(남자)	남 **Cousin**	쿠젱
	남 **Vetter**	페터
사촌(여자)	예 **Cousine**	쿠지네
사촌 자매	예 **Kusine**	쿠지네
사치	남 **Luxus**	룩수스
사탕	남 **Bonbon**	봉봉
사표	예 **Kündigung**	퀸디궁
사항	예 **Angelegenheit**	안겔레겐하이트
사환	남 **Bote**	보테
사회	예 **Sozialkunde**	조치알쿤데
사회자	남 **der Ansager**	안자거
	남 예 **Vorsitzende**	포어지촌데
사회적인	**gesellschaftlich**	게젤샤프트리히
	sozial	조치알
사회주의	남 **Sozialismus**	조치알리스무스

ᄉ

사회주의의	**sozialistisch**	조치알리스티쉬
삭감하다	**reduzieren**	레두치런
산	🔵 **Berg**	베르크
산맥	🔶 **Gebirge**	게비르게
산문(체)	🔴 **Prosa**	프로자
산부인과	🔴 **Gynäkologie**	귀네콜로기
산악	🔶 **Gebirge**	게비르게
산업	🔴 **Industrie**	인두스트리
산장	🔴 **Hütte**	휘터
산책	🔵 **Spaziergang**	슈파치어강
산책하다	**spazieren**	슈파치런
살구	🔴 **Aprikose**	아프리코제
살아 있다	**leben**	레번
살아나다	**zurückkehren**	추뤼크케런
살인	🔵 **Mord**	모르트
살해하다	**töten**	퇴텐
	umbringen	움브링언
3	**drei**	드라이
삼가다	**zurückhalten**	추뤼크할튼
삼각형	🔶 **Dreieck**	드라이에크
30	**dreißig**	드라이씨히

3월	남 **März**	메르츠
삼촌	남 **Onkel**	옹클
삼키다	**schlucken**	쉴루큰
삽	여 **Schaufel**	샤우펄
	남 **Spaten**	슈파튼
삽화	여 **Abbildung**	압빌둥
상(賞)	남 **Preis**	프라이스
상공(上空)	여 **Höhe**	회에
상금	여 **Prämie**	프레미에
상담	여 **Besprechung**	베쉬프레흉
상담하다	**besprechen**	베쉬프레헨
상당한	**beträchtlich**	베트레히트리히
	erheblich	에어헤블리히
	etliche	에틀리혀
	stattlich	슈타트리히
	ziemlich	침리히
상당히	**einigermaßen**	아이니거마쓴
	ziemlich	침리히
상대	남 **Partner**	파르트너
상대(팀)	남 **Gegner**	게그너
상대방	중 **Gegenteil**	게근타일

상대적인	**relativ**	레라티프
상대하여	**gegeneinander**	게근아이난더
상류사회	여 **Creme**	크렘
상류의	**vornehm**	포어넴
	hoch	호흐
상사(上司)	남 **Chef**	셰프
	남 여 **der / die Vorgesetzte**	포어게제츠테
상상	남 **Begriff**	베그리프
상상하다	**einbilden**	아인빌든
	vermuten	페어무튼
상세 목록	여 **Einzelheit**	아인첼하이트
상속인	남 **Erbe**	에르베
상속하다	**erben**	에르벤
상실	남 **Verlust**	페어루스트
상어	남 **Hai**	하이
상연, 상영	여 **Aufführung**	아우프퓌룽
상영하다	**vorführen**	포어퓌런
상위(上位)에	**oben**	오븐
상의(上衣)	여 **Jacke**	야케
상자	남 **Kasten**	카스튼

	몡 **Kiste**	키스터
	몡 **Schachtel**	샤흐털
상점	중 **Geschäft**	게쉐프트
	남 **Laden**	라든
상징	중 **Symbol**	쥠볼
상처	die Verletzung	페어레충
	몡 **Wunde**	분데
상처 주다	verletzen	페어레천
	anschlagen	안슐라겐
상태	남 **Zustand**	추스탄트
상품	중 **Gut**	구트
	몡 **Ware**	바레
상호의	gegenseitig	게근자이티히
상황	몡 **Lage**	라게
	die Situation	지투아치온
	남 **Stand**	슈탄트
	남 **Umstand**	움스탄트
	남 **Zustand**	추스탄트
새	남 **Vogel**	포겔
새끼 양	중 **Lamm**	람
새로운	erneut	에어노이트

	frisch	프리쉬
	neu	노이
새롭게 하다	erneuern	에어노이언
새벽	여 Dämmerung	데메룽
	중 Morgengrauen	모르근그라우엔
새어 나오다	rinnen	리넨
새우	여 Garnele	가르넬레
색깔	여 Farbe	파르베
색인	중 Register	레기스터
샌드위치	중 Sandwich	샌드위치
샐러드	남 Salat	잘라트
샘	남 Brunnen	브루넨
	여 Quelle	크벨레
생각	여 Absicht	압지히트
	남 Einfall	아인팔
	남 Gedanke	게당케
	여 Idee	이데
생각나게 하다	erinnern	에어인넌
생각하다	befinden	베핀덴
	denken	뎅켄
	meinen	마이넌

	sinnen	지넨
생각해내다	**einfallen**	아인팔렌
	spinnen	슈피넨
생기다	**aufkommen**	아우프코멘
	entstehen	엔트슈테엔
	erfolgen	에어폴겐
	erwachsen	에어박슨
	geschehen	게쉐엔
	passieren	파씨런
생기 없는	**tot**	토트
생략	阅 **Abkürzung**	압퀴르충
	阅 **Ellipse**	엘립제
생략하다	**auslassen**	아우스라센
	weglassen	벡글라센
생물	중 **Geschöpf**	게쇠프
생물학	阅 **Biologie**	비올로기
생물학의	**biologisch**	비올로기쉬
생산(량)	阅 **Produktion**	프로둑치온
생산하다	**erzeugen**	에어초이겐
	herstellen	헤어슈텔른
	produzieren	프로두치런

ㄱ ㄴ ㄷ ㄹ ㅁ ㅂ ㅅ ㅇ ㅈ ㅊ ㅋ ㅌ ㅍ ㅎ

생생한	**belebt**	벨레프트
	lebendig	레벤디히
	munter	문터
생선	남 **Fisch**	피쉬
생성되다	**werden**	베르덴
생일	남 **Geburtstag**	게부르츠탁
생크림	여 **Sahne**	자너
생활환경	여 **Umwelt**	움벨트
샤워	여 **Dusche**	두쉐
샤워하다	**duschen**	두쉔
샴푸	중 **Shampoo**	샴푸
서가	남 **Schrank**	슈랑크
서두르는	**hastig**	하스티히
	beeilen	베아일렌
서두르다	**eilen**	아일렌
서두름	여 **Eile**	아일레
서랍	여 **Schublade**	슙라데
서로	**einander**	아이난더
	gegeneinander	게근아이난더
서로의	**gegenseitig**	게근자이티히
서류	여 **die Akte**	악테

	중 **Papier**	파피어
서류 가방	여 **Aktentasche**	악텐타쉐
서류철	여 **Mappe**	마페
서리	남 **Frost**	프로스트
서명	여 **Unterschrift**	운터쉬리프트
서명하다	**unterschreiben**	운터쉬라이븐
	unterzeichnen	운터차이히넨
서비스업	중 **Gewerbe**	게베르베
서서히	**allmählich**	알메리히
서술	여 **Beschreibung**	베슈라이붕
	die Schilderung	쉴더룽
서술하다	**schildern**	쉴던
서식(용지)	중 **Formular**	포르물라
서약	남 **Eid**	아이트
서열	남 **Rang**	랑
서 있다	**stehen**	슈테언
서점	여 **Buchhandlung**	부흐한들룽
서정시	여 **Lyrik**	뤼릭
서쪽	남 **West**	베스트
	남 **Westen**	베스튼
서커스	남 **Zirkus**	치르쿠스

ㄱ
ㄴ
ㄷ
ㄹ
ㅁ
ㅂ
ㅅ
ㅇ
ㅈ
ㅊ
ㅋ
ㅌ
ㅍ
ㅎ

석쇠	🔵 Rost	로스트
석재	🔵 Stein	슈타인
석탄	🔴 Kohle	콜레
석회	kalk	칼크
섞다	mischen	미쉔
선	🔴 Linie	리니어
선거	🔴 Wahl	발
선글라스	🔴 Sonnenbrille	조넨브릴레
선두에서	voran	포란
	vorn	포른
선량한	gütig	귀티히
선로(철도)	🔴 Schiene	쉬너
선망	🔵 Neid	나이트
선망하는	neidisch	나이디쉬
선물	🟢 Geschenk	게쉥크
선물하다	schenken	셴클
선미	🟢 Heck	헤크
선박	🟢 Schiff	쉬프
선반	🟢 Regal	레갈
선수	🔵 Spieler	슈필러
선실	🔵 Bord	보르트

	예 **Kabine**	카비네
선언	남 **Eid**	아이트
선언하다	**schwören**	슈뵈런
선율	예 **Melodie**	멜로디
선인장	남 **Kaktus**	칵투스
선입견	중 **Vorurteil**	포어우어타일
선장	남 **Kapitän**	카피텐
선전	예 **die Reklame**	레클라머
선전하다	**werben**	베르벤
선체	남 **Rumpf**	룸프
선택	예 **Auswahl**	아우스발
	예 **Wahl**	발
선택하다	**wählen**	베렌
선풍기	남 **Ventilaor**	벤틸라토어
선호하다	**belieben**	벨리벤
	vorziehen	포어치언
설거지하다	**spülen**	슈퓔런
설계	남 **Entwurf**	엔트부르프
	예 **Konstruktion**	콘스트룩치온
설계도	남 **Plan**	플란
설계하다	**einrichten**	아인리히튼

설득	die **Überzeugung**	위버초이궁
설득하다	**überreden**	위버레든
설립하다	**stiften**	슈티프튼
설명	⑩ **Erklärung**	에어클레룽
설명하다	**berichten**	베리히텐
	erklären	에어클레른
설비	⑩ **Vorrichtung**	포어리히퉁
설치하다	**ansetzen**	안제첸
	aufstellen	아우프쉬텔렌
	stellen	슈텔른
설탕	⑪ **Zucker**	추커
섬	⑩ **Insel**	인즐
섬광	⑪ **Funke**	풍커
섬뜩한	**scheußlich**	쇼이쓸리히
섬세한	**fein**	파인
	sensibel	젠지블
섬유	⑩ **Faser**	파저
성(城)	⑩ **Burg**	부르크
성(姓)	⑪ **Familienname**	파밀리엔나메
성(性)	⑬ **Geschlecht**	게슐레히트
성(聖)스러운	**Sankt**	잔크트

성가대	여 **Kapelle**	카펠러
성격	남 **Charakter**	카라터
	중 **Wesen**	베젠
성경	여 **Bibel**	비벨
성공	남 **Erfolg**	에어폴크
성공하다	**gelingen**	걸링언
성공한	**glücklich**	글뤼클리히
성과	남 **Erfolg**	에어폴크
	중 **Ergebnis**	에어겝니스
	여 **Leistung**	라이스퉁
	중 **Resultat**	레줄타트
성급한	**hastig**	하스티히
	ungeduldig	운게둘디히
성냥	중 **Streichholz**	슈트라이히홀츠
	중 **Zündholz**	췬트홀츠
성능	여 **Leistung**	라이스퉁
성당	여 **Kirche**	키르헤
성대한	**festlich**	페스틀리히
성벽	여 **Mauer**	마우어
성별	중 **Geschlecht**	게슐레히트
성분	중 **Element**	엘레멘트

ㄱ
ㄴ
ㄷ
ㄹ
ㅁ
ㅂ
ㅅ
ㅇ
ㅈ
ㅊ
ㅋ
ㅌ
ㅍ
ㅎ

성실	图 Ernst	에른스트
성실한	aufrichtig	아우프리히티히
	gut	구트
	treu	트로이
성장	예 Entwicklung	엔트비클룽
	图 Wachstum	박스툼
성장하다	entwickeln	엔트비켈른
	gedeihen	게다이엔
	wachsen	박센
성적 증명서	图 Zeugnis	초이크니스
성질	예 Art	아르트
	예 Eigenschaft	아이겐샤프트
성취하다	leisten	라이스튼
세계	图 Erde	에르데
	예 Welt	벨트
세계사	예 Weltgeschichte	벨트게쉬히테
세관	图 Zoll	촐
세기	图 Jahrhundert	야르훈더트
세다	zählen	첼렌
세대	예 Generation	게네라치온
세력	图 Einfluss	아인플루스

세련된	**gepflegt**	겝프레크트
	schick	쉬크
세례	예 **Taufe**	타우페
세례를 베풀다	**taufen**	타우펀
세례명	남 **Taufname**	타우프나메
세로	예 **Länge**	렝에
세면기	중 **Waschbecken**	바쉬베큰
세면대	중 **Becken**	벡켄
세미나	중 **Seminar**	제미나
세 번째의	**dritt**	드리트
세상	예 **Öffentlichkeit**	외펜틀리히카이트
세속적인	**irdisch**	이르디쉬
세우다(건설)	**bauen**	바우엔
세입자	남 **Mieter**	미터
세탁기	예 **Waschmaschine**	바쉬마쉬네
세탁소	예 **Wäscherei**	베쉐라이
세탁하다	**waschen**	바쉔
세포	예 **Zelle**	첼레
섹시한	**sexy**	젝시
소	남 **Ochse**	옥세
	das Rind	린트

소각	예 **Verbrennung**	페어브레눙
소개	예 **Vorstellung**	포어슈텔룽
소극적인	**negativ**	네가티프
	passiv	파씨프
소금	중 **Salz**	잘츠
소나기	남 **Schauer**	샤우어
소나무	예 **Kiefer**	키퍼
소녀	중 **Mädchen**	메트헨
소년	남 **Bursche**	부르쉐
	남 **Junge**	융에
소동	남 **Wirbel**	비어벨
소득	중 **Einkommen**	아인코멘
	예 **Ernte**	에른테
	남 **Gewinn**	게빈
소란	예 **Unruhe**	운루에
소란스러운	**laut**	라우트
소란 피우다	**toben**	토벤
소량	**bisschen**	비스헨
소름 끼치는	**scheußlich**	쇼이슬리히
소리	중 **Geräusch**	게로이쉬
	남 **Klang**	클랑

	명 **Laut**	라우트
	명 **Schall**	샬
	명 **Ton**	톤
소망	명 **Wunsch**	분쉬
소망하다	**wünschen**	뷘쉔
소매	명 **Ärmel**	에르멜
소멸	명 **Tod**	토트
소모임	여 **Runde**	룬더
소문	중 **Gerücht**	게뤼히트
	여 **Sage**	자게
소박한	**naiv**	나이프
	primitiv	프리미티프
	einfach	아인파흐
소방(대)	여 **Feuerwehr**	포이어베어
소변	명 **Urin**	우린
소비	명 **Aufwand**	아우프반트
소비자	**der Verbraucher**	페어브라우허
소비하다	**aufwenden**	아우프벤덴
	brauchen	브라우헨
	verbrauchen	페어브라우헨
소수(파)	여 **Minderheit**	민더하이트

소스	예 Soße	조쎄
소시지	예 Wurst	부르스트
소식	남 Bescheid	베샤이트
소심한	scheu	쇼이
소아과	예 Kinderklinik	킨더클리닉
소용돌이	남 Wirbel	비어벨
소유	남 Besitz	베지츠
소유권	중 Besitzrecht	베짓츠레히트
소유물	중 Eigentum	아이겐툼
소유자	남 Besitzer	베지처
	남 Inhaber	인하버
소유하는	besitzen	베지첸
소유하다	haben	하븐
소음	중 Geräusch	게로이쉬
	남 Lärm	레름
소장(小腸)	남 Dünndam	뒨다름
소재	남 Stoff	슈토프
소중하다	gelten	겔튼
소중한	lieb	리프
소중히 하다	lieben	리벤
	schonen	쇼넨

소질	예 **Ader**	아더
	중 **Talent**	탈렌트
소파	예 **Couch**	카우치
	중 **Sofa**	조파
소포	중 **Päckchen**	펙현
	중 **Paket**	파케트
소풍	남 **Ausflug**	아우스플룩
	예 **Tour**	투어
소홀히 하다	**vernachlässigen**	페어나흐레시근
속눈썹	예 **Wimper**	빔퍼
속담	중 **Sprichwort**	슈프리히보르트
속도	**die Geschwindigkeit**	게쉬빈디히카이트
	중 **Tempo**	템포
속박	예 **Bindung**	빈둥
	예 **Fessel**	페쎌
	예 **Kette**	케테
속삭이다	**flüstern**	플뤼스턴
	wispern	비스펀
속옷	예 **Unterwäsche**	운터베쉐
속으로	**hinein**	히나인
속이다	**betrügen**	베트뤼겐

	lügen	뤼근
	täuschen	토이쉔
속죄	die Buße	부세
속죄하다	büßen	뷔센
속행	예 Fortsetzung	포르트제충
손	예 Hand	한트
손가락	남 Finger	핑어
손님	남 Gast	가스트
	남 Besucher	베주허
손목	중 Handgelenk	한트겔렝크
손목시계	예 Armbanduhr	암반투어
손발	중 Glied	글리트
손상	남 Schaden	샤든
손상시키다	schaden	샤든
손에 넣다	erlangen	에어랑언
손자	남 Enkel	엥클 (남)
손톱	남 Fingernagel	핑어나글
	남 Nagel	나글
손해	남 Verlust	페어루스트
손해 보는	nachteilig	나흐타일리히
솔	예 Bürste	뷔르스테

솔직한	**aufrichtig**	아우프리히티히
솔질을 하다	**bürsten**	뷔르스텐
솜	예 **Baumwolle**	바움볼레
	예 **Watte**	바테
솟아 나오다	**sprudeln**	슈프루델른
송금	예 **Überweisung**	위버바이중
송금하다	**einzahlen**	아인찰렌
	überweisen	위버바이젠
송아지	중 **Kalb**	칼프
송어	예 **Forelle**	포렐레
쇠고기	중 **Rindfleisch**	린트플라이쉬
쇠사슬	중 **Eisen**	아이즌
	예 **Fessel**	페셀
쇠약	예 **Schwäche**	쉬베허
쇠퇴하다	**verfallen**	페어팔렌
쇼윈도	중 **Schaufenster**	샤우펀스터
쇼핑	남 **Einkauf**	아인카우프
쇼핑몰	중 **Kaufhaus**	카우프하우스
수(數)	예 **Anzahl**	안찰
수건	중 **Handtuch**	한트투흐
수공업	중 **Handwerk**	한트베르크

ㄱ ㄴ ㄷ ㄹ ㅁ ㅂ ㅅ ㅇ ㅈ ㅊ ㅋ ㅌ ㅍ ㅎ

수공업자	남 **Handwerker**	한트베르커
수납 가구	남 **Behälter**	베헬터
수녀	여 **Nonne**	노네
수놓다	**sticken**	슈티큰
수뇌부	남 **Vorstand**	포어슈탄트
수다떨다	**plaudern**	플라우던
수다스러운	**geschwätzig**	게슈베치히
수단	중 **Instrument**	인스트루멘트
	중 **Mittel**	미텔
	남 **Weg**	베크
	여 **Weise**	바이제
수도(首都)	여 **Hauptstadt**	하웁트슈타트
수도꼭지	남 **Wasserhahn**	바써한
수도사	남 **Mönch**	묀히
수동적인	**passiv**	파씨프
수락하다	**annehmen**	안네멘
수량	여 **Quantität**	크반티테트
	여 **Zahl**	찰
수렁	남 **Schlamm**	쉴람
수레	남 **Wagen**	바근
수리	여 **Reparatur**	레파라투어

수리하다	reparieren	레파리런
수면	남 Schlaf	쉴라프
수박	여 Wassermelone	바써멜로네
수법	중 Verfahren	페어파렌
수분(水分)	여 Flüssigkeit	플뤼씨히카이트
수상한	verdächtig	페어데히티히
수성(水星)	여 der Merkur	메르쿠어
수수께끼	중 Rätsel	레철
수수료	여 Gebühr	게뷔르
수술	여 Operation	오페라치온
수술하다	operieren	오페리렌
수신	남 Empfang	엠프팡
수신인	der Empfänger	엠프펭거
수업	여 Lektion	렉치온
	남 Unterricht	운터리히트
수여하다	gewähren	게베른
	überreichen	위버라이헌
수염	남 Bart	바르트
수영	중 Schwimmen	슈비멘
수영복	남 Badeanzug	바데안축
수영선수	남 Schwimmer	슈비머

수영하다	**schwimmen**	슈비멘
수요	달 **Bedarf**	베다르프
	여 **Nachfrage**	나흐프라거
수요일	달 **Mittwoch**	미트보흐
수용	여 **Aufnahme**	아우프나메
수용 시설	중 **Asyl**	아쥘
수용하다	**fassen**	파쓴
수위(水位)	중 **Niveau**	니보
수위(守衛)	달 **Portier**	포르티어
수익	여 **Ernte**	에른테
	달 **Verdienst**	페어딘스트
수입(품)	여 **Einfuhr**	아인푸어
	달 **Import**	임포르트
수입하다	**einführen**	아인퓌렌
수정(修正)	여 **Änderung**	엔더룽
수정(水晶)	달 **Kristall**	크리스탈
수준	여 **Ebene**	에베네
	중 **Niveau**	니보
	여 **Stufe**	슈투퍼
수줍어하는	**schüchtern**	쉬히터른
수줍어하다	**schämen**	셰먼

수직의	senkrecht	젠크레히트
	steil	슈타일
수집	예 Sammlung	잠룽
수집품	남 Schatz	샤츠
수출(품)	예 Ausfuhr	아우스푸어
	남 Export	엑스포르트
수치(羞恥)	예 Scham	샴
	예 Schande	산더
수치(數値)	예 Zahl	찰
수컷의	männlich	멘리히
수코양이	남 Kater	카터
수탉	남 Hahn	한
수평선	남 Horizont	호리촌트
수평의	waagrecht	바크레히트
수표	남 Scheck	쉐크
수프	예 Suppe	주페
수하물	중 Gepäck	게페크
수학	예 Mathematik	마테마틱
수행하다	ausüben	아우스위벤
수확(물)	예 Ernte	에른테
수확하다	ernten	에른튼

ㄱ ㄴ ㄷ ㄹ ㅁ ㅂ **ㅅ** ㅇ ㅈ ㅊ ㅋ ㅌ ㅍ ㅎ

숙고하다	**bedenken**	베뎅켄
	nachdenken	나흐뎅큰
	sinnen	지넌
	überlegen	위버레겐
숙명	쥥 **Schicksal**	쉬크잘
숙박지	예 **Lager**	라거
숙박하다	**übernachten**	위버나흐튼
숙성한	**reif**	라이프
숙소	예 **Unterkunft**	운터쿤프트
숙이다(몸을)	**neigen**	나이근
숙제	예 **Aufgabe**	아우프가베
	예 **Hausaufgabe**	하우스아우프가버
	예 **Schularbeit**	슐아르바이트
순간	냄 **Augenblick**	아우겐블리크
	냄 **Moment**	모멘트
순결한	**unschuldig**	운슐디히
순무	예 **Rübe**	뤼버
순수한	**echt**	에히트
순위	예 **Stelle**	슈텔러
순진한	**naiv**	나이프
숟가락	냄 **Löffel**	뢰플

술 마시다	**trinken**	트링켄
술집	예 **Bar**	바르
	중 **Gasthaus**	가스트하우스
	중 **Lokal**	로칼
술 취한	**betrunken**	베트룽켄
숨기다	**verschweigen**	페어쉬바이근
숫자	예 **Zahl**	찰
숭배하다	**anbeten**	안베텐
	verehren	페어에런
숲	남 **Wald**	발트
쉬다	**schlafen**	쉴라펀
쉬운	**leicht**	라이히트
쉰 목소리의	**heiser**	하이저
쉼표	중 **Komma**	코마
쉽게	**bald**	발트
슈퍼마켓	남 **Supermarkt**	주퍼마르크트
스모그	남 **Smog**	스모크
스스로	**selber**	젤버
	selbst	젤프스트
스승	남 **Lehrer**	레러
스웨터	남 **Pullover**	풀로버

스위스	예 **Schweiz**	슈바이츠
스위스인	남 **Schweizer**	슈바이처
스위치	남 **Schalter**	샬터
스카프	남 **Schal**	샬
스캔들	남 **Skandal**	스칸달
스케이트화	남 **Schlittschuh**	쉴리트슈
스케치	예 **Skizze**	스키체
	예 **Zeichnung**	차이히눙
스키	남 **der Ski**	쉬
	중 **das Skilaufen**	쉬라우픈
스타킹	남 **Strumpf**	슈트룸프
스테이크	**Steak**	슈테크
스테이플러	남 **Hefter**	헤프터
스토브	남 **Ofen**	오픈
스튜디오	중 **Studio**	슈투디오
스트라이크	남 **Streik**	슈트라이크
스트레스	남 **Stress**	슈트레스
스펀지	남 **Schwamm**	슈밤
스페인	**Spanien**	슈파니엔
스페인 사람	남 **Spanier**	슈파니어
스포츠맨다운	**sportlich**	슈포르틀리히

슬리퍼	몡 **Pantoffel**	판토펠
슬퍼하다	**trauern**	트라우언
슬픈	**traurig**	트라우리히
슬픔	몡 **Jammer**	야머
	몡 **Kummer**	쿠머
	여 **Trauer**	트라우어
습관	여 **die Gewohnheit**	게본하이트
	여 **Regel**	레겔
습득하다	**erlernen**	에어레르넨
승객	몡 **Fahrgast**	파르가스트
	몡 **Passagier**	파싸지어
승낙하다	**gewähren**	게베른
승리	몡 **Sieg**	지크
승리자	몡 **Sieger**	지거
승리하다	**siegen**	지근
승마	중 **Reiten**	라이튼
승무원	여 **Mannschaft**	만샤프트
	중 **Personal**	페르조날
승인하다	**anerkennen**	안에어케넌
승진	몡 **Sprung**	슈프룽
승차권	여 **Fahrkarte**	파르카르테

ㄱ ㄴ ㄷ ㄹ ㅁ ㅂ ㅅ ㅇ ㅈ ㅊ ㅋ ㅌ ㅍ ㅎ

	남 **Fahrschein**	파르샤인
	중 **Ticket**	티켓
시(市)의	**städtisch**	슈테티쉬
시(時)	여 **Stunde**	슈툰데
시(詩)	중 **Gedicht**	게디히트
	der Vers	페르스
시가전차	여 **Straßenbahn**	슈트라쓴반
	여 **Tram**	트람
시가 지도	남 **Stadtplan**	슈타트플란
시간	여 **Stunde**	슈툰데
	여 **Zeit**	차이트
시간을 보내다	**verbringen**	페어브링언
시간을 알리다	**läuten**	로이튼
시간을 엄수하는	**pünktlich**	핑크틀리히
시간표	중 **Kursbuch**	쿠르스부흐
시계	여 **Uhr**	우어
시금치	남 **Spinat**	슈피나트
시기(時期)	여 **Epoche**	에포허
	여 **Periode**	페리오더
시기(질투)	남 **Neid**	나이트
	여 **Zeit**	차이트

시누이	예 **Schwägerin**	슈베거린
시대	예 **Epoche**	에포허
	중 **Zeitalter**	차이트알터
시도	남 **Versuch**	페어주흐
시도하다	**probieren**	프로비렌
	versuchen	페어주헨
시동생	남 **Schwager**	슈바거
시디	예 **CD**	체데
시력	중 **Auge**	아우게
시민	남 **Bürger**	뷔르거
시민의	**zivil**	치빌
시부모	복 **Schwiegereltern**	슈비거엘턴
시선	남 **Blick**	블릭
시설	중 **Heim**	하임
	중 **Institut**	인스티투트
	예 **Anlage**	안라게
시아버지	남 **Schwiegervater**	슈비거파터
시야	예 **Sicht**	지히트
시어머니	예 **Schwiegermutter**	슈비거무터
시원한	**kühl**	퀼
10월	남 **Oktober**	옥토버

시위	여 **Demonstration**	데몬스트라치온
시인	남 **Dichter**	디히터
시작	남 **Anfang**	안팡
	남 **Ansatz**	안자츠
	남 **Beginn**	베긴
	남 **Start**	슈타르트
시작되다	**eintreten**	아인트레텐
시작하다	**anfangen**	안팡언
	beginnen	베기넨
	starten	슈타르튼
시장(市場)	남 **Markt**	마르크트
시장(市長)	남 **Bürgermeister**	뷔르거마이스터
시적(詩的)인	**poetisch**	포에티쉬
시청	중 **Rathaus**	라트하우스
시청자	중 **Publikum**	푸블리쿰
	남 **Zuschauer**	추샤우어
시체	여 **Leiche**	라이혀
시키다	**lassen**	라센 ~
시트(침구)	남 **Bezug**	베추크
시합	여 **Schlacht**	쉴라트
	남 **Wettkampf**	베트캄프

시합을 하다	**spielen**	슈필런
시험	중 **Examen**	엑사멘
	여 **Probe**	프로버
식견	여 **Weisheit**	바이스하이트
식도	여 **Kehle**	켈러
식료품	중 **Lebensmittel**	레븐스미틀
	중 **Nahrungsmittel**	나룽스미털
식물	**Gewächs**	게베크스
	여 **Pflanze**	플란체
식민지	여 **Kolonie**	콜로니
식별하다	**erkennen**	에어케는
	unterscheiden	운터샤이든
식사	여 **Mahlzeit**	말차이트
	중 **Essen**	에쎈
식사하다	**essen**	에쎈
식욕	남 **Appetit**	아페티트
	남 **Hunger**	훙거
식용유	중 **Speiseöl**	슈파이제욀
식이요법	여 **Diät**	디에트
식초	남 **Essig**	에씨히
식칼	중 **Schneidemesser**	쉬나이데메써

식탁보	중 **Tischtuch**	티쉬투흐
신	남 **Gott**	고트
신경(조직)	남 **Nerv**	네르프
신경질적인	**nervös**	네르뵈스
신고하다	**angeben**	안게븐
	anmelden	안멜덴
신교도	남 **Protestant**	프로테스탄트
신교의	**evangelisch**	에반겔리쉬
	protestantisch	프로테스탄티쉬
신념	남 **Glaube**	글라우버
	die Überzeugung	위버초이궁
신랑(新郞)	남 **Bräutigam**	브로이티감
신뢰	중 **Vertrauen**	페어트라우언
신뢰하다	**trauen**	트라우언
	vertrauen	페어트라우언
신맛 나는	**sauer**	자우어
신문	여 **Presse**	프레써
신문사	여 **Zeitung**	차이퉁
신문기자	남 **Journalist**	주르날리스트
신부(新婦)	여 **Braut**	브라우트
신부(神父)	남 **Pfarrer**	파러

신분	명 **Posten**	포스튼
	명 **Rang**	랑
신비	중 **Geheimnis**	게하임니스
신선한	**frisch**	프리쉬
	jung	융
신성한	**heilig**	하일리히
신속한	**geschwind**	게쉬빈트
	rasch	라쉬
	schnell	쉬넬
신앙 고백	중 **Bekenntnis**	베켄트니스
신용	명 **Glaube**	글라우버
	명 **Kredit**	크레디트
	중 **Vertrauen**	페어트라우언
신용카드	여 **Kreditkarte**	크레디트카르테
신용하다	**glauben**	글라우브
	trauen	트라우언
	vertrauen	페어트라우언
신음하다	**keuchen**	코이현
	seufzen	조이프츤
신장(腎臟)	여 **Niere**	니레
신전	명 **Tempel**	템펄

ㄱ ㄴ ㄷ ㄹ ㅁ ㅂ ㅅ ㅇ ㅈ ㅊ ㅋ ㅌ ㅍ ㅎ

신정	중 **Neujahr**	노이야르
신조	중 **Prinzip**	프린칩
신중	여 **Vorsicht**	포어지히트
신중한	**vorsichtig**	포어지히티히
신청	중 **Angebot**	안게봇
	여 **Anmeldung**	안멜둥
	남 **Antrag**	안트라크
	bewerben	베베르벤
	남 **Vorschlag**	포어쉬라크
신청하다	**anmelden**	안멜덴
	beantragen	베안트라겐
	bewerben	베베르벤
신호	중 **Zeichen**	차이현
신호기	중 **Signal**	지그날
신호등	여 **die Verkehrsampel**	페어케어스암플
신호하다	**winken**	빙켄
신혼여행	여 **Hochzeitsreise**	호흐차이츠라이제
싣다	**laden**	라든
	beladen	베라덴
실	남 **Faden**	파든
	여 **Faser**	파저

실내에	**drinnen**	드리넨
실례(實例)	중 **Beispiel**	바이슈필
실리적인	**realistisch**	레알리스티쉬
실망	여 **Enttäuschung**	엔트토이슝
실망시키는	**enttäuschend**	엔트토이쉔트
실망시키다	**enttäuschen**	엔트토이쉔
실망하다	**verzweifeln**	페어츠바이펠른
실망한	**enttäuscht**	엔트토이쉬트
실습생	남 **Praktikant**	프락티칸트
실신	여 **Ohnmacht**	온마흐트
실업 상태의	**arbeitslos**	아르바이츠로스
실업자	남여 **Arbeitslose[r]**	아르바이츠로제 [남/여]
실용적인	**praktisch**	프락티쉬
실제로	**wirklich**	비르클리히
실제의	**real**	레알
	tatsächlich	타트제힐리히
실천	여 **Praxis**	프락시스
실체	여 **Substanz**	줍스탄츠
실패	남 **Misserfolg**	미쓰에어폴크
	여 **Panne**	파네
실패하다	**durchfallen**	두르히팔렌

	scheitern	샤이턴
실행	예 Tat	타트
실행하다	durchführen	두르히퓌렌
	tun	툰
	vollziehen	폴치엔
실험	중 Experiment	엑스페리멘트
실현하다	bekommen	베코멘
	realisieren	레알리지런
	verwirklichen	페어비르클리현
싫어하다	hassen	하쎈
싫은	unangenehm	운앙게넴
심각한	ernst	에른스트
	ernsthaft	에른스트하프트
	schlimm	쉴림
심다	pflanzen	플란천
심도	예 Tiefe	티페
심리학	예 Psychologie	프시효로기
심부름꾼	남 Bote	보테
심연	남 Abgrund	압그룬트
심장	중 Herz	헤르츠
심정	중 Gemüt	게뮈트

10	**zehn**	첸
19	**neunzehn**	노인첸
16	**sechzehn**	제히첸
십만	**hunderttausend**	훈더르트타우즌트
14	**vierzehn**	피어첸
13	**dreizehn**	드라이첸
십억	예 **Milliarde**	밀리아르더
15	**fünfzehn**	퓐프첸
15분(간)	예 **Viertelstunde**	피어텔슈툰데
12	**zwölf**	츠뵐프
12월	남 **Dezember**	데쳄버
11	**elf**	엘프
11월	남 **November**	노벰버
십자가	중 **Kreuz**	크로이츠
17	**siebzehn**	집첸
18	**achtzehn**	아흐첸 [수]
싱크대	중 **Becken**	벡켄
	예 **Spüle**	슈필레
싸라기눈	남 **Hagel**	하글
싸우다	**hauen**	하우언
	kämpfen	켐펀

싸움	밤 **Kampf**	캄프
	밤 **Krieg**	크리크
쌀	밤 **Reis**	라이스
쌍(雙)	중 **Paar**	파르
쌍둥이	밤 **Zwilling**	츠빌링
썰매	밤 **Schlitten**	쉴리튼
썰물	여 **Ebbe**	에베
쏘다	**schießen**	쉬썬
쏟다	**schütten**	쉬턴
쓰다	**gebrauchen**	게브라우헨
쓰다듬다	**streicheln**	슈트라이헐른
	streichen	슈트라이현
쓰러뜨리다	**fällen**	펠른
쓰러지다	**kippen**	키펜
쓰레기	밤 **Abfall**	압팔
	밤 **Dreck**	드렉
	밤 **Müll**	뮐
쓰레기통	밤 **Mülleimer**	뮐아이머
쓰레받기	여 **Kehrichtschaufel**	케리히트샤우플
쓴(쑴)	**herb**	헤르프
	bitter	비터

쓸데없는 것	명 Unsinn	운진
쓸모없는	sinnlos	진로스
	wertlos	베어트로스
	unnötig	운뇌티히
쓸쓸한	öde	외더
씌우다	decken	덱켄
～씨(남성)	명 Herr	헤르
씨 뿌리다	säen	제언
씨앗	명 Kern	케른
	명 Samen	자멘
씹다	kauen	카우엔
씻다	wischen	비셴
	abwaschen	압바셴

ㄱ
ㄴ
ㄷ
ㄹ
ㅁ
ㅂ
ㅅ
ㅇ
ㅈ
ㅊ
ㅋ
ㅌ
ㅍ
ㅎ

아가미	예 **Kieme**	키메
아가씨	중 **Fräulein**	프로일라인
아궁이	남 **Herd**	헤어트
아기	중 **Baby**	베이비
아까	**vorhin**	포어힌
아까운	**schade**	샤더
아니요	**nein**	나인
아들	남 **Junge**	융에
	남 **Sohn**	존
아라비아(반도)	**Arabien**	아라비엔
아래로	**her**	헤어
	herunter	헤룬터
~의 아래에	**unter**	운터
	unterhalb	운터할프
아래쪽으로	**abwärts**	압베르츠
아르헨티나	**Argentinien**	아르겐티니엔
아름다운	**schön**	쇤
	wunderschön	분더쇤

	예 **Schönheit**	쇤하이트
아마도	**vermutlich**	페어무틀리히
	möglicherweise	뫼클리혀바이저
	vielleicht	필라이히트
아몬드	예 **Mandel**	만들
아무도 ~하지 않다	**niemand**	니만트
아부하다	**schmeicheln**	슈마이혈른
아빠	남 **Papa**	파파
아슬아슬하게	**fast**	파스트
아시아 대륙	**Asien**	아지엔
아시아인	남 **Asiat**	아지아트
아우토반	예 **Autobahn**	아우토반
아이디어	남 **Einfall**	아인팔
	남 **Gedanke**	게당케
아저씨	남 **Onkel**	옹클
아직	**noch**	노흐
아침	남 **Morgen**	모르근
아침 식사	중 **Frühstück**	프뤼슈튁
	중 **Morgenessen**	모르근에쎈
아침 식사하다	**frühstücken**	프뤼슈튀큰

ㄱ ㄴ ㄷ ㄹ ㅁ ㅂ ㅅ ㅇ ㅈ ㅊ ㅋ ㅌ ㅍ ㅎ

아침에	**morgens**	모르근스
아틀리에	쥥 **Studio**	슈투디오
아픈	**weh**	베
아픔	冏 **Schmerz**	슈메르츠
악담하다	**schimpfen**	쉼펀
악당	冏 **Schelm**	셸름
악마	冏 **Teufel**	토이펠
악보	여 **Note**	노터
	여 **Noten**	노튼
악센트	冏 **Akzent**	악첸트
	冏 **Nachdruck**	나흐드룩
악습	여 **Seuche**	조이허
악어	쥥 **Krokodil**	크로코딜
악용	冏 **Missbrauch**	미쓰브라우흐
악천후	쥥 **Gewitter**	게비터
악취가 나다	**stinken**	슈팅켄
악화되다	**kippen**	키펜
악화시키다	**verschlechtern**	페어쉴레히턴
안개	冏 **Dampf**	담프
	冏 **Dunst**	둔스트
	冏 **Nebel**	네블

안개 낀	neblig	네블리히
안경	여 Brille	브릴레
안내 방송하다	ansagen	안자겐
안내소	여 Auskunft	아우스쿤프트
안내인	남 Führer	퓌러
안내하다	führen	퓌른
안달하는	ungeduldig	운게둘디히
안락의자	남 Sessel	제쓸
안 보이는	blind	블린트
안색	여 Miene	미너
안심시키다	beruhigen	베루이겐
안에	innen	이넨
안장	남 Sattel	자틀
안전	여 Sicherheit	지혀하이트
안전한	sicher	지혀
안정된	beständig	베스텐디히
안타까운	bedauerlich	베다우어리히
안타깝게도	unglücklicherweise	운글뤼클리혀바이제
앉아 있다	sitzen	지천
앉히다	setzen	제천
알게 되다	erfahren	에어파렌

알고 있는	**bewusst**	베부스트
알다	**wissen**	비쎈
	kennen	케넨
알려주다	**informieren**	인포르미런
	mitteilen	미트타일런
	unterrichten	운터리히튼
알려진	**geläufig**	걸로이피히
알리다	**ankündigen**	안퀸디겐
알림	옙 **Information**	인포르마치온
	옙 **Nachricht**	나흐리히트
알맹이	냠 **Inhalt**	인할트
알선	**die Vermittlung**	페어미틀룽
알선하다	**vermitteln**	페어미텔른
알아보다	**nachschlagen**	나흐쉴라근
알아채다	**entnehmen**	엔트네멘
	merken	메르큰
	spüren	슈퓌런
	wahrnehmen	바르네멘
알약	옙 **Tablette**	타블레테
알코올	냠 **Alkohol**	알코홀
알파벳	쥼 **Alphabet**	알파베트

알프스산맥	die Alpen	알펜
암기하여	auswendig	아우스벤디히
암벽	남 Felsen	펠즌
암석	남 Fels	펠스
암시하다	andeuten	안도이텐
암탉	여 Henne	헤네
압박하다	drücken	드뤼큰
	verfolgen	페어폴근
앗! (비명, 놀람, 흥분)	ach	아흐
앞마당	남 Vorgarten	포어가르텐
앞쪽의	vorder	포르더
앞치마	여 Schürze	쉬르처
애국자	남 Patriot	파트리오트
애매한	undeutlich	운도이틀리히
애벌레	여 Raupe	라우페
애원하다	flehen	플레엔
애인	남 Liebhaber	리프하버
애정	여 Zuneigung	추나이궁
애호가	남 Liebhaber	리프하버
애호박	여 Zucchini	추키니
액자	남 Rahmen	라먼

액체	예 **Flüssigkeit**	플뤼씨히카이트
	중 **Wasser**	바써
액체의	**flüssig**	플뤼씨히
앨범	중 **Album**	알붐
야구	남 **Baseball**	베스볼
야근	예 **Überstunde**	위버슈툰더
야단치다	**schelten**	셸턴
야만적인	**brutal**	브루탈
	wild	빌트
야생의	**wild**	빌트
야심만만한	**ehrgeizig**	에어가이치히
야외 식사	중 **Picknick**	피크닉
야윈	**mager**	마거
야자수	예 **Palme**	팔메
야채	중 **Gemüse**	게뮈제
약	중 **Medikament**	메디카멘트
	예 **Medizin**	메디친
약간	**bisschen**	비스헨
	einige	아이니게
	gering	게링
	paar	파르

	wenig	베니히
약국	예 **die Apotheke**	아포테케
	예 **Drogerie**	드로게리
약도	예 **Skizze**	스키체
약속	예 **Verabredung**	페어아브레둥
약속하다	**vereinbaren**	페어아인바런
	versprechen	페어슈프레헌
약점	예 **Schwäche**	쉬베혀
약초	중 **Kraut**	크라우트
약품	예 **Droge**	드로게
약한	**matt**	마트
	schwach	쉬바흐
약해지다	**nachlassen**	나흐라쎈
약혼	예 **Verlobung**	페어로붕
약혼자	남 예 **Verlobte[r]**	페어로프스테
약혼하다	**verloben**	페어로번
얌전한	**artig**	아르티히
	brav	브라프
양(羊)	중 **Schaf**	샤프
양동이	남 **Eimer**	아이머
양말	예 **Socke**	조케

양배추(요리)	남 Kohl	콜
양보	남 Kompromiss	콤프로니스
양보하다	entgegenkommen	엔트게겐코멘
	nachgeben	나흐게븐
	überlassen	위버라쎈
양산	남 Schirm	쉬름
양상추	남 Kopfsalat	코프잘라트
양심	중 Gewissen	게비쓴
양심적인	gewissenhaft	게비쓴하프트
양육	여 Erziehung	에어치훙
양자택일의	alternativ	알터나티프
양쪽	beide	바이데
양철	중 Blech	블레히
양초	여 Kerze	케르체
양파	여 Zwiebel	츠비블
양해하는	einverstanden	아인페어슈탄든
얕다	seicht	자이히트
얘기하다	reden	레든
	sprechen	슈프레현
어깨	여 Achsel	아흐젤
	여 Schulter	슐터

어두운	**dunkel**	둥클
	finster	핀스터
	grau	그라우
어둠	예 **Nacht**	나흐트
어디로	**wohin**	보힌
어디서나	**überall**	위버알
어디서부터	**woher**	보헤어
어디에	**wo**	보
어떤	**ein**	아인
	welch	벨히
어떤 것	**etwas**	에트바스
어떤 사람	**jemand**	예만트
어떻게	**wie**	비
어려운	**schwer**	슈베어
	schwierig	슈비리히
어루만지다	**streicheln**	슈트라이헐른
어류	남 **Fisch**	피쉬
어른	남 예 **Erwachsene[r]**	에어박스네
어리석은	**dumm**	둠
	lächerlich	레허리히
	töricht	퇴리히트

어린	**jung**	융
	klein	클라인
어린 시절	예 **Kindheit**	킨트하이트
어린이	중 **Kind**	킨트
어머니	**die Mutter**	무터
어색한	**peinlich**	파인리히
	unfähig	운페이히
어업	예 **Fischerei**	피셔라이
어울리는	**geeignet**	게아이그넷
	passen	파쎈
어제	**gestern**	게스터른
어중간한	**halb**	할프
어지러움	남 **Schwindel**	슈빈들
어째서	**weshalb**	베스할프
어차피	**doch**	도흐
	sowieso	조비조
	jedenfalls	예든팔스
어휘(집)	남 **Wortschatz**	보르트샤츠
억압	남 **Stress**	슈트레스
억압하다	**unterdrücken**	운터드뤼큰
억제하다	**dämpfen**	뎀펜

	einschränken	아인쉬렝큰
	verhalten	페어할튼
언급하다	**berühren**	베뤼렌
	erwähnen	에어베넨
	streifen	슈트라이펀
언니	예 **Schwester**	슈베스터
언덕	냄 **Berg**	베르크
	냄 **Hügel**	휘글
언제	**wann**	반
언제나	**stets**	슈테츠
	jederzeit	예더차이트
언젠가	**einst**	아인스트
	je	예
	jemals	예말스
얹다	**setzen**	제천
얻다	**erhalten**	에어할튼
얼굴	중 **Gesicht**	게지히트
얼룩	냄 **Fleck**	플렉
얼룩말	중 **Zebra**	체브라
얼어붙다	**frieren**	프리렌
얼음	중 **Eis**	아이스

ㄱ
ㄴ
ㄷ
ㄹ
ㅁ
ㅂ
ㅅ
ㅇ
ㅈ
ㅊ
ㅋ
ㅌ
ㅍ
ㅎ

얽히다	**schlingen**	쉴링언
엄격한	**streng**	슈트렝
	예 **Härte**	헤르터
엄마	예 **Mama**	마마
엄숙한	**feierlich**	파이어리히
엄지	남 **Daumen**	다우멘
업무	남 **Dienst**	딘스트
업적	예 **Leistung**	라이스퉁
없다	**fehlen**	펠렌
	kein	카인
없애다	**abmachen**	압마헨
없어지다	**verschwinden**	페어쉬빈든
엉덩이	중 **Gesäß**	게제스
	예 **Hüfte**	휘프터
엉터리	남 **Unsinn**	운진
에어컨	예 **Klimaanlage**	클리마안라게
에이즈(후천성면 역결핍증)	**kein Artikel**	에이즈
엔진	남 **Motor**	모토어
엘리베이터	남 **Aufzug**	아우프축
	남 **Lift**	리프트
여가	예 **Freizeit**	프라이차이트

여객	📓 **Passagier**	파싸지어
여관	📓 **Gasthaus**	가스트하우스
	📓 **Hotel**	호텔
여교사	📓 **Lehrerin**	레러린
여권	📓 **Ausweis**	아우스바이스
	📓 **Pass**	파쓰
	📓 **Reisepass**	라이제파스
여기	**hier**	히어
	hierher	히어헤어
	da	다
여동생	📓 **Schwester**	슈베스터
여러 가지의	**allerlei**	알러라이
여러 번	**öfters**	외프터스
여러분	**ihr**	이어
여름	📓 **Sommer**	조머
여름휴가[방학]	📓 **Sommerferien**	조네페리언
여보세요	**hallo**	할로
여분의	**extra**	엑스트라
	überflüssig	위버플뤼시히
여비서	📓 **Sekretärin**	제크레테린
여사	📓 **Gattin**	가틴

여성	예 **Dame**	다메
	예 **Frau**	프라우
여성 정장	중 **Kostüm**	코스튐
여왕	예 **Königin**	쾨니긴
여우	남 **Fuchs**	푹스
여윈	**dünn**	뒨
여자의	**weiblich**	바이플리히
여자 친구	예 **Freundin**	프로인딘
여전히	**noch**	노흐
여조카	예 **Nichte**	니히테
여학생	예 **Schülerin**	쉴러린
여행	예 **Fahrt**	파르트
	예 **Reise**	라이제
여행 가방	남 **Koffer**	코퍼
여행사	중 **Reisebüro**	라이제뷔로
여행을 떠나다	**abreisen**	압라이젠
여행자	남 예 **Reisende[r]**	라이즌더
여행하다	**verreisen**	페어라이젠
역(逆)	중 **Gegenteil**	게근타일
역(驛)	남 **Bahnhof**	반호프
	예 **Station**	슈타치온

역방향으로	rückwärts	뤽베르츠
역사(과목)	예 Geschichte	게쉬히테
역사적인	historisch	히스토리쉬
역할	예 Funktion	풍크치온
	예 Rolle	롤레
연결	남 Anschluss	안슈루스
	남 Zusammenhang	추자멘항
연결하다 (사슬로)	anschließen	안슐리센
연고	예 Beziehung	베치훙
	예 Salbe	잘버
연고자	남예 Verwandte	페어반테
연구	예 Forschung	포르슝
	중 Studium	슈투디움
	예 Untersuchung	운터주훙
연구소	중 Institut	인스티투트
	중 Seminar	제미나
연구하다	forschen	포르셴
연극	중 Drama	드라마
	중 Schauspiel	샤우스필
연근	예 Lotuswurzel	로투스부르츨
연금	예 Pension	펜지온

	예 **Rente**	렌터
연기(煙氣)	남 **Rauch**	라우흐
연기나다	**auchen**	라우헌
연기(延期)하다	**aufschieben**	아우프쉬벤
연도	중 **Jahr**	야르
연락	남 **Kontakt**	콘탁트
연락선	예 **Fähre**	페레
연못	남 **Teich**	타이히
연방공화국	예 **Bundesrepublik**	분데스레프블리크
연설	예 **Rede**	레더
연설대	중 **Pult**	풀트
연소	예 **Verbrennung**	페어브레눙
연속	예 **Folge**	폴거
	예 **Serie**	제리어
연수	**die Ausbildung**	아우스빌둥
연습	예 **Übung**	위붕
연습하다	**trainieren**	트레니런
	üben	위벤
연애	예 **Liebe**	리베
연약한	**schwach**	쉬바흐
연예인	남예 **Prominente**	프로미넨테 [

연월일	중 **Datum**	다툼
연장하다	**ausdehnen**	아우스데넨
	verlängern	페어렝건
연재물	여 **Serie**	제리어
연주	여 **Aufführung**	아우프퓌룽
	남 **Vortrag**	포어트라크
연주회	중 **Konzert**	콘체르트
연필	남 **Bleistift**	블라이쉬티프트
연합	남 **Bund**	분트
	여 **Union**	우니온
	남 **Verband**	페어반트
	여 **Verbindung**	페어빈둥
연합하다	**verbinden**	페어빈든
열(熱)	중 **Fieber**	피버
	여 **Wärme**	베르메
열기	여 **Hitze**	히처
열기구	남 **Heißluftballon**	하이쓰루프트발론
열다	**öffnen**	외프넌
	aufziehen	아우프치엔
	aufmachen	아우프마헨(개점)
열두 번째의	**zwölft**	츠뵐프트

열등한	**niedrig**	니드리히
열렬한	**heiß**	하이스
열리다	**aufgehen**	아우프게엔
열린	**offen**	오픈
열매	여 **Frucht**	프루흐트
열쇠	남 **Schlüssel**	쉴뤼셀
열애하다	**anbeten**	안베텐
열정	여 **Leidenschaft**	라이든샤프트
	중 **Temperament**	템페라멘트
열중	남 **Eifer**	아이퍼
열중한	**eifrig**	아이프리히
열차	남 **Zug**	축
열차 시간표	남 **Fahrplan**	파르플란
염려	여 **Sorge**	조르거
염소	여 **Ziege**	치게
엽서	여 **Postkarte**	포스트카르테
0	여 **Null**	눌
영광	남 **Glanz**	글란츠
영국	**England**	엥글란트
영국인	남 **Engländer**	엥글렌더
영리한	**gescheit**	게샤이트

	geschickt	게쉬크트
	klug	클룩
	schlau	쉴라우
	weise	바이제
영사	남 **Konsul**	콘술
영속적인	**dauernd**	다우언트
영수증	여 **Quittung**	크비퉁
영양	여 **Nahrung**	나룽
영어	중 **Englisch**	엥리쉬
영업	남 **Verkauf**	페어카우프
영업시간	여 **Geschäftzeit**	게쉐프트차이트
영역	남 **Bereich**	베라이히
영예	남 **Ruhm**	룸
영웅	남 **Held**	헬트
영원한	**ewig**	에비히
영적인	**geistig**	가이스티히
영주	남 **Fürst**	퓌르스트
영향	남 **Einfluss**	아인플루스
	여 **Wirkung**	비르쿵
영향을 미치다	**beeinflussen**	베아인플루센
영화	남 **Film**	필름

영화관	중 **Kino**	키노
영화 매표소	여 **Kinokasse**	키노카세
옆	여 **Seite**	자이터
예!	**ja**	야
예감	여 **Ahnung**	아눙
예감하다	**ahnen**	아넨
예고하다	**ankündigen**	안퀸디겐
	ansagen	안자겐
예금	중 **Sparen**	슈파런
예금통장	중 **Sparbuch**	슈파르부흐
예금하다	**einzahlen**	아인찰렌
예를 들면	**etwa**	에트바
예리한	**spitz**	슈피츠
예방접종하다	**impfen**	임픈
예배	중 **Gebet**	게베트
	남 **Gottesdienst**	고테스딘스트
예비 부품	중 **Ersatzteil**	에어자츠타일
예비선거	여 **Vorwahl**	포어발
예쁜	**hübsch**	휩쉬
	schön	쇤
예상	여 **Erwartung**	에어바르퉁

예술(작품)	예 **Kunst**	쿤스트
예술가	남 **Künstler**	퀸스틀러
예약	예 **Bestellung**	베스텔룽
	예 **Reservierung**	레저비룽
예약하다	**buchen**	부헨
	reservieren	레저비런
예언자	남 **Prophet**	프로페트
예외	예 **Ausnahme**	아우스나메
예의	예 **Art**	아르트
예의 바른	**anständig**	안슈텐디히
	höflich	회플리히
예의범절	남 **Anstand**	안슈탄트
예전에	**früher**	프뤼어
	je	예
	jemals	예말스
예정하다	**planen**	플라넌
	vorhaben	포어하벤
예측	예 **Aussicht**	아우스지히트
예측하다	**absehen**	압제엔
5	**fünf**	퓐프
오늘	**heute**	호이테

오다	**kommen**	코멘
오두막	예 **Hütte**	휘터
오락	중 **Vergnügen**	페어그뉘근
오래가다	**dauern**	다우언
오래가는	**haltbar**	할트바
오랫동안	**lange**	랑에
오렌지	예 **Orange**	오랑제
오류	남 **Fehler**	펠러
오르다	**aufsteigen**	아우프쉬타이겐
오른쪽에	**rechts**	레히츠
오리	예 **Ente**	엔테
오만한	**arrogant**	아로간트
오물	남 **Schmutz**	슈무츠
오순절	중 **Pfingsten**	핑스턴
오스트리아	**Österreich**	외스터라이히
오스트리아인	남 **Österreicher**	외스터라이혀
50	**fünfzig**	퓐프치히
오싹한	**fürchterlich**	퓌르히털리히
	schaudern	샤우던
오염	예 **Verschmutzung**	페어쉬무충
5월	남 **Mai**	마이

오이	예 **Gurke**	구르케
오전	남 **Vormittag**	포어미탁
오점	남 **Fleck**	플렉
오토바이	예 **Maschine**	마쉬너
	중 **Motorrad**	모토어라트
오페라	예 **Oper**	오퍼
오해	중 **Missverständnis**	미쓰페어슈텐트니스
오해하다	**missverstehen**	미쓰페어슈테엔
오후	남 **Nachmittag**	나흐미탁
온도	예 **Temperatur**	템페라투어
온순한	**gehorsam**	게호르잠
	zahm	참
온화한	**lau**	라우
	mild	밀트
	weich	바이히
올라가다	**steigen**	아우프쉬타이겐
올라타다	**aufsteigen**	슈타이근
올리다	**erheben**	에어헤븐
	heben	헤번
	steigern	슈타이건
올바른	**korrekt**	코렉트

ㄱ
ㄴ
ㄷ
ㄹ
ㅁ
ㅂ
ㅅ
ㅇ
ㅈ
ㅊ
ㅋ
ㅌ
ㅍ
ㅎ

올케	예 **Schwägerin**	슈베거린
옮기다	**beziehen**	베치엔
	rücken	뤼큰
	umziehen	움치엔
	versetzen	페어제천
	wegbringen	베크브링엔
옷걸이	남 **Bügel**	뷔겔
옷깃	남 **Kragen**	크라근
옷을 입히다	**bekleiden**	베클라이덴
옷장	남 **Schrank**	슈랑크
와이셔츠	중 **Hemd**	헴트
완고한	**derb**	데어프
	stur	슈투어
완벽한	**perfekt**	페르펙트
	sauber	자우버
	völlig	뵐리히
완성된	**fertig**	페르티히
완성하다	**schaffen**	샤펀
	vollenden	폴엔던
완전한	**perfekt**	페르펙트
	total	토탈

	vollständig	폴슈텐디히
완전히	durchaus	두르히아우스
	ganz	간츠
완화시키다	lindern	린던
왈츠	남 Walzer	발처
왕관	여 Krone	크로네
왕국	중 Reich	라이히
왕권	남 Thron	토론
왕래	남 Verkehr	페어케어
왕복 승차권	여 Rückfahrkarte	뤼크파르카르터
왕비	여 Königin	쾨니긴
왕위	남 Thron	토론
왕자	남 Prinz	프린츠
왜	warum	바룸
	wieso	비조
왜곡된	krumm	크룸
	schief	쉬프
왜냐하면	denn	덴
	weil	바일
외견	여 Erscheinung	에어샤이눙
외견상	anscheinend	안샤이넨트

외견상의	**scheinbar**	샤인바르
외과	예 **Chirurgie**	히루르기
외교관	남 **Diplomat**	디플로마트
외교적인	**diplomatisch**	디플로마티쉬
외국	중 **Ausland**	아우스란트
외국어	예 **Fremdsprache**	프렘트슈프라헤
외국의	**ausländisch**	아우스렌디쉬
	äußer	오이세르
	fremd	프렘트
외국인	**der Ausländer**	아우스렌더
	남 예 **Fremde[r]**	프렘데 [남/여]
외로운	**einsam**	아인잠
외모	남 **Anschein**	안샤인
	중 **Aussehen**	아우스제엔
	중 **Gesicht**	게지히트
외부로	**außen**	아우센
외부의	**äußer**	오이써
	äußerlich	오이서리히
	fremd	프렘트
외부인	남 예 **Fremde[r]**	프렘데 [남/여]
외출	남 **Ausgang**	아우스강

외출하다	**ausgehen**	아우스게엔
외치다	**schreien**	슈라이언
외침	圖 **Ruf**	루프
	圖 **Schrei**	슈라이
왼쪽에	**links**	링크스
왼쪽의	**link**	링크
요구	여 **Aufforderung**	아우프포르데룽
	중 **Bedürfnis**	베뒤르프니스
	여 **Forderung**	포르더룽
요구하다	여 **Auffassung**	아우프파쑹
	beanspruchen	베안슈프루헨
	fordern	포르던
	verlangen	페어랑언
요금	여 **Gebühr**	게뷔르
	圖 **Tarif**	타리프
요람	여 **Wiege**	비게
요리	여 **Speise**	슈파이제
요리사	圖 **Koch**	코흐
요리하다	**kochen**	코헨
요소	중 **Element**	엘레멘트
요약	圖 **Auszug**	아우스추크

ㄱ
ㄴ
ㄷ
ㄹ
ㅁ
ㅂ
ㅅ
ㅇ
ㅈ
ㅊ
ㅋ
ㅌ
ㅍ
ㅎ

요약하다	**zusammenfassen**	추자멘파쎈
요양	예 **Kur**	쿠어
요인	남 **Faktor**	팍토어
	중 **Motiv**	모티프
요전	**kürzlich**	퀴르츨리히
	neulich	노이리히
요전의	**vorig**	포리히
요즈음	**heutzutage**	호이트츠타거
요청	예 **Forderung**	포르더룽
요청하다	**ansprechen**	안슈프레헨
요트	예 **Yacht**	야흐트
욕구	중 **Bedürfnis**	베뒤르프니스
	예 **Lust**	루스트
욕망	남 **Trieb**	트리프
욕실	중 **Badezimmer**	바데치머
욕조	예 **Badewanne**	바데바네
욕지기	남 **Ekel**	에켈
욕하다	**schimpfen**	쉼펀
용(龍)	남 **Drache**	드라헤
용감한	**kühn**	퀸
	mutig	무티히

		tapfer	탑퍼
용건	여 **Angelegenheit**		안겔레겐하이트
	중 **Ding**		딩
	남 **Gang**		강
용기(勇氣)	남 **Mut**		무트
용기(容器)	중 **Gefäß**		게페스
용기를 주다	schenken		셴클
용량	남 **Umfang**		움팡
	중 **Volumen**		볼루멘
용모	여 **Figur**		피구어
	여 **Gestalt**		게슈탈트
용법	여 **Gebrauchsanweisung**		게브라우흐스안바이중
용사	남 **Held**		헬트
용서	die Verzeihung		페어차이웅
용서하다	verzeihen		페어차이언
우두머리	중 **Haupt**		하웁트
우리	unser		운저
	wir		비어
우물	남 **Brunnen**		브루넨
우박	남 **Hagel**		하글
우산	남 **Regenschirm**		레근쉬름

	🔲 **Schirm**	쉬름
우선	**erstens**	에어스텐스
	zunächst	추네히스트
우선권	🔲 **Vortritt**	포어트리트
	🔲 **Vorrang**	포어랑
우선 통행권	🔲 **Vorfahrt**	포어파르트
우세하다	**überwiegen**	위버비근
우수한	**tüchtig**	튀히티히
우승	🔲 **Sieg**	지크
우승자	🔲 **Sieger**	지거
우아한	**anmutig**	안무티히
	elegant	엘레간트
	zierlich	치어리히
우아함	🔲 **Anmut**	안무트
우연	🔲 **Zufall**	추팔
우연한	**zufällig**	추펠리히
우울(증)	🔲 **Melancholie**	멜랑콜리
우울한	**düster**	뒤스터
	melancholisch	멜랑콜리쉬
우위	🔲 **Vorrang**	포어랑
	🔲 **Vorzug**	포어추크

우유	die Milch	밀히
우정	예 Freundschaft	프로인트샤프트
우주	남 Kosmos	코스모스
	남 Weltraum	벨트라움
우쭐한	eitel	아이텔
우체국	예 Post	포스트
	중 Postamt	포스탐트
우편물	예 Post	포스트
우편번호	die Postleitzahl	포스트라이트찰
우편요금	중 Porto	포르토
우편집배원	남 Briefträger	브리프트레거
우편함	남 Briefkasten	브리프카스텐
우표	예 Briefmarke	브리프마르케
우호적인	freundlich	프로인틀리히
우화	중 Fabel	파벨
우회로	남 Umweg	움베크
운(韻)	남 Reim	라임
운동	예 Bewegung	베베궁
운동선수	남 Sportler	슈포르틀러
운동장	남 Sportplatz	슈포르트플라츠
운동 종목	예 Sportart	슈포르트아르트

운명	⑬ Schicksal	쉬크잘
운반	⑭ Transport	트란스포르트
운반하다	tragen	트라근
	transportieren	트란스포르티런
운세	⑭ Stern	슈테른
운송하다	befördern	베푀르던
운영하다	führen	퓌른
	verwalten	페어발튼
운임	⑭ Tarif	타리프
운전	⑬ Fahren	파렌
	⑬ Lenken	렝켄
운전대	das Steuer	슈토이어
운전 면허증	⑭ Führerschein	퓌러샤인
운전자	⑭ Fahrer	파러
운전하다	lenken	렝큰
	steuern	슈토이언
운행하다	verkehren	페어케런
울다	klingen	클링언
	weinen	바이넨
울려퍼지다	tönen	퇴넨
울리다	klingen	클링언

울부짖다	**heulen**	호일런
	schreien	슈라이언
울창한	**üppig**	위피히
울타리	🗒 **Zaun**	자운
움직이다	**bewegen**	베베겐
	rücken	뤼큰
	verschieben	페어쉬븐 밀어
움찔하다	**zucken**	추켄
움츠리다	**bücken**	뷕켄
웃기는	**komisch**	코미쉬
웃다	**lachen**	라헨
웃어넘기다	**lachen**	라헨
원고(原稿)	🗒 **Manuskript**	마누스크립트
원기 회복	🗒 **Erfrischung**	에어프리슝
원기둥	🗒 **Zylinder**	칠린더
원래의	**ursprünglich**	우어슈프륑글리히
원료	🗒 **Material**	마테리알
원리	🗒 **Grundsatz**	그룬트자츠
	🗒 **Prinzip**	프린칩
원본의	**original**	오리기날
원숭이	🗒 **Affe**	아페

원시적인	primitiv	프리미티프
원예사	🔲 Gärtner	게르트너
원인	🔲 Ursache	우어자헤
원자	🔲 Atom	아톰
원자력	🔲 Kernenergie	케른에네르기
원작	🔲 Original	오리기날
원조(援助)	🔲 Hilfe	힐페
	🔲 Förderung	푀르더룽
	🔲 Unterstützung	운터슈튀충
원조하다	fördern	푀르던
	stützen	슈튀천
	unterstützen	운터슈튀첸
원천	🔲 Quelle	크벨레
원추형	🔲 Kegel	케겔
원칙	🔲 Grundsatz	그룬트자츠
	🔲 Prinzip	프린칩
원칙적인	grundsätzlich	그룬트제츨리히
원피스	🔲 Kleid	클라이트
원형	🔲 Original	오리기날
원형의	rund	룬트
월(月)	🔲 Kalendermonat	카렌더모나트

	🔲 **Monat**	모나트
월계관	🔲 **Kranz**	크란츠
월급	**das Gehalt**	게할트
월급날	🔲 **Zahltag**	찰탁
월요일	🔲 **Montag**	몬탁
웨이터	🔲 **Ober**	오버
웰던(스테이크)	**vollgar**	볼가르
위(胃)	🔲 **Magen**	마근
	🔲 **Bauch**	바우흐
위기	🔲 **Krise**	크리제
위로	**aufwärts**	아우프베르츠
	🔲 **Trost**	트로스트
위로하다	**trösten**	트뢰스텐
위반	**die Verletzung**	페어레충
	🔲 **Verstoß**	페어슈토스
위성	🔲 **Satellit**	자텔리트
위에	**oben**	오븐
위원회	🔲 **Ausschuss**	아우스슈스
	🔲 **Kommission**	코미씨온
위의	**ober**	오버
위쪽으로	**herauf**	헤라우프

위치	🖫 **Standpunkt**	슈탄트풍크트
	🖾 **Stellung**	슈텔룽
위탁하다	**aufgeben**	아우프게벤
위험	🖾 **Gefahr**	게파르
	🖻 **Risiko**	리지코
위험한	**gefährlich**	게페어리히
위협	🖾 **Gefahr**	게파르
위협하다	**drohen**	드로엔
윗도리	🖾 **Jacke**	야케
윗사람	🖫🖾 **Vorgesetzte**	포어게제츠테
유감스러운	**bedauerlich**	베다우어리히
	schade	샤더
유감스러워하다	**bereuen**	베로이엔
유괴	🖾 **Entführung**	엔트퓌룽
유능한	**gewandt**	게반트
	tüchtig	튀히티히
유대교	🖻 **Judentum**	유든툼
유동적인	**fließend**	플리쎈트
유래	🖫 **Ursprung**	우어슈프룽
유래하다	**herkommen**	헤어코멘
유럽	**Europa**	오이로파

유럽의	**europäisch**	오이로페이쉬
유럽인	🔲 **Europäer**	오이로페어
유령	🔲 **Gespenst**	게슈펜스트
유리컵	🔲 **Glas**	글라스
유리한	**günstig**	귄스티히
	vorteilhaft	포어타일하프트
유망한	**interessant**	인터레싼트
유머	🔲 **Humor**	후모어
유명인	🔲🔲 **Prominente**	프로미넨테 [남/여]
유명한	**berühmt**	베륌트
유방	🔲 **Brust**	브루스트
유사한	**ähnlich**	엔리히
	gleichen	글라이헨
유스호스텔	🔲 **Jugendherberge**	유겐트헤르베르거
유언(장)	🔲 **Testament**	테스타멘트
유월	🔲 **Juni**	유니
유익한	**nützlich**	뉘츨리히
유일한	**einsam**	아인잠
	einzig	아인치히
유지하다	**halten**	할튼
유창한	**fließend**	플리쎈트

	flüssig	플뤼씨히
유치원	🔲 **Kindergarten**	킨더가르튼
유치한	**albern**	알번
	kindisch	킨디쉬
유쾌한	**angenehm**	안게넴
	vergnügt	페어그뉙트
유포하다	**streuen**	슈트로이언
유해한	**schädlich**	셰틀리히
유행	🔲 **Mode**	모더
유행가	🔲 **Schlager**	쉴라거
유행하는	**schick**	쉬크
유형	🔲 **Typ**	튀프
유혹	🔲 **Verführung**	페어퓌룽
유혹하다	**verführen**	페어퓌런
유황	🔲 **Schwefel**	슈베펠
유효한	**gültig**	귈티히
6	**sechs**	젝스
육감	🔲 **Instinkt**	인스팅크트
육교	🔲 **Überführung**	위버퓌룽
육군	🔲 **Armee**	아르메
	🔲 **Heer**	헤어

육성	여 **Förderung**	푀르더룽
60	**sechzig**	제히치히
육지	중 **Festland**	페스틀란트
육체	중 **Fleisch**	플라이쉬
	남 **Körper**	쾨르퍼
	남 **Leib**	라이프
육체의	**körperlich**	쾨르퍼리히
윤리	여 **Moral**	모랄
율동	남 **Rhythmus**	리트무스
융성기	남 **Frühling**	프륄링
융통성 있는	**elastisch**	엘라스티쉬
은	중 **Silber**	질버
은밀한	**geheim**	게하임
	heimlich	하임리히
은색	**silbern**	질버른
은퇴	남 **Rücktritt**	뤽트리트
은하계	여 **Galaxie**	갈락시
은행	여 **Bank**	방크
은행나무	남 **Ginkgo**	징코
은혜	여 **Gnade**	그나더
음량	중 **Volumen**	볼루멘

음료	중 **Getränk**	게트렝크
음반	여 **Schallplatte**	샬플라터
음성	남 **Laut**	라우트
	남 **Ton**	톤
음식	남 **Genuss**	게누쓰
	중 **Lebensmittel**	레븐스미틀
	여 **Nahrung**	나룽
	중 **Nahrungsmittel**	나룽스미털
	여 **Speise**	슈파이제
음식 값	여 **Zeche**	체혀
음식점	중 **Lokal**	로칼
	중 **Restaurant**	레스토랑
음악	여 **Musik**	무직
음악가	남 **Musiker**	무지커
음절	여 **Silbe**	질버
음표	여 **Note**	노터
음향	남 **Schall**	샬
	남 **Ton**	톤
음험한	**tückisch**	튀키쉬
응답하다	**erwidern**	에어비던
응시하다	**starren**	슈타런

의견	阅 **Ansicht**	안지히트
	阅 **Bemerkung**	베메르쿵
	阅 **Meinung**	마이눙
의기양양한	**stolz**	슈톨츠
의도	阅 **Absicht**	압지히트
	曽 **Vorsatz**	
	曽 **Zweck**	츠베크
의도하다	**beabsichtigen**	베압지히티겐
의뢰	曽 **Auftrag**	아우프트락
의료 보험증	阅 **Versichertenkarte**	페어지혀텐카르테
의리	阅 **Pflicht**	플리히트
의무	阅 **Pflicht**	플리히트
의미	阅 **Bedeutung**	베도이퉁
	曽 **Inhalt**	인할트
	曽 **Zweck**	츠베크
의미심장한	**beredt**	베레트
의미 있는	**wert**	베어트
의미하다	**bedeuten**	베도이텐
의복	阅 **Kleidung**	클라이둥
의사	曽 **Arzt**	아르츠트
	阅 **Doktor**	독토어

의식	㭗 **Bewusstsein**	베부스트자인
의식하는	**bewusst**	베부스트
의심	㭗 **Misstrauen**	미스트라우언
	㭘 **Verdacht**	페어다흐트
	㭘 **Zweifel**	츠바이펠
의심스러운	**verdächtig**	페어데히티히
의심하다	**verdächtigen**	페어데히티겐
	zweifeln	츠바이펠른
의외	㡵 **Überraschung**	위버라슝
의욕	㭘 **Eifer**	아이퍼
	㡵 **Lust**	루스트
	㭘 **Wille**	빌레
의자	㭘 **Stuhl**	슈툴
의존하는	**abhängig**	압헹기히
의존하다	**abhängen**	압헹언
의지	㭘 **Wille**	빌레
의학	㡵 **Medizin**	메디친
의혹	㭗 **Misstrauen**	미스트라우언
	㭘 **Verdacht**	페어다흐트
	㭘 **Zweifel**	츠바이펠
의회	㭗 **Parlament**	팔라멘트

2	**zwei**	츠바이
이	**das**	다스
	der	데어
이것	**dieser**	디저
이기다	**gewinnen**	게비넨
	siegen	지근
	überholen	위버홀렌
이기적인	**egoistisch**	에고이스티쉬
이기주의	**Egoismus**	에고이스무스
~이내에	**binnen**	비넨
	innerhalb	이너할프
이동시키다	**bewegen**	베베겐
	versetzen	페어제천
이런	**solch**	졸히
이력서	**Lebenslauf**	레븐슬라우프
이례적인	**ungewöhnlich**	운게뵌리히
이론	**Theorie**	테오리
이론적인	**theoretisch**	테오레티쉬
이루다	**bilden**	빌덴
이륙	**Abflug**	압플룩
이륙하다	**abfliegen**	압플리근

이른	**früh**	프뤼
이름	🟦 **Name**	나머
이름 짓다	**nennen**	네넨
	heißen	하이쓴
이마	🟩 **Stirn**	슈티른
이메일	🟩 **E-mail**	이멜
이모	🟩 **Tante**	탄테
이미	**bereits**	베라이츠
	schon	숀
이바지	🟦 **Beitrag**	바이트라크
이발사	🟩 **Friseur**	프리제어
이번엔	**diesmal**	디즈말
이별	🟦 **Abschied**	압쉬트
이별을 고하다	**verabschieden**	페어압쉬던
이불	🟫 **Bett**	베트
	🟩 **Decke**	덱케
이사	🟦 **Umzug**	움축
이사하다	**umziehen**	움치엔
이상(以上)	**über**	위버
이상(理想)	🟩 **Utopie**	우토피
이상적인	**ideal**	이데알

이상한	**außerordentlich**	아우서오르덴트리히
	komisch	코미쉬
	merkwürdig	메르크뷔르디히
	seltsam	젤트잠
	sonderbar	존더발
이성	**Vernunft**	페어눈프트
이성적인	**vernünftig**	페어뷘프티히
이슬	圖 **Tau**	타우
이슬람교	圖 **Islam**	이슬람
20	**zwanzig**	츠반치히
이야기	예 **Erzählung**	에어첼룽
이야기하다	**erzählen**	에어첼렌
이용하다	**anwenden**	안벤든
	benutzen	베누첸
	nutzen	누첸
	wahrnehmen	바르네멘
이웃 사람	圖 **Nachbar**	나흐바르
2월	圖 **Februar**	페브루아르
이유	예 **Ursache**	우어자헤
이의	圖 **Protest**	프로테스트
이익	圖 **Gewinn**	게빈

	閏 **Nutzen**	누첸
	閏 **Verdienst**	페어딘스트
이익이 되다	**lohnen**	로넨
이자	閏 **Zins**	친스
이전	**einst**	아인스트
이주하다	**siedeln**	지덜른
이중의	**doppel**	도펠
이중적인	**doppelt**	도펠트
이쪽으로	**daher**	다헤어
	herüber	헤뤼버
이탈리아	**Italien**	이탈리엔
이탈리아인	閏 **Italiener**	이탈리에너
이하로	**abwärts**	압베르츠
이해	閏 **Einsicht**	아인지히트
	閏 **Erkenntnis**	에어켄트니스
이해(력)	閏 **Verständnis**	페어슈텐트니스
이해력	閏 **Auffassung**	아우프
	閏 **Verstand**	페어슈탄트
이해하다	**auffassen**	아우프파센
	begreifen	베그라이펜
	einsehen	아인제엔

	erklären	에어클레른
	fassen	파쓴
	realisieren	레알리지런
	verstehen	페어슈테엔
	wissen	비쎈
이해할 수 있는	begreiflich	베그라이프리히
	verständlich	페어슈텐틀리히
이혼	die Scheidung	샤이둥
익명의	anonym	아노뉨
익사하다	ertrinken	에어트링켄
익살스러운	lächerlich	레혀리히
익숙하게 하다	gewöhnen	게뵈넨
익숙해지다	hineinkommen	히나인코멘
익은	reif	라이프
인간	중 Geschöpf	게쇠프
	남 Mensch	멘쉬
	여 Menschheit	멘쉬하이트
인간적인	menschlich	멘쉬리히
인격	남 Charakter	카락터
인공적인	künstlich	퀸스틀리히
인구	여 Bevölkerung	베푈케룽

인기 있는	**beliebt**	벨리프트
인기 상품	回 **Hit**	히트
인기인	回 **Liebling**	리프링
	回 **Star**	슈타
인기 있는	**populär**	포풀레어
인내	回 **Geduld**	게둘트
인도(印度)	**Indien**	인디엔
인도(人道)	回 **Fußweg**	푸쓰벡
인도(引渡)	回 **Abgabe**	압가베
인류	回 **Mensch**	멘쉬
	回 **Menschheit**	멘쉬하이트
인사	回 **Begrüßung**	베그뤼숭
	回 **Gruß**	그루쓰
인사말	回 **Ansprache**	안슈프라헤
인사하다	**grüßen**	그뤼쎈
	begrüßen	베그뤼센
인상	回 **Eindruck**	아인드룩
인색한	**geizig**	가이치히
인생	回 **Leben**	레벤
인생관	回 **Philosophie**	필로조피
인솔하다	**leiten**	라이튼

인쇄물	예 **Drucksache**	드룩자허
인쇄하다	**drucken**	드루큰
인수하다	**übernehmen**	위버네먼
인식	예 **Einsicht**	아인지히트
인식하다	**erkennen**	에어케는
인용하다	**zitieren**	치티런
인원	예 **Person**	페르존
인재	중 **Material**	마테리알
인접하여	**nebenan**	네브난
인정받다	**bewähren**	베베렌
인정하다	**anerkennen**	안에어케넌
	bemerken	베메르켄
	gönnen	괴넨
	zugeben	추게븐
인정하다(잘못을)	**bekennen**	베케넌
	einsehen	아인제엔
인종	예 **Rasse**	라쎄
인출하다(돈을)	**abheben**	압헤븐
인형	예 **Puppe**	푸페
1	**eins**	아인스
일	예 **Tätigkeit**	테티히카이트

일기(장)	쥥 **Tagebuch**	타게부흐
일기예보	냠 **Wetterbericht**	베터베리히트
1년	쥥 **Jahr**	야르
일람표	냠 **Katalog**	카탈로그
	예 **Liste**	리스터
	예 **Tabelle**	타벨러
일러스트	예 **Abbildung**	압빌둥
일면	예 **Seite**	자이터
일몰	냠 **Sonnenuntergang**	조넨운터강
	냠 **Untergang**	운터강
일반적으로	**überhaupt**	위버하웁트
일반적인	**allgemein**	알게마인
	gemein	게마인
	üblich	위블리히
일방적인	**einseitig**	아인자이티히
일방통행로	예 **Einbahnstraße**	아인반쉬트라쎄
일본	**Japan**	야판
일본인	냠 **Japaner**	야파너
일부	냠 **Teil**	타일
일부러	**absichtlich**	압스지히틀리히
	extra	엑스트라

일부분	etwas	에트바스
일시	남 Zeitpunkt	차이트풍크트
일시적인	augenblicklich	아우겐블리클리히
	momentan	모멘탄
일어나다	aufkommen	아우프코멘
	aufstehen	아우프슈테엔
	ereignen	에어아이그넨
	erfolgen	에어폴겐
	geschehen	게쉐엔
	passieren	파씨런
	vorkommen	포어코멘
일요일	남 Sonntag	존탁
1월	남 Januar	야누아르
일으키다	aufheben	아우프히븐
	verursachen	페어우어자헨
일인분	여 Portion	포르치온
일정한	bestimmt	베스팀트
일지	중 Tagebuch	타게부흐
일직선으로	geradeaus	게라데아우스
일직선의	gerade	게라더
일체화	여 Vereinigung	페어아이니궁

일출	囲 **Sonnenaufgang**	조넨아우프강
1층	閏 **Erdgeschoss**	에어트게쇼스
일치	囲 **Einheit**	아인하이트
일치된	**einig**	아이니히
일치하다	**entsprechen**	엔트슈프레헨
일하다	**arbeiten**	아르바이텐
	betreiben	베트라이벤
	verdienen	페어디넌
	wirken	비어켄
일화	囲 **Anekdote**	아넥도테
읽다	**lesen**	레즌
임금(賃金)	囲 **Lohn**	론
	囲 **Bezahlung**	베찰룽
임대하다	**verleihen**	페어라이언
	vermieten	페어미텐
임명하다	**einsetzen**	아인제첸
임무	囲 **Mission**	미씨온
임박	囲 **Nähe**	네에
임시적인	**vorläufig**	포어로이피히
임신한	**schwanger**	슈방거
임차하다	**mieten**	미튼

입	囝 **Maul**	마울
	圀 **Mund**	문트
입구	囡 **Einfahrt**	아인파르트
	圀 **Eingang**	아인강
	囡 **Pforte**	포르터
입김	圀 **Hauch**	하우허
입다	anziehen	안치엔
입력하다(PC)	tippen	티펀
입맞춤	圀 **Kuss**	쿠스
입방체	圀 **Würfel**	뷔르펠
입수하다	besorgen	베조르겐
입술	囡 **Lippe**	리페
입장(入場)	圀 **Eintritt**	아인트리트
	圀 **Zutritt**	추트리트
입장(立場)	囡 **Lage**	라게
	囡 **Situation**	지투아치온
	圀 **Standpunkt**	슈탄트풍크트
입장권	囡 **Eintrittskarte**	아인트리츠카르테
입장하다	einziehen	아인치엔
입증하다	nachweisen	나흐바이젠
입항	囡 **Einfahrt**	아인파르트

입히다	**anziehen**	안치엔
잇다	**binden**	빈덴
잇따라	**nacheinander**	나흐아이난더
있다	**bestehen**	베스테엔
	existieren	엑시스티런
	sein	자인
있을 법한	**wahrscheinlich**	바르샤인리히
	denkbar	뎅크바르
잉크	예 **Tinte**	틴테
잊다	**vergessen**	페어게쎈
잎	중 **Blatt**	블라트
	중 **Laub**	라우프

자	중 **Lineal**	리네알
자각	중 **Bewusstsein**	베부스트자인
자각하다	**aufwachen**	아우프바헨
	erwachen	에어바흔
	fügen	퓌근
자격	여 **Eigenschaft**	아이겐샤프트
자극	남 **Reiz**	라이츠
자극적인	**scharf**	샤르프
자기소개하다	**vorstellen**	포어슈텔른
자기에게	**sich**	지히
자기 자신의	**eigen**	아이겐
자다	**ruhen**	루언
	schlafen	쉴라펀
자동식의	**automatisch**	아우토마티쉬
자동차	중 **Auto**	아우토
	남 **Kraftwagen**	크라프트바근
	남 **Wagen**	바근
자동판매기	남 **Automat**	아우토마트

자두	예 **Pflaume**	플라우메
자라다	**erwachsen**	에어박슨
자랑	예 **Prahlerei**	프랄레라이
자랑스런	**stolz**	슈톨츠
자루	남 **Beutel**	보이텔
	남 **Sack**	자크
자르다	**schneiden**	슈나이던
자리	예 **Stelle**	슈텔러
자립	예 **Freiheit**	프라이하이트
자매	예 **Schwester**	슈베스터
자명한	**selbstverständlich**	젤프스트페어슈텐트리히
자물쇠	중 **Schloss**	로스
자발적인	**freiwillig**	프라이빌리히
자백하다	**gestehen**	게슈테엔
	zugeben	추게븐
자본	중 **Kapital**	카피탈
자본주의	남 **Kapitalismus**	카피탈리스무스
자부심	남 **Stolz**	슈톨츠
자부하다	**einbilden**	아인빌든
자석	남 **Magnet**	마그넷
자세	예 **Haltung**	할퉁

	⑩ **Stellung**	슈텔룽
자세한	**ausführlich**	아우스퓨어리히
	genau	게나우
자수(刺繡)하다	**sticken**	슈티큰
자연(현상)	⑩ **Natur**	나투어
자유	⑩ **Freiheit**	프라이하이트
자유로운	**frei**	프라이
	liberal	리베랄
자의적인	**willkürlich**	빌퀴어리히
자전거	⑬ **Fahrrad**	파르라트
자정	⑩ **Mitternacht**	미터나하트
자존심	⑩ **Ehre**	에레
	⑬ **Stolz**	슈톨츠
자주	**oft**	오프트
자주적인	**selbstständig**	젤프스트슈텐디히
	unabhängig	운아프헹기히
자진하여	**voraus**	포라우스
자칭의	**angeblich**	안게플리히
작가	⑬ **Autor**	아우토어
	⑬ **Dichter**	디히터
	⑬ **Schriftsteller**	슈리프트슈텔러

ㄱ
ㄴ
ㄷ
ㄹ
ㅁ
ㅂ
ㅅ
ㅇ
ㅈ
ㅊ
ㅋ
ㅌ
ㅍ
ㅎ

작곡가	🔵 Komponist	콤포니스트
작동	🔵 Antrieb	안트리프
	🟠 Bewegung	베베궁
	🔵 Lauf	라우프
작동하다	funktionieren	풍크치오니른
작문	🔵 Aufsatz	아우프자츠
작업	🟠 Arbeit	아르바이트
	🟢 Werk	베르크
	🟢 Handwerk	한트베르크
작업장	🟠 Werkstatt	베르크슈타트
작용	🟠 Wirkung	비르쿵
작용하다	wehen	베엔
	wirken	비어켄
작위적인	künstlich	퀸스틀리히
작은	klein	클라인
작전	🟠 Operation	오페라치온
작품	🟢 Erzeugnis	에어초이크니스
잔돈	🟠 Asche	아쉐
잔디(밭)	🔵 Rasen	라즌
	🟢 Gras	그라스
잔인한	grässlich	그레스리히

	grausam	그라우잠
잔치	중 **Fest**	페스트
잔해	여 **Ruine**	루이너
	복 **Trümmer**	트뤼머
잔혹한	**brutal**	브루탈
잘 가!	남 **Servus**	제르부스
잘되다	**klappen**	클라픈
	gelingen	걸링언
잘 있어!	남 **Servus**	제르부스
잘못	**der Fehler**	펠러
	남 **Irrtum**	이르툼
	여 **Sünde**	쥔더
잘못된	**falsch**	팔쉬
	schief	쉬프
	verkehrt	페어케어트
잘못하다	**irren**	이런
잘생긴	**gutaussehend**	구트아우스제엔트
잠	남 **Schlaf**	쉴라프
잠가 버리다	**ausschließen**	아우스슐리센
잠그다	**abschließen**	압쉬리센
	abdrehen	압드레헨

잠깐	📙 **Augenblick**	아우겐블리크
잠들다	**einschlafen**	아인쉴라픈
	schlummern	쉴루먼
잠수하다	**tauchen**	타우헨
잠수함	📘 **U-Boot**	우부트
잠시	📕 **Weile**	바일러
잠시 후	**bald**	발트
잠옷	📗 **Nachthemd**	나흐트헴트
잠자리(곤충)	📕 **Libelle**	리벨레
잡담	**die Unterhaltung**	운터할퉁
잡담하다	**plaudern**	플라우던
잡동사니	📗 **Zeug**	초이크
잡아 뜯다	**zerreißen**	체어라이쎈
잡아 두다	**zurückhalten**	추뤼크할튼
잡음	📙 **Lärm**	레름
잡초	📗 **Unkraut**	운크라우트
장(章)	📗 **Kapitel**	카피틀
장갑	📙 **Handschuh**	한트슈
장거리전화	📗 **Ferngespräch**	페른게쉬프레히
장관	📙 **Minister**	미니스터
장교	📙 **Offizier**	오피치어

장군	남 **General**	게네랄
장기 휴가	남 **Urlaub**	우얼라우프
장기(臟器)	중 **Organ**	오르간
장난	남 **Spaß**	슈파쓰
	중 **Spiel**	슈필
	남 **Streich**	슈트라이히
장난감	중 **Spielzeug**	슈필초이크
장난꾸러기	남 **Schelm**	셸름
장난치다	**necken**	네큰
장래	**einst**	아인스트
	여 **Folge**	폴거
	morgen	모르근
	여 **Zukunft**	추쿤프트
장래에	**einmal**	아인말
장례식	중 **Begräbnis**	베그렙니스
장면	여 **Szene**	스체너
장모	여 **Schwiegermutter**	슈비거무터
장미	여 **Rose**	로제
장사	중 **Gewerbe**	게베르베
	남 **Handel**	한덜
장사꾼	남 **Händler**	헨들러

장서	여 **Bibliothek**	비블리오테크
장소	남 **Platz**	플라츠
	남 **Raum**	라움
	여 **Stelle**	슈텔러
장식	여 **Dekoration**	데코라치온
	남 **Schmuck**	쉬묵
장식하다	**schmücken**	슈뮈큰
장신의	**lang**	랑
장악하다	**ergreifen**	에어그라이픈
장애	중 **Hindernis**	힌더니스
	여 **Wand**	반트
장인(丈人)	남 **Schwiegervater**	슈비거파터
장인(匠人)	**der Geselle**	게젤레
	남 **Handwerker**	한트베르커
장작	중 **Holz**	홀츠
장점	여 **Tugend**	투겐트
	남 **Vorteil**	포어타일
장치	남 **Apparat**	아파라트
	여 **Vorrichtung**	포어리히퉁
장편소설	남 **Roman**	로만
장학금	중 **Stipendium**	슈티펜디움

장화	남 **Steifel**	슈타이펄
재(灰)	여 **Asche**	아쉐
재건	남 **Umbau**	움바우
재건하다	**umbauen**	움바우엔
재고	남 **Vorrat**	포어라트
재고하다	**zurückkommen**	추뤼크코멘
재난	중 **Pech**	페히
	중 **Unglück**	운글뤼크
재능	여 **Fähigkeit**	페이히카이트
	중 **Talent**	탈렌트
재능 있는	**begabt**	베가프트
	fähig	페이히
재다	**messen**	메센
재단	여 **Stiftung**	슈티프퉁
재단사	남 **Schneider**	슈나이더
재료	중 **Material**	마테리알
재미있는	**fröhlich**	프뢰리히
	interessant	인터레싼트
	lustig	루스티히
재배	여 **Zucht**	추흐트
	여 **Erziehung**	에어치훙

재배하다	**pflanzen**	플란천
재산	남 **Besitz**	베지츠
	중 **Eigentum**	아이겐툼
	중 **Geld**	겔트
	중 **Gut**	구트
재상	남 **Kanzler**	칸츨러
재정적인	**finanziell**	피난치엘
재즈	남 **Jazz**	제즈
재채기	중 **Niesen**	니즌
재채기하다	**niesen**	니즌
재촉하다	여 **Auffassung**	아우프파쑹
	mahnen	마넌
재치	남 **Witz**	비츠
재판	남 **Prozess**	프로체스
재해	남 **Unfall**	운팔
재회	중 **Wiedersehen**	비더제엔
잼	여 **Konfitüre**	콘피튀러
	여 **Marmelade**	마르메라더
쟁반	여 **Schale**	샬러
	중 **Tablett**	타블렛
저	**das**	다스

	der	데어
저것	jener	예너
저기	dort	도르트
저녁	날 **Abend**	아븐트
저녁 식사	중 **Abendessen**	아븐트에센
저당	중 **Pfand**	판트
저런	solch	졸히
저렴한	billig	빌리히
	preiwert	프라이베르트
저명한	bekannt	베칸트
저속한	schmutzig	슈무치히
저울	여 **Waage**	바게
저자	날 **Autor**	아우토어
	날 **Schriftsteller**	슈리프트슈텔러
저장	중 **Speichern**	스파이허른
저주	날 **Fluch**	플루흐
저지하다	aufhalten	아우프할텐
	hindern	힌던
	stoppen	슈토펜
	verhindern	페어힌던
저쪽으로	dahin	다힌

	hinüber	히뉘버
저축하다	**sparen**	슈파런
저택	중 **Herrenhaus**	헤렌하우스
저하시키다	**verschlechtern**	페어쉴레히턴
저항	남 **Widerstand**	비더슈탄트
저항하다	**widerstehen**	비더슈테엔
적	남 **Feind**	파인트
	남 **Gegner**	게그너
적당한	**recht**	레히트
적대 관계	남 **Gegensatz**	게근자츠
적도	남 **Äquator**	에크바토어
적어도	**mindestens**	민데스텐스
	wenigstens	베니히스텐스
적어 두다	**aufschreiben**	아우프쉬라이벤
적열(赤熱)	여 **Glut**	글루트
적용	여 **Anwendung**	안벤둥
적은(少)	**wenig**	베니히
	klein	클라인
적의 있는	**feindlich**	파인트리히
적재	여 **Einladung**	아인라둥
적재하다	**laden**	라든

적절한	**geeignet**	게아이그넷
	mäßig	메씨히
적중하다	**eintreffen**	아인트레펜
적합한	**entsprechend**	엔트슈프레헨트
전기(電氣)	🗒 **Strom**	쉬트롬
	🗒 **Elektrizität**	엘렉트리치테트
전기(문)	🗒 **Biografie**	비오그라피
전기밥통	🗒 **Reiskocher**	라이스코허
전기의	**elektrisch**	엘렉트리쉬
전나무	🗒 **Tanne**	타너
전달되다	**zukommen**	추코멘
전등	🗒 **Lampe**	람페
	🗒 **Licht**	리히트
전람회	🗒 **Schau**	샤우
전략	🗒 **Politik**	뽈리티크
전망	🗒 **Aussicht**	아우스지히트
	🗒 **Überblick**	위버블릭
전면적인	**total**	토탈
전문가	🗒 **Fachmann**	파흐만
전문대학	🗒 **Akademie**	아카데미
전문병원	🗒 **Klinik**	클리닉

ㄱ
ㄴ
ㄷ
ㄹ
ㅁ
ㅂ
ㅅ
ㅇ
ㅈ
ㅊ
ㅋ
ㅌ
ㅍ
ㅎ

전문적인	**speziell**	슈페치엘
전문 지식	여 **Kenntnis**	켄트니스
전부	**all**	알
전부의	**gesamt**	게잠트
	sämtlich	젬틀리히
전선	남 **Draht**	드라트
전설	여 **Sage**	자게
전성기	여 **Blüte**	블뤼테
전시	여 **Schau**	샤우
전시장	여 **Halle**	할러
전시하다	**ausstellen**	아우스슈텔렌
전염병	여 **Seuche**	조이허
전염시키다	**verbreiten**	페어브라이튼
전율하다	**zittern**	치턴
전임자	남 **Vorgänger**	포어겡어
전자레인지	여 **Mikrowelle**	미크로벨레
전쟁	남 **Krieg**	크리크
전제로 하다	**voraussetzen**	포라우스제첸
전제 조건	여 **Voraussetzung**	포라우스제충
전진	여 **Vorwärtsbewegung**	포어베르츠베베궁
전진하여	**vorwärts**	포어베르츠

전체의	**ganz**	간츠
전출 신고하다	**abmelden**	압멜든
전통	여 **Tradition**	트라디치온
전통적인	**traditionell**	트라디치오넬
전투	여 **Schlacht**	쉴라흐트
전형적인	**typisch**	튀피쉬
전화	중 **Telefon**	텔레폰
전화 걸다	**anrufen**	안루펜
	telefonieren	텔레포니런
전화기	남 **Fernsprecher**	페른쉬프레허
전화번호	여 **Telefonnummer**	텔레폰누머
전화번호부	중 **Telefonbuch**	텔레폰부흐
전화 카드	여 **Telefonkarte**	텔레폰카르테
전환하다 (스위치를)	**umschalten**	움샬튼
절단	남 **Bruch**	브루흐
	남 **Schnitt**	슈니트
절단하다	**abschneiden**	압쉬나이든
절대적인	**absolut**	압졸루트
	souverän	주버렌
	unbedingt	운베딩크트

ㄱ ㄴ ㄷ ㄹ ㅁ ㅂ ㅅ ㅇ ㅈ ㅊ ㅋ ㅌ ㅍ ㅎ

절망	예 **Verzweiflung**	페어츠바이플룽
절망적인	**verzweifelt**	페어츠바이플트
절망하다	**verzweifeln**	페어츠바이펠른
절박한	**dringend**	드링언트
절반	예 **Hälfte**	헬프테
절반의	**halb**	할프
절벽	예 **Felswand**	펠스반트
	중 **Kliff**	클리프
절약	예 **Ökonomie**	외코노미
절정	남 **Höhepunkt**	회에풍크트
절충	예 **Verhandlung**	페어한들룽
젊은	**jung**	융
젊은이	남 **Bursche**	부르쉐
	남 **Geselle**	게젤레
	남 **Jüngling**	융링
젊은이다운	**jugendlich**	유겐틀리히
점(点)	남 **Punkt**	풍크트
점심 식사	중 **Mittagessen**	미탁에썬
점원	예 **Bedienung**	베디눙
	남 **Verkäufer**	페어코이퍼
점프하다	**springen**	슈프링언

독일어 단어

점화장치	閏 **Zünder**	췬더
접근하다	**nähern**	네언
	zukommen	추코멘
접다	**falten**	팔튼
접대	囲 **Aufnahme**	아우프나메
접속	閏 **Anschluss**	안슈루스
	囲 **Verbindung**	페어빈둥
접속하다	**anschließen**	안슐리센
접수	囲 **Annahme**	안나메
	閏 **Empfang**	엠프팡
접수처	囲 **Rezeption**	레쳅치온
접시	囲 **Platte**	플라터
	囲 **Schale**	샬러
	閏 **Teller**	텔러
접착시키다	**kleben**	클레번
젓가락	죵 **Eßstäbchen**	에스슈텝헨
정기간행물	囲 **Zeitschrift**	차이트쉬리프트
정기적으로	**ständig**	슈텐디히
정기 회원권	죵 **Abonnement**	아보느망
정당	囲 **Partei**	파르타이
정당한	**richtig**	리히티히

ㄱ
ㄴ
ㄷ
ㄹ
ㅁ
ㅂ
ㅅ
ㅇ
ㅈ
ㅊ
ㅋ
ㅌ
ㅍ
ㅎ

정당화하다	**begründen**	베그륀덴
	rechtfertigen	레히트페르티근
정도	🅷 **Grad**	그라트
정력	🅔 **Energie**	에네르기
정류장	🅷 **Halt**	할트
	🅷 **Bahnhof**	반호프
	🅔 **Haltestelle**	할테슈텔러
	🅔 **Station**	슈타치온
정리	🅔 **Einheit**	아인하이트
	🅔 **Einrichtung**	아인리히퉁
	🅔 **Ordnung**	오르드눙
정리하다	**aufräumen**	아우프로이멘
	beseitigen	베자이티겐
	erledigen	에어레디겐
	ordnen	오르드넨
정문	🅷 **Haupteingang**	하웁트아인강
정밀한	**fein**	파인
정보	🅷 **Bescheid**	베샤이트
	🅔 **Information**	인포르마치온
정복하다	**erobern**	에로번
정부	🅔 **Regierung**	레기룽

정사각형	중 **Quadrat**	크바드라트
정상(正常)	여 **Ordnung**	오르드눙
정상(頂上)	남 **Gipfel**	깁펠
정서	여 **Stimmung**	슈티뭉
정숙	여 **Stille**	슈틸러
정신	남 **Geist**	가이스트
	여 **Seele**	젤러
정신적인	**inner**	이너
	geistig	가이스티히
정액	남 **Samen**	자멘
정오	남 **Mittag**	미탁
정원	남 **Garten**	가르튼
정육점	여 **Metzgerei**	메츠거라이
정장	남 **Anzug**	안추크
	남 **Herrenanzug**	헤렌안축
정점	남 **Gipfel**	깁펠
	남 **Höhepunkt**	회에풍크트
정제	여 **Pille**	필레
정중한	**gewissenhaft**	게비쓴하프트
	höflich	회플리히
정지	남 **Halt**	할트

정지된	**ruhig**	루이히
정지 상태	回 **Stand**	슈탄트
정직하게	**geradeaus**	게라데아우스
정직한	**aufrecht**	아우프레흐트
	ehrlich	에얼리히
	gerade	게라더
정치	여 **Politik**	폴리티크
정치가	回 **Politiker**	폴리티커
정치적인	**politisch**	폴리티쉬
정확한	**exakt**	엑삭트
	korrekt	코렉트
	recht	레히트
	streng	슈트렝
젖소	여 **Kuh**	쿠
젖은	**nass**	나스
제거	여 **Entfernung**	엔트퍼눙
제거하다	**abmachen**	압마헨
	abnehmen	압네멘
	beseitigen	베자이티겐
	entfernen	엔트퍼넨
	herausnehmen	헤라우스네먼

제공하다	**bieten**	비텐
제국	중 **Reich**	라이히
제기하다	**anregen**	안레겐
제단	남 **der Altar**	알타르
제동장치	여 **Bremse**	브렘제
제물	중 **Opfer**	옵퍼
제발	**bitte**	비테
제방	남 **Damm**	담
제비	여 **Schwalbe**	슈발베
제비꽃	중 **Veilchen**	파일헨
제비뽑기	중 **Los**	로스
제스처	여 **Gebärde**	게베어데
제시하다	**zeigen**	차이겐
제안	중 **Angebot**	안게봇
	남 **Antrag**	안트라크
	남 **Vorschlag**	포어쉬라크
제안하다	**beantragen**	베안트라겐
	vorschlagen	포어쉬라겐
제압하다	**überwinden**	위버빈던
제자	남 **Schüler**	쉴러
제작소	여 **Fabrik**	파브릭

ㄱ
ㄴ
ㄷ
ㄹ
ㅁ
ㅂ
ㅅ
ㅇ
ㅈ
ㅊ
ㅋ
ㅌ
ㅍ
ㅎ

제작하다	**produzieren**	프로두치런
	herstellen	헤어슈텔른
제조	예 **Produktion**	프로둑치온
제출하다	**abgeben**	압게벤
제품	**erzeugen**	에어초이겐
	중 **Produkt**	프로둑트
제한 없는	**absolut**	압졸루트
제한하다	**begrenzen**	베그렌첸
	beschränken	베슈렝켄
	bremsen	브렘젠
	einschränken	아인쉬렝크
조각	중 **Stück**	슈튁
조각 작품	예 **Plastik**	플라스틱
조개	예 **Muschel**	무쉘
조건	예 **Bedingung**	베딩궁
조국	중 **Vaterland**	파터란트
조깅	중 **Jogging**	조깅
조달하다	**besorgen**	베조르겐
조류	남 **Vogel**	포겔
조르다	**betteln**	베텔른
조리법	중 **Rezept**	레첩트

조립하다	**zusammensetzen**	추자멘제첸
조망	웹 **Überblick**	위버블릭
조명	중 **Licht**	리히트
조미료	중 **Gewürz**	게뷔르츠
	여 **Würze**	뷔르체
조부모	복 **Großeltern**	그로쓰엘턴
조사	여 **Forschung**	포르슝
	여 **Kontrolle**	콘트롤러
	여 **Untersuchung**	운터주훙
조사하다	**forschen**	포르센
	prüfen	프뤼펜
	untersuchen	운터주흔
조수 (대학, 병원 등의)	웹 **Assistent**	아시스텐트
조심	여 **Vorsicht**	포어지히트
조심하는	**vorsichtig**	포어지히티히
조심하다	**aufpassen**	아우프파센
	beachten	베아하텐
조언	웹 **Rat**	라트
	웹 **Tipp**	팁
조언하다	**raten**	라튼

조업	남 **Betrieb**	베트리프
조용한	**leise**	라이저
	ruhig	루이히
	still	슈틸
조우하다	**begegnen**	베게그넨
조작하다	**schalten**	샬튼
조잡한	**grob**	그로프
조정	**die Vermittlung**	페어미틀룽
조정하다	**richten**	리히튼
	stellen	슈텔른
	versöhnen	페어죄넨
조종하다	**steuern**	슈토이언
조직	여 **Organisation**	오르가니자치온
조직적인	**systematisch**	쥐스테마티쉬
조직하다	**organisieren**	오르가니지런
조짐	여 **Knospe**	크노스퍼
조치	여 **Maßnahme**	마쓰나머
조항	여 **Ziffer**	치퍼
조화	여 **Harmonie**	하르모니
조회	여 **Anfrage**	안프라게
족적	여 **Spur**	슈푸어

족하다	**reichen**	라이현
존경하다	**achten**	아흐텐
	ehren	에렌
	verehren	페어에렌
존엄	예 **Würde**	뷔르데
존엄한	**heilig**	하일리히
존재	예 **Existenz**	엑시스텐츠
존재하는	**vorhanden**	포어한든
존재하다	**bestehen**	베스테엔
	existieren	엑시스티런
	sein	자인
	vorkommen	포어코멘
존중하다	**berücksichtigen**	베뤼크지히티겐
졸린	**schläfrig**	쉴레프리히
졸업 시험	남 **Abschluss**	압쉬루스
좁은	**schmal**	쉬말
종	예 **Glocke**	글로케
종교	예 **Religion**	렐리기온
종교적인	**fromm**	프롬
	geistlich	가이스틀리히
	religiös	렐리기외스

종료	🗄 **Abschluss**	압쉬루스
종말	🗄 **Schluss**	쉴루스
종사하는	**berufstätig**	베루프스테티히
종사하다	**beschäftigen**	베쉐프티겐
종아리	🗄 **Unterschenkel**	운터쉥클
종업원	🗄 🔲 **Angestellte[r]**	안게쉬텔터
	🗄 **Arbeitnehmer**	아르바이트네머
	🔲 **Leute**	로이터
종이	🔲 **Blatt**	블라트
	🔲 **Papier**	파피어
종이 봉지	🔲 **Tüte**	튀터
종이접기	🔲 **Origami**	오리가미
종잇조각	🗄 **Zettel**	체텔
종족	🗄 **Stamm**	슈탐
좋아하다	**lieben**	리벤
	mögen	뫼근
좋은	**gut**	구트
좌석	🗄 **Platz**	플라츠
	🗄 **Sitz**	지츠
	🗄 **Sitzplatz**	지츠플라츠
좌절하다	**scheitern**	샤이턴

좌측	예 **Linke**	링커
좌파의	**link**	링크
죄(罪)	예 **Sünde**	쥔더
	중 **Verbrechen**	페어브레헨
	예 **Schuld**	슐트
주(州)	예 **Provinz**	프로빈츠
주간	예 **Woche**	보헤
주거	중 **Heim**	하임
주다	**geben**	게븐
	versehen	페어제언
	versorgen	페어조르근
주름	예 **Falte**	팔테
주말	중 **Wochenende**	보흔엔데
주머니	남 **Beutel**	보이텔
	남 **Sack**	자크
주먹	예 **Faust**	파우스트
주문	예 **Bestellung**	베스텔룽
주문하다	**bestellen**	베스텔렌
주민	남 **Bewohner**	베보너
	남 **Einwohner**	아인보너
주방	예 **Küche**	퀴헤

주변	여 **Umgebung**	움게붕
주부	여 **Hausfrau**	하우스프라우
주사	여 **Spritze**	슈프리체
주사기	여 **Spritze**	슈프리체
주사위	남 **Würfel**	뷔르펠
주석(朱錫)	중 **Zinn**	친
주석(註釋)	여 **Anmerkung**	안메르쿵
주소	여 **Adresse**	아드레세
	남 **Wohnort**	본오르트
주소(수신인의)	**die Anschrift**	안슈리프트
주스	남 **Saft**	자프트
주식	여 **Aktie**	악티에
주요한	**hauptsächlich**	하웁트제히리히
주위에	**herum**	헤룸
주유소	여 **Tankstelle**	탕크슈텔레
주의(注意)	여 **Achtung**	아흐퉁
	여 **Vorsicht**	포어지히트
	여 **Warnung**	바르눙
주의 깊은	**sorgfältig**	조륵펠티히
	aufmerksam	아우프메르크잠
주의를 주다	**hinweisen**	힌바이젠

주의하다	aufpassen	아우프파센
	schauen	샤우언
주인	달 Gastgeber	가스트게버
	달 Inhaber	인하버
	달 Wirt	비르트
주장(主張)	예 Behauptung	베하웁퉁
주장하다	behaupten	베하웁텐
주저하다	zögern	최건
주전자	예 Kanne	카네
	달 Kessel	케슬
주제	달 Satz	자츠
	중 Thema	테마
주차 건물	중 Parkhaus	파르크하우스
	달 Parkplatz	파르크플라츠
주차하다	parken	파르큰
주최자	달 Gastgeber	가스트게버
주택	중 Haus	하우스
주택단지	예 Siedlung	지들룽
주택 지역	예 Gegend	게근트
	달 Wohnblock	본블로크
주행	달 Lauf	라우프

주행하다(차량이)	**hinfahren**	힌파런
죽	🔲 **Brei**	브라이
죽다	**enden**	엔덴
	kaputtgehen	카푸트게엔
	sterben	슈테르븐
죽다(사고로)	**umkommen**	움코먼
죽은	**tot**	토트
죽음	🔲 **Ende**	엔데
	🔲 **Tod**	토트
죽이다	**beseitigen**	베자이티겐
	töten	퇴텐
	umbringen	움브링언
준비	🔲 **Vorbereitung**	포어베라이퉁
준비된	**bereit**	베라이트
준비하다	**bereiten**	베라이텐
	arrangieren	아란지런
줄	🔲 **Linie**	리니어
	🔲 **Zeile**	차일러
줄넘기	🔲 **Seilspringen**	자일슈프링엔
줄무늬	🔲 **Streifen**	슈트라이펀
줄어들다	**schwinden**	슈빈든

줄이다	**reduzieren**	레두치런
	vermindern	페어민던
중개	**die Vermittlung**	페어미틀룽
중개업자	남 **Makler**	마클러
중개하다	**vermitteln**	페어미텔른
중계방송	여 **Übertragung**	위버트라궁
중계방송하다	**übertragen**	위버트라근
중고등학교	중 **Gymnasium**	귐나지움
중국	**China**	히나
중국인	남 **Chinese**	히네제
중단	여 **Pause**	파오제
중단하다	**schmeißen**	슈마이쎈
	unterbrechen	운터브레현
중대한	**erheblich**	에어헤블리히
	schlimm	쉴림
중립적인	**neutral**	노이트랄
중시	여 **Betonung**	베토눙
중심	중 **Zentrum**	첸트룸
중심인물	남 **Mittelpunkt**	미텔풍크트
중심가	여 **Hauptstraße**	하웁트슈트라쎄
중심적인	**hauptsächlich**	하웁트제히리히

ㄱ ㄴ ㄷ ㄹ ㅁ ㅂ ㅅ ㅇ ㅈ ㅊ ㅋ ㅌ ㅍ ㅎ

	zentral	첸트랄
중심지	예 **Zentrale**	첸트랄레
중앙	예 **Mitte**	미테
	중 **Zentrum**	첸트룸
중얼거리다	**murmeln**	무르멜른
	stammeln	슈타머른
중요한	**bedeutend**	베도이텐트
	verantwortlich	페어안트보르트리히
	wichtig	비히티히
중지시키다	**anhalten**	안할텐
중지하다	**absagen**	압자겐
쥐	예 **Maus**	마우스
	예 **Ratte**	라터
쥐[경련]	남 **Krampf**	크람프
즉	**nämlich**	넴리히
즉석의	**augenblicklich**	아우겐블리클리히
즉시	**gleich**	글라이히
	sofort	조포트
	sogleich	조글라이히
즉시의	**nahe**	나에
	schnell	쉬넬

	unmittelbar	운미텔바르
즐거운	**freudig**	프로이디히
	froh	프로
	köstlich	쾨스틀리히
	lustig	루스티히
	vergnügt	페어그뉙트
즐거움	예 **Freude**	프로이데
	남 **Genuss**	게누쓰
	예 **Vergnügung**	페어그뉘궁
즐거워하다	**freuen**	프로이엔
즐겁게	**gern[e]**	게른
즐기다	**genießen**	게니센
	amüsieren	아뮈지어은
증가	중 **Wachstum**	박스툼
	예 **Zunahme**	추나머
증가하다	**zunehmen**	추네멘
증거	남 **Ausweis**	아우스바이스
	남 **Beweis**	베바이스
증거서류	예 **Urkunde**	우어쿤데
증기	남 **Dampf**	담프
	남 **Dunst**	둔스트

증명	🗅 **Beweis**	베바이스
	🗇 **Bescheinigung**	베샤이니궁
증명서	🗇 **Marke**	마르커
	🗇 **Zertifikat**	체어티피카트
증명하다	**bestätigen**	베스테티겐
	beweisen	베바이젠
	ergeben	에어게븐
	erweisen	에어바이젠
	nachweisen	나흐바이젠
증상	🗇 **Symptom**	쥠프톰
증언하다	**aussagen**	아우스자겐
증오	🗅 **Hass**	하쓰
증오하다	**hassen**	하쓴
증정하다	**überreichen**	위버라이현
지각	🗇 **Verspätung**	페어슈페퉁
지각하다	**verspäten**	페어슈페튼
지각한	**spät**	슈페트
지갑	**der Beutel**	보이텔
	🗇 **Brieftasche**	브리프타쉐
	🗅 **Sack**	자크
지겨운	**langweilig**	랑바일리히

지구	**die Erde**	에르데
지구본	**der Globus**	글로부스
지금	**jetzt**	예츠트
	nun	눈
지금까지	**bisher**	비스헤어
지급하다	**versorgen**	페어조르근
지나가다	**vergehen**	페어게엔
지느러미	예 **Flosse**	플로쎄
지능	예 **Intelligenz**	인텔리겐츠
지니다	**umfassen**	움파센
지다(해 따위가)	**untergehen**	운터게엔
	verlieren	페어리렌
지도(指導)	예 **Führung**	퓌룽
지도자	**der Führer**	퓌러
지도하다	**leiten**	라이튼
지루한	**breit**	브라이트
	langweilig	랑바일리히
지리	예 **Geografie**	게오그라피
지면	**der Grund**	그룬트
지문	**der Fingerabdruck**	핑어압드룩
지방(地方)	중 **Gebiet**	게비트

	예 **Gegend**	게근트
지방(脂肪)	**der Speck**	슈펙
지방자치단체	예 **Gemeinde**	게마인더
지배(권)	**die Herrschaft**	헤르샤프트
지배자	**der Herrscher**	헤르셔
지배하다	**beherrschen**	베헤르쉔
	herrschen	헤르쉔
	regieren	레기런
지불	예 **Bezahlung**	베찰룽
	예 **Zahlung**	찰룽
지불 카운터	예 **Kasse**	카세
지불하다	**bezahlen**	베찰렌
	zahlen	찰런
지붕	중 **Dach**	다하
지사(支社)	예 **Filiale**	필리알레
지속되다	**bleiben**	블라이벤
	dauern	다우언
지속 시간	예 **Dauer**	다우어
지속적인	**dauernd**	다우언트
지시	예 **Anordnung**	안오르드눙
	예 **Anweisung**	안바이중

	남 **Hinweiss**	힌바이스
	여 **Verfügung**	페어퓌궁
	여 **Vorschrift**	포어슈리프트
지시하다	**anweisen**	안바이젠
지식인	여 **Intelligenz**	인텔리겐츠
지역	남 **Bereich**	베라이히
	중 **Gebiet**	게비트
	여 **Gegend**	게근트
	중 **Gelände**	걸렌더
	남 **Ort**	오르트
	여 **Zone**	초네
지역 번호(전화)	여 **Vorwahl**	포어발
지옥	여 **Hölle**	횔레
지우개	남 **Gummi**	구미
	남 **Radiergummi**	라디어구미
지원(支援)	여 **Förderung**	푀르더룽
	여 **Unterstützung**	운터슈튀충
지원(支援)하다	**fördern**	푀르던
	helfen	헬픈
지원(志願)하다	**bewerben**	베베르벤
지위	남 **Posten**	포스튼

	냄 **Rang**	랑
지인	냄 예 **Bekannte[r]**	베칸테
지장	중 **Hindernis**	힌더니스
지저귀다	**singen**	징언
	zwitschern	츠비천
지적	냄 **Hinweiss**	힌바이스
지적(知的)인	**geistig**	가이스티히
지적하다	**hinweisen**	힌바이젠
지점(支店)	냄 **Zweig**	츠바이크
	예 **Filiale**	필리알레
지정하다	**bestimmen**	베스티멘
지지(支持)	예 **Stütze**	슈튀처
지지자	냄 **Anhänger**	안헹거
지지하다	**stützen**	슈튀천
지진	중 **Erdbeben**	에르트베벤
지체시키다	**hemmen**	헤먼
지출	예 **Ausgabe**	아우스가베
지출하다	**ausgeben**	아우스게벤
지켜보다	**beobachten**	베오바하텐
지키다	**behüten**	베휘텐
	bewahren	베바렌

	schützen	쉬첸
지팡이	남 Stab	슈타프
	남 Stock	슈토크
지평선	남 Horizont	호리촌트
지폐	남 Geldschein	겔트샤인
	여 Marke	마르커
지하(저장)실	남 Keller	켈러
지하도	남 Tunnel	투널
	여 Unterführung	운터퓌룽
지하철	여 U-bahn	우반
지혜	여 Weisheit	바이스하이트
지혜로운	weise	바이제
지휘	여 Leitung	라이퉁
	여 Führung	퓌룽
지휘권	남 Befehl	베펠
지휘자	남 Dirigent	디리겐트
지휘하다	führen	퓌른
직면하여	전 angesichts	안게지히츠
직물	중 Gewede	게베데
직선	여 Linie	리니어
직업	남 Beruf	베루프

독일어 단어 | 615

	예 **Beschäftigung**	베쉐프티궁
직업(상)의	**beruflich**	베루플리히
직업교육	die **Ausbildung**	아우스빌둥
직원	남예 **Angestellte[r]**	안게쉬텔터
	중 **Personal**	페르조날
직접적인	**direkt**	디렉트
	unmittelbar	운미텔바르
직함	남 **Titel**	티텔
진동	남 **Schwung**	슈붕
진동하다	**beben**	베벤
	zittern	치턴
진료 시간	예 **Sprechstunde**	슈프레히슈툰데
진리	예 **Wahrheit**	바르하이트
진보	남 **Fortschritt**	포르트쉬리트
	남 **Sprung**	슈프룽
진보적인	**fortschrittlich**	포르트쉬리틀리히
	progressiv	프로그레씨프
진술하다	**angeben**	안게븐
	aussagen	아우스자겐
	äußern	오이선
	aussprechen	아우스슈프라헨

	sagen	자근
진실	예 **Wahrheit**	바르하이트
	예 **Wirklichkeit**	비르클리히카이트
진실한	**wahr**	바르
진심	남 **Ernst**	에른스트
진심으로	**vielmals**	필말스
진심의	**herzlich**	헤르츨리히
진압하다	**niederschlagen**	니더쉬라근
진열	예 **Ausstellung**	아우스슈텔룽
	die Schau	샤우
진열대	중 **Regal**	레갈
진열하다	**ausstellen**	아우스슈텔렌
진정시키다	**lindern**	린던
진주	예 **Perle**	페를레
진지한	**ernst**	에른스트
	ernsthaft	에른스트하프트
진짜의	**echt**	에히트
	eigentlich	아이겐틀리히
	original	오리기날
	wahr	바르
진찰	예 **Untersuchung**	운터주훙

진찰하다	**untersuchen**	운터주흔
진창	圖**Schlamm**	쉴람
진하다	**dunkel**	둥클
진행	예**Fahrt**	파르트
	圖**Gang**	강
진행하다	**fahren**	파렌
진흙	圖**Schlamm**	쉴람
질문	예**Anfrage**	안프라게
	예**Frage**	프라게
질문하다	**ragen**	프라겐
질병	예**Krankheit**	크랑크하이트
질서	예**Ordnung**	오르드눙
질서 있는	**ordentlich**	오르덴틀리히
질주하다	**rasen**	라즌
질질 끌다	**zerren**	체런
질투	예**Eifersucht**	아이퍼주히트
	圖**Neid**	나이트
질투하는	**eifersüchtig**	아이퍼쥐히티히
질투하다	**beneiden**	베나이덴
짐	예**Last**	라스트
짐작하다	**erraten**	에어라튼

집	쥥 **Dach**	다하
	쥥 **Haus**	하우스
집게	예 **Zange**	창어
집단	예 **Gruppe**	그루페
	예 **Schar**	샤르
	쥥 **Team**	팀
집세	예 **Miete**	미터
집어넣다	**einlegen**	아인레근
	stopfen	슈톱펜
집요한	**hartnäckig**	하르트넥키히
집주인	남 **Vermieter**	페어미터
집중하다	**konzentrieren**	콘첸트리런
집필하다	**schreiben**	슈라이븐
집합시키다	**versammeln**	페어자멜른
집회	예 **Sitzung**	지충
	예 **Tagung**	타궁
	예 **Versammlung**	페어잠룽
징수하다	**erheben**	에어헤븐
	einnehmen	아인네멘
	heben	헤번
징조	남 **Ansatz**	안자츠

짖다	**bellen**	벨렌
짚	중 **Stroh**	슈트로
짜다(織)	**flechten**	플레히튼
짜맞추다	**fügen**	퓌근
짜다(맛이)	**salzig**	잘치히
짧은	**kurz**	쿠르츠
째째한	**geizig**	가이치히
쪼개다	**hacken**	하큰
	spalten	슈팔튼
쫓아내다	**vertreiben**	페어트라이번
찌다	**kochen**	코헨
찌르기	남 **Stich**	슈티히
찌르다	**stechen**	슈테현
	stoßen	슈토쎈
	anstoßen	안슈토센
찢다	**spalten**	슈팔튼
	zerreißen	체어라이쎈
	reißen	라이쎈
찢어지다	**platzen**	플라천

ㅊ

차	남 Tee	테
차가운	kalt	칼트
	kühl	퀼
차가움	여 Kälte	켈터
차고	여 Garage	가라제
차단기	여 Schranke	슈랑커
차단하다	sperren	슈퍼런
차량	중 Fahrzeug	파르초이크
차례	여 Reihe	라이에
차선	여 Bahn	반
	여 Spur	슈푸어
차양 모자	남 Sonnenhut	조넨후트
차원	여 Dimension	디멘지온
차이점	남 Unterschied	운터쉬트
차장	남 Schaffner	샤프너
차지하다	besetzen	베제첸
	bekleiden	베클라이덴
차츰	allmählich	알메리히

착각	예 **Illusion**	일루지온
	남 **Irrtum**	이르툼
	중 **Missverständnis**	미쓰페어슈텐트니스
착각하다	**einbilden**	아인빌든
	irren	이런
착륙하다	**landen**	란든
착상	남 **Einfall**	아인팔
착수하다	**anfangen**	안팡언
	aufnehmen	아우프네멘
	vornehmen	포어네먼
찬사를 보내다	**bewundern**	베분더른
찬성	남 **Beifall**	바이팔
찬성하는	**positiv**	포지티프
	bejahen	베야엔
찬성하다	**zustimmen**	추슈티멘
찬송가	여 **Hymne**	힘네
찬장	남 **Küchenschrank**	퀴헨쉬랑크
	남 **Schrank**	슈랑크
찰싹 때리다	**klatschen**	클라츠천
참가	여 **Teilnahme**	타일나머
참가자	남 **Besuch**	베주흐

	達 **Teilnehmer**	타일네머
참가하다	**beteiligen**	베타일리겐
	mitmachen	미트마헨
	teilnehmen	타일네멘
참다	**aushalten**	아우스할텐
	vertragen	페어트라근
	ertragen	에어트라근
참새	達 **Sperling**	슈페를링
참을성 있는	**geduldig**	게둘디히
참회	여 **Buße**	부세
창고	達 **Speicher**	슈파이혀
창문	중 **Fenster**	펜스터
창백한	**blass**	블라스
	bleich	블라이히
창설하다	**gründen**	그륀든
찾다	**suchen**	주흔
찾아내다	**aussuchen**	아우스주헨
	erblicken	에르블리큰
	finden	핀든
	herausfinden	헤라우스핀던
찾아다니다	**suchen**	주흔

ㄱ ㄴ ㄷ ㄹ ㅁ ㅂ ㅅ ㅇ ㅈ ㅊ ㅋ ㅌ ㅍ ㅎ

찾아오다	kommen	코멘
채무	여 Schuld	슐트
채식(주의)의	vegetarisch	베게타리쉬
채용	여 Annahme	안나메
	여 Aufnahme	아우프나메
채용하다	anstellen	안슈텔른
채우다	erfüllen	에어퓔렌
채찍	여 Peitsche	파이체
책	중 Buch	부흐
책략	여 List	리스트
	중 Netz	네츠
책상	남 Schreibtisch	슈라이프티쉬
책임	여 Schuld	슐트
책임감	여 Verantwortung	페어안트보르퉁
책임이 있는	schuldig	슐디히
	verantwortlich	페어안트보르트리히
처남	남 Schwager	슈바거
처리	여 Verwaltung	페어발퉁
처리하다	erledigen	에어레디겐
	verarbeiten	페어아르바이튼
처방전	중 Rezept	레쳅트

처방하다	**verschreiben**	페어쉬라이븐
처벌	예 **Strafe**	슈트라페
처벌하다	**bestrafen**	베스트라펜
	strafen	슈트라펜
처분	예 **Verfügung**	페어퓌궁
처음	남 **Anfang**	안팡
	남 **Beginn**	베긴
척도	남 **Maßstab**	마쓰슈탑
척추	예 **Wirbelsäule**	비르블조일레
천	중 **Gewede**	게베데
천(千)	**tausend**	타우즌트
천국	남 **Himmel**	히믈
	중 **Paradies**	파라디스
천둥(소리)	남 **Donner**	도너
천둥 치다	**donnern**	도넌
천막	중 **Zelt**	첼트
천문학	예 **Astronomie**	아스트로노미
천박한	**gemein**	게마인
천부의 재능	예 **Begabung**	베가붕
천사	남 **Engel**	엥겔
천성의	**natürlich**	나튀어리히

ㄱ ㄴ ㄷ ㄹ ㅁ ㅂ ㅅ ㅇ ㅈ **ㅊ** ㅋ ㅌ ㅍ ㅎ

ㅊ

천장	囡 **Zimmerdecke**	치머데케
천재	匣 **Genie**	제니
천주교	甲 **Katholizismus**	카톨리치스무스
천주교 신자	甲 **Katholik**	카톨릭
천진난만한	**harmlos**	하름로스
	kindlich	킨틀리히
	unschuldig	운슐디히
천하다	**nieder**	니더
	niedrig	니드리히
철(鐵)	匣 **Eisen**	아이즌
철거하다	**abbrechen**	압브레헨
철도(노선)	囡 **Eisenbahn**	아이즌반
철사	甲 **Draht**	드라트
철수하다	**abziehen**	압치엔
철자를 말하다	**buchstabieren**	부흐슈타비렌
철저한	**gründlich**	그륀틀리히
	radikal	라디칼
철제의	**eisern**	아이전
철학	囡 **Philosophie**	필로조피
철학자	甲 **Philosoph**	필로조프
철학적인	**philosophisch**	필로조피쉬

첨부	예 **Beilage**	바이라게
첫걸음	예 **Einführung**	아인퓌룽
첫 번째	**erst**	에르스트
청각	중 **Ohr**	오어
청결한	**rein**	라인
청구	예 **Forderung**	포르더룽
청구권	남 **Anspruch**	안슈프루흐
청구하다	**beanspruchen**	베안슈프루헨
	fordern	포르던
청년	남 **Jüngling**	융링
청년기	예 **Jugend**	유겐트
청바지	예 **Jeans**	진스
청소	예 **Reinigung**	라이니궁
청소년	남 예 **Jugendliche**	유근틀리헤
청소하다	**reinigen**	라이니근
청순	예 **Unschuld**	운슐트
청어	남 **Hering**	헤링
청중	남 **Hörer**	회러
청취자	남 **Hörer**	회러
	남 **Zuhörer**	추회러
체격	예 **Gestalt**	게슈탈트

ㄱ ㄴ ㄷ ㄹ ㅁ ㅂ ㅅ ㅇ ㅈ ㅊ ㅋ ㅌ ㅍ ㅎ

체계	중 **System**	쥐스템
체계적인	**systematisch**	쥐스테마티쉬
체념하다	**preisgeben**	프라이스게븐
체류(기간)	남 **Aufenthalt**	아우펜트할트
체류하다	**bleiben**	블라이벤
체스	중 **Schach**	샤흐
체스판	중 **Brett**	브레트
체온	여 **Temperatur**	템페라투어
체온계	중 **Thermometer**	테모르메터
체육	**die Gymnastik**	
	남 **Sport**	슈포르트
체육관	여 **Turnhalle**	투른할레
체조	여 **Gymnastik**	귐나스티크
체포	여 **Festnahme**	페스트나메
	여 **Verhaftung**	페어하프퉁
체포하다	**verhaften**	페어하프튼
쳐다보다	**anschauen**	안샤우엔
	blicken	블릭켄
초(秒)	여 **Sekunde**	제쿤데
초기의	**früh**	프뤼
초대	여 **Einladung**	아인라둥

초대장	여 **Karte**	카르터
초대하다	**bitten**	비텐
	einladen	아인라든
초등학교	여 **Grundschule**	룬트슐레
	여 **Volkschule**	폴크슐레
초라한	**dürftig**	뒤르티히
초래하다	**bringen**	브링언
초보	여 **Einführung**	아인퓌룽
초보자	남 **Anfänger**	안펭어
	남 **Laie**	라이에
초승달	남 **Sichelmond**	지흘몬트
초안	남 **Entwurf**	엔트부르프
초원	중 **Grasland**	그라스란트
	중 **Weideland**	바이데란트
초인종	여 **Glocke**	글로케
	여 **Klingel**	클링얼
초콜릿	여 **Schokolade**	쇼콜라데
초특급열차	남 **ICE**	이체
촉각	중 **Gefühl**	게퓔
촉진	여 **Unterstützung**	운터슈튀충
촉진하다	**beschleunigen**	베슈로이니겐

총	중 **Gewehr**	게베어
총명한	**intelligent**	인텔리겐트
총애	여 **Gunst**	군스트
총통	남 **Führer**	퓌러
최고의	**prima**	프리마
최고조	남 **Höhepunkt**	회에풍크트
최근	**kürzlich**	퀴르츨리히
최대의	**meist**	마이스트
최대한	중 **Maximum**	막시뭄
최선의	**best**	베스트
최소한	**mindestens**	민더스턴스
	중 **Minimum**	미니뭄
	wenigstens	베니히스텐스
최신의	**aktuell**	악투엘
	neu	노이
최저의	**unterst**	운터스트
최종적인	**endgültig**	엔트귈티히
최초	**erst**	에르스트
최초로	**zuerst**	추에어스트
	zunächst	추네히스트
최초의	**ursprünglich**	우어슈프륑글리히

최하의	**unterst**	운터스트
최후	🔲 **Tod**	토트
최후의	**äußerst**	오이서스트
	letzt	레츠트
추가하다	**hinzufügen**	힌추퓌건
추구하다	**streben**	슈트레븐
	verlangen	페어랑언
추락	🔲 **Fall**	팔
	🔲 **Sturz**	슈투르츠
추락하다	**stürzen**	슈튀르천
추리물	🔲 **Krimi**	크리미
추모하다	**trauern**	트라우언
추문	🔲 **Skandal**	스칸달
추방하다	**verstoßen**	페어슈토센
	vertreiben	페어트라이븐
추상적인	**abstrakt**	압스트락트
추억	🔲 **Andenken**	안덴켄
	🔲 **Erinnerung**	에어인네룽
	🔲 **Gedächtnis**	게데히트니스
추운	**eisig**	아이지히
	kalt	칼트

추월하다	**überholen**	위버홀렌
추위	🔵 **Frost**	프로스트
	🔴 **Kälte**	켈터
추적하다	**folgen**	폴근
	jagen	야근
	verfolgen	페어폴근
추천	🔴 **Empfehlung**	엠프펠룽
추천하다	**empfelen**	엠프펠렌
추측하다	**vermuten**	페어무튼
추한	**häßlich**	헤쓸리히
축구(공)	🔵 **Fussball**	푸스발
축복(의 기도)	🔵 **Segen**	제근
축복 받은	**selig**	젤리히
축복하다	**segnen**	제그년
축소하다	**verkleinern**	페어클라이넌
축제	🟢 **Fest**	페스트
축축한	**feucht**	포이히트
축하 인사	🔵 **Glückwunsch**	글뤽분쉬
축하 인사를 하다	**gratulieren**	그라투리런
축하하다	**feiern**	파이언

축하합니다	**gratulieren**	그라투리렌
출구	🔲 **Ausgang**	아우스강
	🔲 **Ausweg**	아우스베크
출납원	🔲 **Kassierer**	카씨러
출발	🔲 **Abflug**	압플룩
출발(여행의)	🔲 **Abreise**	압라이제
출발(탈것의)	🔲 **Ausfahrt**	아우스파르트
	🔲 **die Abfahrt**	압파르트
출발하다	**ablaufen**	압라우펜
	losgehen	로스게엔
	starten	슈타르튼
출발하다 (탈것으로)	**abfahren**	압파렌
	fortfahren	포르트파렌
	wegfahren	벡파렌
출생	🔲 **Geburt**	게부어트
출생지	🔲 **Geburtsort**	게부르오르트츠
출석자	🔲 **Teilnehmer**	타일네머
출석하다	**erscheinen**	에어샤이넨
	der Teilnehmer	타일네멘
출석한	**anwesend**	안베젠트

출세	여 **Karriere**	카리에러
출신	여 **Herkunft**	헤어쿤프트
~출신이다	**stammen**	슈타먼
출입문	중 **Tor**	토어
출판사	남 **Verlag**	페어라크
출현	여 **Erscheinung**	에어샤이눙
출혈	**der Blutfluss**	블루트플루스
출혈하다	**bluten**	블루텐
춤	남 **Tanz**	탄츠
춤추다	**tanzen**	탄천
충격	남 **Schock**	쇼크
충격을 주다	**erschüttern**	에어쉬턴
충고	남 **Rat**	라트
	남 **Ratschlag**	라트쉬라크
충고하다	**beraten**	베라텐
	raten	라튼
충돌하다	**zusammenstoßen**	추자멘슈토쎈
충동	남 **Trieb**	트리프
충분하다	**ausreichen**	아우스라이헨
	genügen	게뉘겐
	langen	랑언

충분한	**ausreichend**	아우스라이헨트
	voll	폴
충분히	**genug**	게누크
충실한	**treu**	트로이
충족시키다	**befriedigen**	베프리디겐
충치	예 **Zahnkaries**	찬카리에스
취급	예 **Behandlung**	베한들룽
취급하다	**handeln**	한덜른
취득하다 (부동산 등을)	**erwerben**	에어베르벤
취미	중 **Hobby**	호비
취소하다	**absagen**	압자겐
취업	예 **Beschäftigung**	베쉐프티궁
취침하다	**schlafen**	쉴라펜
측면	예 **Seite**	자이터
	예 **Wange**	방에
측정하다	**messen**	메센
층	예 **Schicht**	쉬히트
	중 **Stockwerk**	슈토크베르크
치과	예 **Zahnklinik**	찬클리닉
치과 의사	남 **Zahnarzt**	찬아르츠트

ㄱ
ㄴ
ㄷ
ㄹ
ㅁ
ㅂ
ㅅ
ㅇ
ㅈ
ㅊ
ㅋ
ㅌ
ㅍ
ㅎ

치료	예 **Behandlung**	베한들룽
	die Kur	쿠어
치료하다	**behandeln**	베한데른
치마	남 **Rock**	록
치수	예 **Dimension**	디멘지온
	중 **Maß**	마쓰
치아	남 **Zahn**	찬
치약	예 **Zahnpasta**	찬파스타
치욕	예 **Schande**	샨데
치유되다	**heilen**	하일른
치유하다	**genesen**	게네젠
치즈	남 **Käse**	케제
친구	예 **Bekanntschaft**	베칸트샤프트
	남 **Freund**	프로인트
	남 **Gefährte**	게페어테
친근한	**eng**	엥
	herzlich	헤르츨리히
	sanft	잔프트
	kennen	케넨
친밀한	**innig**	이니히
	vertraut	페어트라우트

친절	예 **Aufmerksamkeit**	아우프메르크잠카이트
	예 **Güte**	귀터
	intim	인팀
친절한	**aufmerksam**	아우프메르크잠
	freundlich	프로인틀리히
	gut	구트
	liebenswürdig	리벤스베르디히
	nett	네트
친척	남 예 **Angehörige[r]**	안게회리게
	남 예 **Verwandte**	페어반테
친척의	**verwandt**	페어반트
7	**sieben**	지벤
70	**siebzig**	집치히
7월	남 **Juli**	율리
칠판	예 **Tafel**	타펄
침	남 **Speichel**	쉬파이흘
침구류	중 **Bettzeug**	베트초이크
침대	중 **Bett**	베트
침몰	남 **Untergang**	운터강
침몰하다	**untergehen**	운터게엔
침묵	예 **Ruhe**	루어

ㄱ ㄴ ㄷ ㄹ ㅁ ㅂ ㅅ ㅇ ㅈ ㅊ ㅋ ㅌ ㅍ ㅎ

	예 **Stille**	슈틸러
침묵하는	**stumm**	슈툼
침묵하다	**schweigen**	슈바이근
침식하다	**nagen**	나근
침을 뱉다	**spucken**	슈푸큰
침입하다	**einfallen**	아인팔렌
침착한	**gelassen**	걸라쓴
침투하다	**einziehen**	아인치엔
칫솔	예 **Zahnbürste**	찬뷔르스테
칭찬	중 **Lob**	로프
칭찬하다	**loben**	로븐
	preisen	프라이즌
칭하다	**heißen**	하이쓴

ㅋ

카드	예 **Karte**	카르터
카메라	남 **Fotoapparat**	포토아파라트
	예 **Kamera**	카메라
카메라맨	남 **Fotograf**	포토그라프
카스텔라	남 **Rührkuchen**	뤼어쿠흔
카펫	남 **Teppich**	테피히
칸막이	중 **Fach**	파흐
칼	중 **Messer**	메써
칼날	예 **Klinge**	클링어
캐나다	**Kanada**	카나다
캠핑(생활)	중 **Camping**	캠핑
캠핑장	예 **Lager**	라거
커뮤니케이션	예 **Kommunikation**	코무니카치온
커지다	**schwellen**	슈벨른
커튼	예 **Gardine**	가르디네
	남 **Vorhang**	포어항
커피(원두)	남 **Kaffee**	카페
컨디션	예 **Verfassung**	페어파쑹

컴파스	閉 **Zirkel**	치르켈
컴퓨터	閉 **Computer**	콤퓨터
컵	여 **Tasse**	타세
	閉 **Becher**	베허
케이블	중 **Kabel**	카벌
케이크	閉 **Kuchen**	쿠헨
케이크 가게	여 **Konditorei**	콘디토라이
켜다	**einschalten**	아인샬튼
	schalten	샬튼
코	여 **Nase**	나제
코감기	閉 **Schnupfen**	슈누펜
코끼리	閉 **Elefant**	엘레판트
코드	閉 **Strang**	슈트랑
	중 **Kabel**	카벌
코를 골다	**schnarchen**	슈나르헨
코믹 영화	여 **Komödie**	코뫼디에
코스	閉 **Kurs**	쿠르스
코치	閉 **Trainer**	트레너
코트	閉 **Mantel**	만털
코피	중 **Nasenbluten**	나즌블루튼
콘돔	중閉 **Kondom**	콘돔

콘서트	쥥 **Konzert**	콘체르트
콘센트	여 **Steckdose**	슈텍도제
콩	여 **Bohne**	보네
쾌적하게	**wohl**	볼
쾌적한	**behaglich**	베하글리히
	bequem	베크벰
	freundlich	프로인틀리히
	gemütlich	게뮈틀리히
쾌청한	**heiter**	하이터
쾌활한	**froh**	프로
쿠션(소파의)	쥥 **Polster**	폴스터
크기	여 **Größe**	그뢰쎄
	남 **Umfang**	움팡
크리스마스	쥥 **Weihnachten**	바이나흐튼
크림	여 **Creme**	크림
	남 **Rahm**	람
클래식(음악)	여 **Klassik**	클라식
클로버	남 **Klee**	클레
클립	여 **Klammer**	클라머
키	여 **Körpergröße**	쾨르퍼그뢰쎄
키가 큰	**groß**	그로쓰

ㄱ ㄴ ㄷ ㄹ ㅁ ㅂ ㅅ ㅇ ㅈ ㅊ **ㅋ** ㅌ ㅍ ㅎ

키보드	여 **Tastatur**	타스타투어
	여 **Taste**	타스터
키스	남 **Kuss**	쿠스
키스하다	**küssen**	퀴센
키우다	**ernähren**	에어네렌
킬로그램	중 **Kilo**	킬로
킬로미터	남 **Kilometer**	킬로메터

ㅌ

타개책	ⓝ **Ausweg**	아우스베크
타격	ⓜ **Schlag**	쉴라크
	ⓜ **Schock**	쇼크
	ⓜ **Stoß**	슈토쓰
타고 가다	**reiten**	라이튼
타고난	**begabt**	베가프트
	eigen	아이겐
	geboren	게보른
타다	**einsteigen**	아인슈타이겐
타당한	**begreiflich**	베그라이프리히
	gültig	귈티히
타도하다	**niederschlagen**	니더쉴라근
타액	ⓜ **Speichel**	쉬파이흘
타원형	ⓕ **Ellipse**	엘립제
타이어	ⓜ **Reifen**	라이픈
타인의	**fremd**	프렘트
타협	ⓜ **Kompromiss**	콤프로니스
탁구	ⓝ **Tischtennis**	티쉬테니스

탁상시계	昌 **Wecker**	베커
탁월한	**vortrefflich**	포어트레플리히
탁자	昌 **Tisch**	티쉬
탁한	**trübe**	트뤼버
탄력	昌 **Schwung**	슈붕
탄력 있는	**elastisch**	엘라스티쉬
탄소	昌 **Kohlenstoff**	콜렌스토프
탈락하다	**ausfallen**	아우스팔렌
탈출하다	**entfliehen**	엔트플리엔
	flüchten	플뤼히튼
탈퇴하다	**austreten**	아우스트레텐
탐스러운	**üppig**	위피히
탑	昌 **Turm**	투름
탑승권	중 **Ticket**	티켓
탑승하다	**einsteigen**	아인슈타이겐
태도	여 **Haltung**	할퉁
	중 **Verhalten**	페어할튼
태만한	**liederlich**	리더리히
태양	여 **Sonne**	조네
태우다	**verbrennen**	페어브레넌
택시	중 **Taxi**	탁시

택시 기사	됩 **Taxifahrer**	탁시파러
탱크에 넣다	**tanken**	탕켄
터널	줌 **Tunnel**	투널
턱	줌 **Kinn**	킨
털실	여 **Wolle**	볼러
털어놓다	**gestehen**	게슈테엔
	anvertrauen	안페어트라우엔
테니스	줌 **Tennis**	테니스
테라스	여 **Terrasse**	테라세
테이블	됩 **Tisch**	티쉬
토끼	됩 **Hase**	하제
토론	여 **Diskussion**	디스쿠시온
토론하다	**diskutieren**	디스쿠티렌
토마토	여 **Tomate**	토마테
토스터	됩 **Toaster**	토스터
토요일	됩 **Samstag**	잠스탁
	됩 **Sonnabend**	존아벤트
토의	여 **Aussprache**	아우스슈프라헤
토의하다	**erörtern**	에어외르턴
토지	됩 **Boden**	보덴
	줌 **Gelände**	걸렌더

	㘝 **Grund**	그룬트
	㭗 **Grundstück**	그룬트슈튀크
토착의	**heimisch**	하이미쉬
톤(t)	㘝 **Tonne**	토네
톱	㘝 **Säge**	제게
통	㘝 **Eimer**	아이머
통계(학)	㘝 **Statistik**	슈타티스틱
통과하다	**durchgehen**	두르히게엔
통닭구이	㭗 **Hähnchen**	헨헨
통보	㘝 **Ansage**	안자게
	㘝 **Bescheid**	베샤이트
통상적으로	**normalerweise**	노르말러바이제
통신	㘝 **Kommunikation**	코무니카치온
	㘝 **Korrespondenz**	코레스폰덴츠
통역	㘝 **Übersetzung**	위버제충
통역사	㘝 **Dolmetscher**	돌메처
통일	㘝 **Einheit**	아인하이트
통조림	㘝 **Büchse**	뷔크세
	㘝 **Konserve**	콘제르베
통증	㘝 **Schmerz**	슈메르츠
통지	㘝 **Botschaft**	보트샤프트

	여 **Nachricht**	나흐리히트
통지하다	**mitteilen**	미트타일런
통찰력	여 **Erkenntnis**	에어켄트니스
통치하다	**herrschen**	헤르쉔
	regieren	레기런
통합	여 **Vereinigung**	페어아이니궁
통합하다	**vereinigen**	페어아이니근
	zusammenfassen	추자멘파쎈
통화(通話)	남 **Anruf**	안루프
통화 중인	**besetzt**	베제츠트
통화팽창	여 **Inflation**	인플라치온
퇴장	남 **Auszug**	아우스추크
퇴장하다	**abtreten**	압트레텐
퇴직	남 **Rücktritt**	뤽크트리트
투명한	**durchsichtig**	두르히지히티히
	klar	클라
	weiß	바이쓰
투쟁	남 **Kampf**	캄프
투쟁하다	**kämpfen**	켐펀
투표하다	**abstimmen**	압쉬티멘
튀기다	**braten**	브라텐

ㄱ ㄴ ㄷ ㄹ ㅁ ㅂ ㅅ ㅇ ㅈ ㅊ ㅋ **ㅌ** ㅍ ㅎ

튜브	여 **Tube**	투베
튤립	여 **Tulpe**	툴페
트럼펫	여 **Trompete**	트롬페터
트렁크	남 **Koffer**	코퍼
트레이닝	중 **Training**	트레닝
특권	중 **Privileg**	프리빌렉
	중 **Vorrecht**	포레히트
특별 가격	남 **Sonderpreis**	존더프라이스
특별수당	남 **Zuschlag**	추쉴라크
특별한	**besonder**	베존더
	speziell	슈페치엘
특유의	**typisch**	튀피쉬
특징	중 **Kennzeichen**	켄차이현
	중 **Merkmal**	메르크말
특파원	남 **Korrespondent**	코레스폰덴트
특히	**besonders**	베존더스
튼튼한	**derb**	데어프
	solide	졸리더
	stark	슈타르크
	zäh	체
틀	남 **Rahmen**	라먼

	⑧ **Schema**	셰마
	⑤ **Typ**	튀프
티끌	⑤ **Staub**	슈타우프
TV 시청자	⑤ **Fernseher**	페른제어
TV 수상기	das **Fernsehen**	페른제엔
	⑤ **Fernsehapparat**	페른제아파라트
TV 시청하다	**fernsehen**	페른제엔
티셔츠	⑧ **T-Shirt**	티셔트
팀장	⑤ **Chef**	셰프
팁	⑧ **Trinkgeld**	트링크겔트

ㄱ
ㄴ
ㄷ
ㄹ
ㅁ
ㅂ
ㅅ
ㅇ
ㅈ
ㅊ
ㅋ
ㅌ
ㅍ
ㅎ

파견하다	**senden**	젠든
파괴하다	**zerbrechen**	체어브레헌
	zerschlagen	체어슐라근
	zerstören	체어슈퇴런
파다	**graben**	그라븐
	bohren	보렌
파도	여 **Welle**	벨레
파란	**blau**	블라우
파렴치한	**unerhört**	운에어회어트
파리	여 **Fliege**	플리게
파멸시키다	**kaputtmachen**	카푸트마헨
파손	남 **Bruch**	브루흐
파악하다	**fassen**	파쓴
파업	남 **Streik**	슈트라이크
파업하다	**streiken**	슈트라이큰
파운드	중 **Pfund**	푼트
파출소	여 **Polizeiwache**	폴리차이바헤
파티	여 **Party**	파티

파편	圄 **Schutt**	슈트
	圙 **Stück**	슈튁
	圐 **Trümmer**	트뤼머
파헤치다	**aufbrechen**	아우프브레헨
판	圓 **Platte**	플라터
판결하다	**entscheiden**	엔트샤이덴
판단	圙 **Urteil**	우어타일
판단력	圄 **Geist**	가이스트
	圙 **Urteil**	우어타일
	die Vernunft	페어눈프트
	圄 **Verstand**	페어슈탄트
판단하다	**beurteilen**	베우어타일렌
	urteilen	우어타일런
판매	圄 **Verkauf**	페어카우프
판매원	圄 **Verkäufer**	페어코이퍼
판사	圙 **Gericht**	게리히트
	圄 **Richter**	리히터
판정	圙 **Urteil**	우어타일
8	**acht**	아흐트
팔	圄 **Arm**	암
팔꿈치	圄 **Ellbogen**	엘보겐

팔다	**verkaufen**	페어카우픈
80	🔢 **achtzig**	아흐치히
8월	🔵 **August**	아우구스트
팔찌	🟤 **Armband**	암반트
	🔵 **Reifen**	라이픈
패하다	**verlieren**	페어리렌
팬티	🔵 **Slip**	슬립
	🟣 **Unterhose**	운터호제
팸플릿	🟤 **Heft**	헤프트
팽개치다	**werfen**	베르펜
팽창하다	**schwellen**	슈벨른
	wachsen	박센
팽팽한	**fest**	페스트
팽팽히 펴다	**spannen**	슈파넌
퍼뜨리다	**verbreiten**	페어브라이튼
퍼레이드	🟣 **Parade**	파라더
퍼센트	🟤 **Prozent**	프로첸트
펌프	🟣 **Pumpe**	품페
페달	🟤 **Pedal**	페달
페이스	🔵 **Takt**	탁트
페이지	🟣 **Seite**	자이터

펭귄	閏 **Pinguin**	핑구인
펴다	**ausbreiten**	아우스브라이튼
	beziehen	베치엔
	entfalten	엔트팔텐
	strecken	슈트레큰
편견	쥥 **Vorurteil**	포어우어타일
편견을 가진	**befangen**	베팡언
편리한	**praktisch**	프락티쉬
편안한	**gemütlich**	게뮈틀리히
편지	閏 **Brief**	브리프
	옌 **Korrespondenz**	코레스폰덴츠
편치 않은	**unbequem**	운베크벰
펼치다	**ausbreiten**	아우스브라이튼
	dehnen	데넨
평가하다	**beurteilen**	베우어타일렌
	schätzen	셰천
	urteilen	우어타일런
평균	閏 **Durchschnitt**	두르히쉬니트
평균적인	**durchschnittlich**	두르히쉬니틀리히
평면 수준	옌 **Ebene**	에베네
평방미터	閏 **Quadratmeter**	크바드라트메터

ㄱ
ㄴ
ㄷ
ㄹ
ㅁ
ㅂ
ㅅ
ㅇ
ㅈ
ㅊ
ㅋ
ㅌ
ㅍ
ㅎ

평범	🔝 **Durchschnitt**	두르히쉬니트
평범한	**durchschnittlich**	두르히쉬니틀리히
	banal	바날
	alltäglich	알테크리히
평야	🔝 **Ebene**	에베네
평온한	**friedlich**	프리틀리히
평일	🔝 **Alltag**	알탁
	🔝 **Woche**	보헤
	🔝 **Wochentag**	보흔탁
평판	🔝 **Gerücht**	게뤼히트
평평한	**eben**	에븐
	glatt	글라트
	platt	플라트
평행의	**pararell**	파라렐
평화(조약)	🔝 **Frieden**	프리든
평화로운	**friedlich**	프리틀리히
폐	🔝 **Lunge**	룽에
폐기물	🔝 **Schutt**	슈트
폐쇄하다	**zumachen**	추마헨
	zuschließen	추쉴리센
폐하	🔝 **Majestät**	마예스테트

폐허	옌 **Ruine**	루이너
포기하다	**aufgeben**	아우프게벤
	entsagen	엔트자겐
	preisgeben	프라이스게븐
	schmeißen	슈마이쎈
	verzichten	페어치히튼
포도	옌 **Traube**	트라우베
포도주	냄 **Wein**	바인
포스터	중 **Plakat**	플라카트
포옹하다	**umarmen**	움아르먼
	umfassen	움파쎈
포위하다	**einschließen**	아인쉴리쎈
포장(상자)	옌 **Packung**	파쿵
포장도로	중 **Pflaster**	플라스터
포장하다	**einpacken**	아인파큰
	packen	파큰
	verpacken	페르파큰
포커페이스	중 **Pokerface**	포커페스
포함하다	**enthalten**	엔트할튼
	umfassen	움파쎈
~포함하여	**einschließlich**	아인쉴리쓸리히

	mit	미트
폭	예 **Breite**	브라이테
폭력	예 **Gewalt**	게발트
폭발시키다	**sprengen**	슈프렝언
폭발하다	**platzen**	플라천
폭이 넓은	**breit**	브라이트
폭탄	예 **Bombe**	봄베
폭파하다	**sprengen**	슈프렝언
폭포	남 **Wasserfall**	바써팔
폭풍	남 **Sturm**	쉬투름
	중 **Unwetter**	운베터
폭풍이 치다	**stürmen**	슈튀르먼
폭행	예 **Gewalttat**	게발트타트
표	**die Tabelle**	타벨러
	중 **Ticket**	티켓
표결하다	**abstimmen**	압쉬티멘
표면	예 **Oberfläche**	오버플레헤
표면으로	**hervor**	헤어포어
표명하다	**ausdrücken**	아우스드뤼켄
표시	남 **Beweis**	베바이스
	예 **Bezeichnung**	베차이히눙

	중 **Merkmal**	메르크말
	중 **Zeichen**	차이헌
표시하다	**markieren**	마르키런
표어	여 **Devise**	데비제
	중 **Schlagwort**	쉴라보르트
	남 **Spruch**	슈프루흐
표적	중 **Ziel**	칠
표절하다	**abschreiben**	압쉬라이벤
표정	남 **Gesichtsausdruck**	게지히츠아우스드룩
	여 **Miene**	미너
표제	여 **Überschrift**	위버쉬리프트
표준	남 **Maßstab**	마쓰슈탑
	여 **Norm**	노름
표지	남 **Deckel**	덱켈
표현	중 **Wort**	보르트
표현(법)	남 **Ausdruck**	아우스드룩
표현하다	**darstellen**	다르슈텔른
푸다	**schöpfen**	쇠펜
풀	중 **Gras**	그라스
	중 **Kraut**	크라우트
풀다	**auflösen**	아우프뢰젠

풀어주다	**aussetzen**	아우스제첸
	loslassen	로스라쎈
품격	예 **Würde**	뷔르데
품위 있는	**elegant**	엘레간트
	gepflegt	게플렉트
	vornehm	포어넴
품질	예 **Güte**	귀터
	예 **Qualität**	크발리테트
	예 **Sorte**	조르터
풋내기	남 **Jüngling**	융링
풍경	예 **Ansicht**	안지히트
풍부한	**üppig**	위피히
	reich	라이히
풍선	남 **Luftballon**	루프트발론
풍속	예 **Sitte**	지터
풍습	**der Brauch**	브라우흐
풍자	예 **Ironie**	이로니
풍자 만화	예 **Karikatur**	카리카투어
프라이팬	예 **Pfanne**	파네
프랑스	**Frankreich**	프랑크라이히
프랑스인	남 **Franzose**	프란초제

프런트	여 **Rezeption**	레쳅치온
프로그램	중 **Programm**	프로그람
프로 선수	남 **Profi**	프로피
프로젝트	중 **Projekt**	프로옉트
프로펠러	여 **Schraube**	슈라우버
플라스틱	남 **Kunststoff**	쿤스트슈토프
플랫폼	남 **Bahnsteig**	반슈타이크
	중 **Gleis**	글라이스
플러그	남 **Stecker**	슈테커
플루트	여 **Flöte**	플뢰테
피	중 **Blut**	블루트
피고용인	남 **Arbeitnehmer**	아르바이트네머
피곤한	**müde**	뮈데
피난처	남 **Hafen**	하픈
피로	여 **Anstrengung**	안슈트렝궁
피리	여 **Flöte**	플뢰테
	여 **Pfeife**	파이페
피부	여 **Haut**	하우트
피부과	여 **Dermatologie**	데르마톨로기
피비린내 나는	**blutig**	블루티히
피아노	중 **Klavier**	클라비어

	중 **Piano**	피아노
피하다	**meiden**	마이든
	vermeiden	페어마이든
필기구	여 **Schreibwaren**	쉬라입바렌
	남 **Stift**	슈티프트
필기시험	여 **Klassenarbeit**	클라쎈아르바이트
필사적인	**verzweifelt**	페어츠바이플트
필수적인	**nötig**	뇌티히
	unentbehrlich	운엔트베어리히
	notwendig	노트벤디히
필요	남 **Bedarf**	베다르프
	중 **Bedürfnis**	베뒤르프니스
필요로 하다	**benötigen**	베뇌티겐
	brauchen	브라우헨
	erfordern	에어포르던
필요조건	여 **Voraussetzung**	포라우스제충
필요한	**nötig**	뇌티히
핑계	여 **Ausrede**	아우스레데
	남 **Vorwand**	포어반트

ㅎ

~하고 싶다	möchten	뫼흐텐
	wollen	볼런
하나의	ein	아인
하녀	쥥 Mädchen	메트헨
하느님	굄 Gott	고트
~하는 동안	indem	인뎀
~하는 한	sofern	조페른
	solang[e]	졸랑[거]
	soviel	조필
	soweit	조바이트
하늘	굄 Himmel	히믈
하락하다	abfallen	압팔른
하여간	jedenfalls	예든팔스
하이킹	여 Wanderung	반데룽
~하자마자	sobald	조발트
하지만	aber	아버
	jedoch	예도흐
하차하다	aussteigen	아우스슈타이겐

하품	중 **Gähnen**	게넨
하품하다	**gähnen**	게넨
하프(악기)	여 **Harfe**	하르퍼
학[두루미]	남 **Kranich**	크라니히
학과	중 **Fach**	파흐
학교	여 **Schule**	슐레
학교 성적	여 **Note**	노터
학기(대학의)	중 **Semester**	제메스터
학대	남 **Missbrauch**	미쓰브라우흐
학문	중 **Studium**	슈투디움
	여 **Wissenschaft**	비쎈샤프트
학문적인	**gelehrt**	걸레어트
학생	남 **Schüler**	쉴러
학생 식당	여 **Mensa**	멘자
학설	여 **Theorie**	테오리
학습하다	**erlernen**	에어레르넨
학식	여 **Kenntnis**	켄트니스
학식이 있는	**gelehrt**	걸레어트
학자	여 **Wissenschaftler**	비쎈샤프틀러
한 바퀴	여 **Runde**	룬더
한 번	**einmal**	아인말

한가운데	**mitten**	미텐
한계	여 **Grenze**	그렌처
한국	**Südkorea**	쥐트코레아
한달	남 **Monat**	모나트
한밤중	여 **Mitternacht**	미터나하트
한숨	남 **Seufzer**	조이프처
한숨 쉬다	**seufzen**	조이프츤
한탄	남 **Jammer**	야머
	여 **Klage**	클라거
한턱 내다	**ausgeben**	아우스게벤
할 수 있다	**können**	쾨넌
할당하다	**anlegen**	안레겐
	ansetzen	안제첸
할머니	여 **Großmutter**	그로스무터
	여 **Oma**	오마
할아버지	남 **Großvater**	그로스파터
	남 **Opa**	오파
할인	남 **Rabatt**	라바트
할퀴다	**kratzen**	크라첸
핥다	**lecken**	레컨
합계	여 **Summe**	주머

합리적인	**rational**	라치오날
합법적인	**gesetzlich**	게제츠리히
합병하다	**vereinigen**	페어아이니근
합창(곡)	🔵 **Chor**	코어
합창단	🔵 **Chor**	코어
핫도그	🔵 **Hotdog**	홋독
항공우편	🔴 **Luftpost**	루프트포스트
항구	🔵 **Hafen**	하픈
항로	🔵 **Kurs**	쿠르스
항상	**immer**	이머
	stets	슈테츠
항의	🔵 **Einwand**	아인반트
	🔵 **Protest**	프로테스트
항의하다	**protestieren**	프로테스티런
항해하다	**segeln**	제글린
해	🔴 **Sonne**	조네
해결(책)	🔴 **Lösung**	뢰중
해결된	**fertig**	페르티히
해결하다	**lösen**	뢰즌
	schaffen	샤펀
해고	🔴 **Kündigung**	퀸디궁

해고하다	**entlassen**	엔틀라쎈
해답	图 **Ergebnis**	에어겝니스
	냄 **Schlüssel**	쉴뤼셀
해당하다	**betreffen**	베트레펜
해를 끼치다	**schaden**	샤든
해명	囘 **Entschuldigung**	엔트슐디궁
	囘 **Lösung**	뢰중
	囘 **Rechenschaft**	레헌샤프트
해명하다	**beleuchten**	벨로이히텐
해바라기	囘 **Sonnenblume**	조넨블루메
해방시키다	**befreien**	베프라이언
	entlassen	엔틀라쎈
해변	囘 **Küste**	퀴스터
	냄 **Strand**	슈트란트
	图 **Ufer**	우퍼
해산물	囘 **Meeresfrüchte**	메레스프뤼히테
해석하다	**deuten**	도이텐
해설	囘 **Erklärung**	에어클레룽
해설을 넣다	**erläutern**	에어로이턴
해안	囘 **Küste**	퀴스터
	냄 **Strand**	슈트란트

~해야 한다	**müssen**	뮈센
	sollen	졸렌
해임	🔲 **Abschied**	압쉬트
해임하다	**absetzen**	압제첸
해협	🔲 **Kanal**	카날
핵	🔲 **Kern**	케른
핸드백	🔲 **Handtasche**	한트타쉐
핸들	🔲 **Lenker**	렝커
햄	🔲 **Schinken**	쉰큰
햄버거	🔲 **Hamburger**	함부르거
행동	🔲 **Haltung**	할퉁
	🔲 **Handlung**	한들룽
	🔲 **Verhalten**	페어할튼
행동하다	**handeln**	한델른
	operieren	오페리렌
행복	🔲 **Heil**	하일
	🔲 **Wohl**	볼
행복한	**glücklich**	글뤼클리히
	selig	젤리히
행성	🔲 **Planet**	플라네트
행운	🔲 **Glück**	글뤼크

행위	圕 **Akt**	악트
	예 **Handlung**	한들룽
	예 **Tat**	타트
행진	圕 **Aufzug**	아우프축
	圕 **Marsch**	마르쉬
행하다	**machen**	마헨
	tun	툰
향기	圕 **Geruch**	게루흐
	圕 **Duft**	두프트
향상	예 **Verbesserung**	페어베써룽
향상되다	**bessern**	베썬
향수(香水)	중 **Parfüm**	파르퓜
향수(鄕愁)	예 **Sehnsucht**	젠주흐트
향수병	중 **Heimweh**	하임베
향유하다	**genießen**	게니센
향하게 하다	**kehren**	케런
허락	예 **Erlaubnis**	에어라우프니스
	die Verzeihung	페어차이웅
허락하다	**gestatten**	게슈타튼
	zulassen	추라쎈
허를 찌르다	**überraschen**	위버라쉔

허리	예 **Hüfte**	휘프터
	예 **Taille**	타일리에
허무한	**vergeblich**	페어블리히
허벅지	남 **Oberschenkel**	오버쉥클
허영심이 있는	**eitel**	아이텔
허용하다	**dulden**	둘든
	erlauben	에어라우벤
	verzeihen	페어차이언
	zulassen	추라쎈
허풍 떨다	**übertreiben**	위버트라이븐
헌법	예 **Verfassung**	페어파쑹
헐뜯다	**kritisieren**	크리티지런
헐렁한	**lose**	로제
	locker	커록
험악한	**schroff**	슈로프
험한	**steil**	슈타일
헛되이	**vergebens**	페어게븐스
헛된	**vergeblich**	페어블리히
헝겊	중 **Tuch**	투흐
헤드라이트	남 **Scheinwerfer**	샤인베르퍼
	das Vorderlicht	포르더리히트

헤매는	**irre**	이러
헤아리다	**zählen**	첼렌
헤어드라이어	남 **Föhn**	푄
헬리콥터	**der Hubschrauber**	흡슈라우버
헬멧	남 **Helm**	헬름
헷갈리는	**verwirrt**	페어비르트
헷갈리다	**verwechseln**	페어베크셀른
헹구다	**spülen**	슈퓔런
혀	여 **Zunge**	충에
혁대(벨트)	남 **Riemen**	리먼
혁명	여 **Revolution**	레볼루치온
현관	여 **Einfahrt**	아인파르트
	남 **Haupteingang**	하웁트아인강
	남 **Hausflur**	하우스플루어
	여 **Tür**	튀르
현금	중 **Bargeld**	바르겔트
현기증	남 **Schwindel**	슈빈들
현기증 나다	**schwindeln**	슈빈델른
현대	여 **Gegenwart**	계근바르트
현대적인	**fortschrittlich**	포르트쉬리틀리히
	modern	모데른

현명	囡 **Weisheit**	바이스하이트
현명한	**gescheit**	게샤이트
	klug	클룩
현상	囡 **Erscheinung**	에어샤이눙
	囼 **Phänomen**	페노멘
현실	囡 **Tatsache**	타트자헤
	囡 **Wirklichkeit**	비르클리히카이트
현실의	**real**	레알
	wirklich	비르클리히
현실적인	**realistisch**	레알리스티쉬
현재	囡 **Gegenwart**	게근바르트
현재의	**aktuell**	악투엘
	heutig	호이티히
	jetzig	예치히
현저한	**sichtbar**	지히트바
현지의	**heimisch**	하이미쉬
현혹시키다	**blenden**	블렌덴
혈관	囡 **Ader**	아더
혈액	囼 **Blut**	블루트
혈액의	**blutig**	블루티히
혈통	囼 **Blut**	블루트

	예 **Rasse**	라쎄
	남 **Stamm**	슈탐
혐오	예 **Abneigung**	압나이궁
	남 **Ekel**	에켈
	der Hass	하쓰
혐의	남 **Verdacht**	페어다흐트
혐의를 두다	verdächtigen	페어데히티겐
협동	예 **Vereinigung**	페어아이니궁
협력 작업하다	zusammenarbeiten	추자멘아르바이턴
협력하여	zusammen	추자멘
협상하다	verhandeln	페어한들른
협의	예 **Besprechung**	베쉬프레훙
	예 **Konferenz**	콘페런츠
협의하다	besprechen	베쉬프레헨
협정	중 **Abkommen**	압코멘
	예 **Abmachung**	압마훙
협정을 맺다	vereinbaren	페어아인바런
협회	예 **Gesellschaft**	게젤샤프트
	예 **Organisation**	오르가니자치온
	남 **Verein**	페어아인
형벌	예 **Strafe**	슈트라페

형사	여 **Kriminalpolizei**	크리미날폴리차이
형상화하다	**gestalten**	게슈탈튼
형성	여 **Bildung**	빌둥
형성하다	**formen**	포르멘
형식	여 **Form**	포름
형식적인	**formal**	포르말
형제	남 **Bruder**	브루더
형제자매	여 **Geschwister**	게쉬비스터
형태	여 **Form**	포름
혜택 받은	**gesegnet**	게제그네트
호각	여 **Pfeife**	파이페
호감	여 **Zuneigung**	추나이궁
호감을 주는	**sympathisch**	쥠파티쉬
호기심	여 **Neugier[de]**	노이기어
호기심 많은	**neugierig**	노이기리히
호두	여 **Nuss**	누스
	여 **Walnuß**	발누쓰
호랑이	남 **Tiger**	티거
호리호리한	**schlank**	쉴랑크
호박	남 **Kürbis**	퀴르비스
호소하다	**anklagen**	안클라겐

호수	웹 **See**	제
호의	에 **Gnade**	그나더
	에 **Gunst**	군스트
	에 **Güte**	귀터
	에 **Sympathie**	쥠파티
호의적인	**liebenswürdig**	리벤스뷔르디히
호주	**Australien**	아우스트랄리엔
호화	웹 **Luxus**	룩수스
호화로운	**prächtig**	프레히티히
호흡	웹 **Atem**	아템
	웹 **Hauch**	하우흐
호흡하다	**atmen**	아트멘
혹은	**beziehungsweise**	베치웅스바이제
혼	에 **Seele**	젤러
혼동하다	**verwechseln**	페어베크셀른
혼란	에 **Unordnung**	운오르드눙
	웹 **Wirbel**	비어벨
혼자만의	**allein**	알라인
혼잡한	**überfüllt**	위버퓔트
혼합물	줸 **Gemisch**	게미쉬
혼합하다	**mischen**	미쉔

홀	甘 **Saal**	잘
홍수	여 **Flut**	플루트
	여 **Überschwemmung**	위버쉬베뭉
홍조를 띠다	**erglühen**	에어글뤼엔
홍차	甘 **Tee**	테
화가	甘 **Maler**	말러
화나게 하다	**ärgern**	에르건
	empören	엠푀렌
화덕	甘 **Herd**	헤어트
화려	여 **Pracht**	프라흐트
화려한	**festlich**	페스틀리히
	prachtvoll	프라흐트폴
	prächtig	프레히티히
화면	甘 **Bildschirm**	빌트쉬름
화물	여 **Fracht**	프라흐트
화물선	甘 **Frachter**	프라흐터
화물차	甘 **Lastkraftwagen**	라스트크라프트바 근
화법	甘 **Strich**	슈트리히
화보	여 **Illustrierte**	일루스트리어터
화산	甘 **Vulkan**	불칸
화살(표)	甘 **Pfeil**	파일

화상	예 **Verbrennung**	페어브레눙
화성	남 **Mars**	마르스
화실	중 **Atelier**	아텔리에
화염	예 **Flamme**	플라메
화요일	남 **Dienstag**	딘스탁
화장실	예 **Toilette**	토알레테
	중 **WC**	베체
화장하다	**schminken**	슈밍켄
화재	남 **Brand**	브란트
	중 **Feuer**	포이어
화제	중 **Thema**	테마
화폐	예 **Währung**	베룽
화학	예 **Chemie**	헤미
화합	예 **Harmonie**	하르모니
화해하다	**versöhnen**	페어죄넌
확대하다	**vergrößern**	페어그뢰선
확성기	남 **Lautsprecher**	라우트슈프레허
확신	남 **Glaube**	글라우버
	die Überzeugung	위버초이궁
확신시키다	**überzeugen**	위버초이근
확신하는	**gewiss**	게비스

확실성	廼 **Sicherheit**	지혀하이트
확실한	**deutlich**	도이틀리히
	genau	게나우
	sicher	지혀
	zuverlässig	추페어레씨히
확실히	**bestimmt**	베스팀트
	freilich	프라일리히
	zweifellos	츠바이펠로스
확인하다	**bestätigen**	베스테티겐
	feststellen	페스트쉬텔른
확장하다	**ausdehnen**	아우스데넨
	erweitern	에어바이턴
환경	廼 **Umgebung**	움게붕
	廼 **Umwelt**	움벨트
환경보호	남 **Umweltschutz**	움벨트쉬츠
환대하는	**gastfreundlich**	가스트프로인트리히
환멸	廼 **Enttäuschung**	엔트토이슝
환불	廼 **Rückerstattung**	뤽에어슈타퉁
환상	廼 **Fantasie**	판타지
	廼 **Illusion**	일루지온
환승하다	**umsteigen**	움슈타이근

환영(歡迎)	중 **Willkommen**	빌코멘
	여 **Begrüßung**	베그뤼숭
환영(幻影)	남 **Schatten**	샤튼
환영 받는	**willkommen**	빌코멘
환영 인사	중 **Willkommen**	빌코멘
환자	남 **Patient**	파치엔트
환호성	남 **Jubel**	유벨
환호하다	**jubeln**	유벨른
환희	남 **Triumph**	트리움프
활	남 **Bogen**	보겐
활기 없는	**träge**	트레거
활기 있는	**rege**	레거
	belebt	벨레프트
활동	여 **Tätigkeit**	테티히카이트
	중 **Werk**	베르크
활력	여 **Energie**	에네르기
	남 **Geist**	가이스트
활발한	**beweglich**	베베글리히
	lebendig	레벤디히
	lebhaft	레프하프트
	munter	문터

	wach	바흐
활주로	예 **Landebahn**	란데반
활주하다	**gleiten**	글라이튼
황금	중 **Gold**	골트
황무지	예 **Wüste**	뷔스테
황새	남 **Storch**	슈토르히
황제	남 **Kaiser**	카이저
황폐한	**wüst**	뷔스트
황혼	예 **Dämmerung**	데메룽
～회(回)	중 **Mal**	말
회계사	남 **Buchhalter**	부흐할터
회고록	복 **die Memoiren**	메모아런
회관	예 **Halle**	할러
회답	예 **Antwort**	안트보르트
회복	예 **Besserung**	베세룽
	예 **Erholung**	에어홀룽
회복하다	**erholen**	에어홀른
	genesen	게네젠
회사	남 **Betrieb**	베트리프
	중 **Büro**	뷔로
	예 **Firma**	피르마

회색의	**grau**	그라우
회원	중 **Mitglied**	미트글리트
회의	여 **Konferenz**	콘페런츠
	여 **Sitzung**	지충
	여 **Tagung**	타궁
	여 **Versammlung**	페어잠룽
회장	남 **Präsident**	프레지덴트
	남여 **Vorsitzende**	포어지츤데
회전목마	중 **Karussell**	카루쎌
회전시키다	**drehen**	드레엔
	umdrehen	움드레엔
회전축	여 **Achse**	아흐제
회피	여 **Flucht**	플루흐트
회피하다	**meiden**	마이든
	vermeiden	페어마이든
회화(繪畵)	중 **Gemälde**	게멜더
획득하다	**kriegen**	크리근
횡단보도	남 **Übergang**	위버강
	남 **Zebrastreifen**	체브라슈트라이픈
횡단하다	**überqueren**	위버크베런
효과	남 **Effekt**	에펙트

	예 **Wirkung**	비르쿵
효과적인	**wirksam**	비르크잠
효력	예 **Kraft**	크라프트
효율	남 **Effekt**	에펙트
효율적인	**wirtschaftlich**	비르트샤프트리히
후각	남 **Geruch**	게루흐
후미	남 **Rücken**	뤼큰
후보 선수	남 **Ersatz**	에어자츠
후보자	남 **Kandidat**	칸디다트
후원하다	**unterstützen**	운터슈튀첸
후추	남 **Pfeffer**	페퍼
후회	예 **Reue**	로이어
후회하다	**bedauern**	베다우어른
	bereuen	베로이엔
	reuen	로이언
훈련	예 **Übung**	위붕
훈장	남 **Orden**	오르던
훌륭한	**großartig**	그로쓰아르티히
	herrlich	헤를리히
	klasse	클라써
	prima	프리마

	stattlich	슈타트리히
	super	주퍼
	tadellos	타덜로스
훔쳐보다	**gucken**	구큰
훔치다	**stehlen**	슈텔렌
휘감다	**schlingen**	쉴링언
휘파람 불다	**pfeifen**	파이펜
휴가	복 **die Ferien**	페리엔
휴대폰	중 **Handy**	헨디
휴식	여 **Pause**	파오제
	여 **Rast**	라스트
휴식하다	**ausruhen**	아우스루엔
	ruhen	루언
휴양	여 **Erholung**	에어홀룽
휴양하다	**erholen**	에어홀른
휴일	남 **Feiertag**	파이어탁
흉내	여 **Imitation**	이미타치온
흉내내다	**nachahmen**	나흐아멘
흐느껴 울다	**schluchzen**	쉴루흐첸
흐르다	**fließen**	플리쎈
흐름	남 **Lauf**	라우프

흐리게 하다	**trüben**	트뤼번
흑인	남여 **Dunkelhäutige**	둔켈호이티게
흔들다	**erschüttern**	에어쉬턴
	rütteln	뤼털른
	schütteln	쉬테른
	schwingen	슈빙언
흔들리다	**beben**	베벤
	schwanken	슈방큰
	schwingen	슈빙언
	wanken	반켄
흔들림	남 **Schwung**	슈붕
흔한	**gewöhnlich**	게뵌리히
흘러가다	**ablaufen**	압라우펜
흘리다	**gießen**	기쎈
흠잡다	**tadeln**	타덜른
흡수하다	**absorbieren**	압졸비에렌
흡연자	남 **Raucher**	라우허
흡입하다	**saugen**	자우근
흥미	중 **Interesse**	인터레쎄
흥분	남 **Eifer**	아이퍼
	여 **Spannung**	슈파눙

흥분시키다	**aufregen**	아우프레겐
	erregen	에어레겐
	spannen	슈판넨
흥분하다	**aufregen**	아우프레겐
희망	예 **Hoffnung**	호프눙
희망하다	**hoffen**	호펜
희미한	**blass**	블라스
희박한	**dünn**	뒨
희생(자)	중 **Opfer**	옵퍼
흰색	**weiß**	바이쓰
힌트	남 **Hinweiss**	힌바이스
힘	예 **Kraft**	크라프트
	예 **Macht**	마흐트
힘나게 하다	**erfrischen**	에어프리션
힘센	**kräftig**	크레프티히

ㄱ
ㄴ
ㄷ
ㄹ
ㅁ
ㅂ
ㅅ
ㅇ
ㅈ
ㅊ
ㅋ
ㅌ
ㅍ
ㅎ

기본 용어

단위

□ Abstand 압슈탄트 **거리**

□ Fläche 플레헤 **넓이, 면적**

□ Tiefe 티페 **깊이**

□ Höhe 회에 **높이**

□ Gewicht 게비히트 **무게**

□ Dichte 디히테 **두께**

□ Volumen 볼루멘 **부피**

□ Größe 그뢰쎄 **크기**

□ Meter 메터 **미터 (m)**

□ Quadratmeter 크바드라트메터 **평방미터, 제곱미터 (㎡)**

□ Kubikmeter 쿠빅메터 **세제곱미터 (m³)**

□ Gramm 그람 **그램 (g)**

□ Pfund 푼트 **파운드 (Pfd.)**

□ Kilo(gramm) 킬로(그람) **킬로그램 (kg)**

□ Tonne 토네 **톤 (t)**

□ Liter 리터 **리터 (ℓ)**

□ Kilometer 킬로메터 **킬로미터(km)**

□ Meile 마일레 **마일 (mile) (1mile ≒ 1.6km)**

방향·위치

□ Osten 오스튼 동
□ Westen 베스튼 서
□ Süden 쥐든 남
□ Norden 노르든 북

□ links 링크스
왼쪽에

□ rechts 레히츠
오른쪽에

□ Mitte 미테
가운데, 중앙

  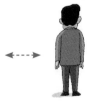

□ neben 네븐
~의 옆에

□ vorn/vorne
포른 앞에

□ hinten 힌튼
뒤에

□ Frühling 프륄링 **봄**

□ Sommer 조머 **여름**

□ Herbst 헤르프스트 **가을**

□ Winter 빈터 **겨울**

□ Januar 야누아르 **1월**

□ Februar 페브루아르 **2월**

□ März 메르츠 **3월**

□ April 아프릴 **4월**

□ Mai 마이 **5월**

□ Juni 유니 **6월**

□ Juli 율리 **7월**

□ August 아우구스트 **8월**

□ September 젭템버 **9월**

□ Oktober 옥토버 **10월**

□ November 노벰버 **11월**

□ Dezember 데쳄버 **12월**

□ Sonntag 존탁 **일요일**

□ Montag 몬탁 **월요일**

□ Dienstag 딘스탁 **화요일**

□ Mittwoch 미트보흐 **수요일**

□ Donnerstag 도너스탁 **목요일**

□ Freitag 프라이탁 **금요일**

□ Samstag 잠스탁 **토요일**

시간·날짜

□ Morgen 모르근 아침

□ Vormittag 포미탁 오전

□ Morgendämmerung 모르근데머룽 새벽

□ Mittag 미탁 정오

□ Mitternacht 미터나흐트 한밤중, 심야

□ Tag 탁 낮

□ Nacht 나흐트 밤

□ Nachmittag 나흐미탁 오후

□ Abend 아븐트 저녁

□ vorgestern 포어게스터른 그저께

□ gestern 게스터른 어제

□ heute 호이테 오늘

□ morgen 모르근 내일

□ übermorgen 위버모르근 모레

□ letzte Woche 레츠테 보헤 지난주

□ diese Woche 디제 보헤 이번 주

□ nächste Woche 네히스테 보헤 다음 주

□ jeden Tag 예든 탁 매일

□ jede Woche 예데 보헤 매주

□ jeden Monat 예든 모나트 매월

□ jedes Jahr 예데스 야르 매년

□ Fluss 플루스 **강**

□ Tal 탈 **계곡**

□ Berg 베르크 **산**

□ Felsen 펠즌 **바위**

□ Hügel 휘글 **언덕, 구릉**

□ Wasserfall 바써팔 **폭포**

□ Wald 발트 **숲**

□ Felswand 펠스반트 **절벽**

□ Vulkan 불칸 **화산**

□ See 제 **호수**

□ Grasland 그라스란트
Weideland 바이데란트
초원

□ Plateau 플라토
Hochland 호흐란트
고원

국가명

□ 베트남 Vietnam 비에트남

□ 인도 Indien 인디엔

□ 일본 Japan 야판

□ 중국 China 히나

□ 태국 Thailand 타일란트

□ 한국 Südkorea 쥐트코레아

□ 네덜란드 die Niederlande 니덜란테

□ 독일 Deutschland 도이췰란트

□ 러시아 Russland 루쓰란트

□ 스웨덴 Schweden 슈베든

□ 스위스 die Schweiz 슈바이츠

□ 스페인 Spanien 슈파니엔

□ 영국 England 엥란트

□ 이탈리아 Italien 이탈리엔

□ 프랑스 Frankreich 프랑크라이히

□ 뉴질랜드 Neuseeland 노이젤란트

□ 미국 die USA, die Vereinigten Staaten von Amerika 우에스아, 디 페어 아이니히튼 슈타튼 폰 아메리카

□ 브라질 Brasilien 브라질리엔

□ 캐나다 Kanada 카나다

초보자를 위한 컴팩트 독일어 단어

초판 7쇄 발행 | 2023년 8월 30일

엮은이 | 오민정
편 집 | 이말숙
디자인 | 유형숙
제 작 | 선경프린테크
펴낸곳 | Vitamin Book
펴낸이 | 박영진

등 록 | 제318-2004-00072호
주 소 | 07251 서울특별시 영등포구 영신로 40길 18 윤성빌딩 405호
전 화 | 02) 2677-1064
팩 스 | 02) 2677-1026
이메일 | vitaminbooks@naver.com